Landschaftsverband Rheinland/
Stichting Pelgrimswegen naar St. Jacob (Hrsg.)

Jakobswege

Wege der Jakobspilger zwischen Rhein und Maas
Band 3

in Verbindung mit der
Deutschen St. Jakobus-Gesellschaft e. V.
und dem Rheinischen Verein für
Denkmalpflege und Landschaftsschutz

und in Zusammenarbeit mit der
Provinz Niederländisch-Limburg

Da sein, wenn es
darauf ankommt.

Landschaftsverband Rheinland/
Stichting Pelgrimswegen naar St. Jacob (Hrsg.)

Jakobswege

Wege der Jakobspilger zwischen Rhein und Maas

in 12 Etappen zu Fuß und per Rad
vom Niederrhein und von Aachen
über Maastricht nach Belgien

Band 3

Annette Heusch-Altenstein
Karlheinz Flinspach
Bart Wiekart

Paul Poell
Jan Ermens
Thom Kentgens
Karel Wijshoff

Mit einem Beitrag von
Robert Plötz und Gijs van Bree

Sparkassen Kulturstiftung Rheinland

J.P. Bachem Verlag

Umschlagabbildungen vorne:

oben: Jakobus in der St. Jacobuskerk, Roosteren (Annette Heusch-Altenstein)
unten: Maria-Theresiabrug, Roermond (Karlheinz Flinspach)

Topografische Karten:

Karten Umschlag und Seite 15:
Barbara Köhler, Bergheim

Die Deutsche Bibliothek - CIP-Einheitsaufnahme

Ein Titeldatensatz für diese Publikation ist bei der Deutschen Bibliothek erhältlich.

1. Auflage 2004

Umschlag- und Innengestaltung: Barbara Meisner, Düsseldorf
Lektorat: Katharina Tilemann, Köln
Reproduktionen: Reprowerkstatt Wargalla GmbH, Köln
Druck: Druckerei J. P. Bachem GmbH & Co. KG, Köln
Printed in Germany
ISBN- 3-7616-1673-2

www.bachem-verlag.de

Inhalt

Omnia mecum porto mea

Alles, was ich besitze, trage ich bei mir

Je porte tous mes biens avec moi

Mijn hele have draag ik met mij

Pilgermuschel, Kirchplatz Straelen

Vorwort

Einmal mehr verziert eine goldgelbe Jakobsmuschel auf blauem Grund die Titelseite eines Buches. Dieses Symbol steht für die Pilgerwege, die nach Santiago de Compostela in Spanien führen, und versinnbildlicht deren religiöse und spirituelle Intention. Darüber hinaus macht der farbliche Bezug zur Europaflagge deutlich, wie wichtig diese Wege für die Entstehung Europas waren. 1987 hat der Europarat die Caminos de Santiago zum kulturellen europäischen Erbe erklärt, damit sie wieder dem Austausch von Ideen, Kunst und Kultur zwischen den Staaten dienen und zur Überwindung von Grenzen und Sprachbarrieren beitragen.

Der dritte Band ist von der Idee bis zum fertigen Produkt der beste Beweis für eine erfolgreiche Zusammenarbeit über Grenzen hinweg. Die Wegeführung durch die Niederlande, Belgien und Deutschland – die drei Länder der Rhein-Maas-Region – mit Verbindung zur französischen Pilgerroute belegt die internationale Dimension des Projekts.

Die niederländische „Stichting Pelgrimswegen naar St. Jacob" befasste sich bereits seit Jahren mit der Idee zu diesem Buch. So ist es nicht verwunderlich, dass die Planungen mit dem derzeitigen Projekt des Landschaftsverbandes Rheinland und der Deutschen St. Jakobus-Gesellschaft verknüpft und die Ideen gemeinschaftlich in die Tat umgesetzt wurden.

Ideelle und materielle Hilfe bei der Realisierung des Weges leisteten die niederländische Provinz Limburg, der Rheinische Verein für Denkmalpflege und Landschaftsschutz, die beteiligten Gemeinden sowie mehrere Sponsoren. Nicht vergessen werden soll an dieser Stelle der selbstlose Einsatz der begeisterten Freiwilligen, ohne deren Hilfe das Buch nicht zustande gekommen wäre.

Durch die intensive grenzüberschreitende Zusammenarbeit ist es möglich, den vorliegenden Band sowohl in niederländischer als auch in deutscher Sprache zu präsentieren. Allen, die durch ihren Beitrag zur Entstehung des Werkes beigetragen haben, gilt unser Dank.

Winfried Schittges MdL
Vorsitzender der Landschaftsversammlung Rheinland

Udo Molsberger
Direktor des Landschaftsverbandes Rheinland

Th. J. Kentgens
Voorzitter van de Stichting Pelgrimswegen naar St. Jacob

Dr. Robert Plötz
Präsident der Deutschen St. Jakobus-Gesellschaft e. V.

Dr. Norbert Heinen
Vorsitzender des Rheinischen Vereins für Denkmalpflege und Landschaftsschutz

O. M. T. Wolfs
Gedeputeerde voor Cultuur, Provincie Limburg

Auf Pilgerwegen entlang der Maas

Ausschilderung Jakobsweg Roermond

Pilgerwege sind das Ergebnis zahlloser Schritte reisender Menschen zu heiligen Orten. Was hat diese Frauen und Männer zu ihrer Reise bewogen? Welche Bedeutung hatte diese für sie? Jeder neue Schritt ist Teil einer Geschichte mit einem schier unendlichen Horizont.

Stehen die Pilger heute, in einer Zeit, in der scheinbar alles erklärbar und planbar ist, noch oder wieder für spirituelles Fühlen und Denken, für Besinnung, kulturelle und persönliche Begegnungen, ja Begeisterung?

Im Jahre 2003 haben rund 75.000 Menschen eine Pilgerfahrt nach Santiago de Compostela unternommen, von denen 60 % Männer und 40 % Frauen waren. Mit 5967 Deutschen, 1252 Niederländern und 1155 Belgiern stellten diese drei Länder 11 % derer, die sich im Pilgerbüro die Urkunde „Compostela" ausstellen ließen. Je mehr Wege in ganz Europa ausgewiesen werden, desto mehr Menschen begeben sich auf diese Reise. Wer aus dem Rhein-Maas-Gebiet nach Santiago pilgern will, hat von den Ausgangspunkten in diesem Buch immerhin eine Strecke von 2200 beziehungsweise 2400 km vor sich.

Die „Stichting Pelgrimswegen te Roermond" begann im Jahre 1994 bescheiden mit der Ausweisung des kleinen Wegstücks von Swalmen über Roermond bis zur niederländisch-belgischen Grenze bei Thorn. Auf der anderen Seite der Grenze veröffentlichten die Deutsche St. Jakobus-Gesellschaft und der Landschaftsverband Rheinland 2001 den ersten Band der vorliegenden Buchreihe. Er führte durchs Rheinland über Aachen in die belgische Wallonie, der zweite – 2002 erschienene – durch die Eifel über Echternach und Trier nach Frankreich. Der nun vorliegende dritte Band ist ein Beitrag im Rahmen der europäischen Wiederbelebung des Weges und der Pilgerfahrt nach Santiago de Compostela. Mit ihm schlagen die Jakobusgesellschaften aus den Niederlanden, Deutschland und Belgien eine Brücke vom Niederrhein und von Aachen zum niederländisch-belgisch-französischen Maastal.

Gemeinsam machen sie die alten Wege als Hand- oder besser Fußschrift des Menschen in der Landschaft wieder erlebbar. Umfangreiche infrastrukturelle Arbeiten, Abgrabungen, Neubaugebiete und Verkehrsstraßen erzwingen nicht selten die Suche nach einer neuen, landschaftlich reizvollen Streckenführung, die den Ansprüchen des heutigen Pilgerns zu Fuß oder auch auf dem Fahrrad gerecht wird.

Die Bedeutung der Maas

Das Tal der Maas wurde bereits lange vor unserer Zeitrechnung besiedelt. Dies beweisen zahlreiche archäologische Funde, zu denen beispielsweise bäuerliche Spuren aus der Zeit der Bandkeramik in Südlimburg gehören. Unzählige einander abwechselnde Völker und Volksgruppen ließen sich in dieser Region nieder, bevor sich mit den Römern hier erstmals ein zentraler und gut strukturierter Organisationsapparat etablierte, der dem Maasgebiet eine nachhaltige Struktur verlieh. Sie legten Heeresstraßen an und errichteten befestigte Stützpunkte, die sich zu Niederlassungen des Handels und Handwerks entwickelten. Maastricht, an der Maas gegründet, lag zwischen den Heeresstraßen, die von Aachen und Tongern aus durch die Region führten.

Für die nachfolgenden Merowinger und Karolinger war das Maasland strategisch ebenso wichtig. Es stellte im nördlichen Gallien das Bindeglied zwischen dem Rheinland und England dar. Karl der Große, dessen Reich nahezu drei Viertel von Europa umfasste, wird nicht nur in Aachen als großer Europäer und Heiliger angesehen, er gilt auch als außergewöhnlicher Maasländer.

Carta Itineraria Evropae („Waldseemüller-Karte", gesüdet; Ausschnitt) 1520

Jakobus auf dem Servatius-schrein, Maastricht

Die römischen Heeresstraßen dienten der Entwicklung von Handels- und Pilgerstraßen. An den Flussübergängen entstand vielerorts ein „portus", eine Anlegestelle für Fähren und ein Platz für die Lagerung von Waren. Neben den Heeresstraßen spielte die Maas als Verkehrsader eine bedeutende Rolle. An den Schnittpunkten von Fluss und Straßen wurden Kastelle errichtet, Festungen bzw. befestigte Niederlassungen, die als Ruhe- und Erholungslager oder als Reservewohnorte für die Legionäre und militärischen Vorgesetzten mit ihren Familien dienten, die in der Rheinfestung Colonia Ulpia Traiana (beim heutigen Xanten) stationiert waren. An Stellen, an denen Jahrhunderte später die ersten christlichen Kirchen entstanden, hat man oft römische Friedhöfe entdeckt. Genau wie der hl. Severin in Köln und der hl. Viktor in Xanten wurde auch der 384 gestorbene hl. Servatius in Maastricht auf einem römischen Friedhof beigesetzt. Über seiner Grabkapelle ließ Bischof Monulphus den *templum magnum* (großer Tempel), auch als „große Kirche" bezeichnet, errichten. Aus diesem Bauwerk entwickelte sich die St. Servatiusbasilika (s. S. 171). Die Maas war die Lebensader der Region und der Ursprung allen Lebens. Dies galt auch für die Kunst, die Kultur und die Religion.

Bereits im 3. Jahrhundert tauchten Symbole einer neuen Religion, des Christentums, in diesem Gebiet auf. Von großer Bedeutung war die Taufe Chlodwigs im Jahr 506 in der Kathedrale von Reims. Schon im letzten Jahrhundert der römischen Besatzungszeit (um 400) befanden sich unter der römischen Bevölkerung des Maasgebietes viele Christen; im Rheinland waren bereits die Erzbistümer Köln und Trier, im Maasland das Bistum Tongern gegründet worden.

Das Maasgebiet hat schon sehr früh Heilige hervorgebracht, wie den oben angeführten Servatius. Unser Weg durch die heutigen Niederlande führt an den Verehrungsstätten der Heiligen Amelberga und Alberich in Susteren ebenso vorbei wie am Wirkungsort des heute noch hoch verehrten Limburger Heiligen Gerlach im Göhltal (s. S. 224). Amandus, Verkünder des christlichen Glaubens im Hennegau, drei Jahre lang (648-651) Bischof von Maastricht, zählte wie Gertrud von Nivelles (geb. 626, gest. 659), Tochter Pippins von Landen und der hl. Ida, zu den beliebtesten Heiligen der südlichen Niederlande. Letztere wurde Nonne in dem von Amandus gestifteten Kloster von Nivelles und bemühte sich vor allem um die Bildung der weiblichen Jugend und die Betreuung von Kranken, Witwen, Pilgern und Gefangenen. Der Kult um ihre Person breitete sich bis nach Deutschland und Polen aus. Zu erwähnen ist auch der hl. Lambertus, Bischof von Maastricht, ermordet im Jahre 705 in der Nähe des Ortes, der sich später zur Stadt Lüttich entwickeln sollte. In der Nachricht über seinen Tod wird der Name dieser Stadt erstmals erwähnt. Auch heute noch bringt das Land zwischen Niederrhein und Maas Heilige hervor, wie z. B. Edith Stein und Arnold Janssen (s. S. 109).

Baukunst

In der frühromanischen Zeit (8./9. Jahrhundert) entstand unter der Herrschaft Karls des Großen ein relativ homogener Baustil im Rhein-Maas-Gebiet, der von einigen Vorbildern ausging. Zeugnisse aus jener Zeit sind sakrale Bauwerke wie die Pfalzkapelle in Aachen oder die Saalkirche in Lemiers (s. S. 204). Um die Mitte des 11. Jahrhunderts kam beim romanischen Baustil eine rhein-maasländische Regionalisierung zum Ausdruck. Diese ist noch heute bei der ehemaligen Abteikirche von Susteren, die nach dem Vorbild des Münsters von Essen errichtet wurde, gut zu sehen (Abb. S. 140, 148). Charakteristisch ist das monumentale, oft mehrtürmige Westwerk vieler Kirchen wie bei der Liebfrauenkirche in Maastricht (Abb. S. 154) und der Abteikirche in Thorn (s. S. 135). Auffallend ist, dass sich der Eingang nicht wie sonst üblich an der Westfassade, sondern an der Längsseite befindet. Ende des 13. Jahrhunderts sind gotische Einflüsse zu erkennen, so bei der Münsterkirche von Roermond oder beim so genannten Bergportal der Maastrichter St. Servatiusbasilika (Abb. S. 172). Der maasländischen Gotik fehlt allein die leichtfüßige Konsequenz der französischen Gotik, der am ehesten noch die Basilika von Meerssen entspricht (Abb. S. 163). Ihr Erbauer wurde von der Kathedrale von Reims inspiriert, da die ehemalige Propstei von Meerssen einst zum Erzbistum Reims gehörte.

Oben: Ehem. Abteikirche von Thorn
Unten: St. Catharinakerkje, Lemiers

Künstler

Das Maasland hat bereits sehr früh unzählige Künstler hervorgebracht, deren Namen und Werke die Jahrhunderte überlebt haben. Zu ihnen zählen die Brüder Jan und Hubert van Eyck, Reiner van Huy, Jan van Steffeswert, der so genannte „Meister von Elsloo“, Hendrik Douverman, Arnt van Tricht oder der Dichter Heinrich von Veldeke. Über die Jahrhunderte hinweg ist das Gebiet entlang der Maas ein Nährboden für

schöpferische Kraft geblieben. Dies gilt auch für Pierre Cuypers und Johannes Kaijser, besondere Vertreter der Neogotik in den Niederlanden. Sie waren die architektonischen Repräsentanten der Emanzipation der katholischen Niederlande ab 1839. Auch heutzutage gehören Maasländer zu den berühmtesten Architekten der Niederlande, wie z.B. Jo Coenen aus Heerlen.

Jakobus und Rochus des Meisters von Elsloo, St. Lambertuskerk, Maaseik-Neeroeteren

Die Verehrung des hl. Jakobus

Die ersten Zeugnisse über die Geschichte der Pilgerfahrt nach Santiago stammen, was das Maasland anbetrifft, aus dem 11. Jahrhundert. Lüttich kann sich auf die ältesten schriftlichen Beweisstücke berufen. Als der Mönch und spätere Abt Robert von einer Pilgerfahrt bedeutende Jakobus-Reliquien mit nach Hause brachte, fand nach deren Deponierung 1059 ein Patroziniumswechsel von Jacobus Minor zu Jacobus Maior statt, ein für damalige Verhältnisse unerhörter Vorfall, der nur als Reaktion auf die ungeheure Beliebtheit des neuen und hochaktuellen Heiligenkults und den Glauben an seine Wirkungsmächtigkeit gedeutet werden kann. Frühe Pilger aus der Region, über die es Belege gibt, waren Philipp der Edle, Burgherr von Namen, der um 1200 dem Apostel und Blutzeugen Jakobus eine Burgkapelle weihen ließ; weiterhin zwei flämische Edelleute, die 1077 ein Gelübde, das sie bei der Schlacht von Kassel 1072 gegeben hatten, einlösten; ferner Bischof Hugues von Pierrepont aus Lüttich gegen Ende des 13. Jahrhunderts und mehrere Teilnehmer an den Kreuzzügen von 1147, 1189 und 1217.

Es ist selbstverständlich nicht ausgeschlossen, dass sich bereits zu einem früheren Zeitpunkt Pilger aus der Maasregion auf den Weg nach Santiago gemacht hatten. Genau wie die aus dem 12. Jahrhundert stammende Beschreibung des Lebens des hl. Lambertus ist wahrscheinlich auch der von dem Friesen Martin Hamconius verfasste Bericht über das Leben von Evermarus von Tongern von großer Bedeutung für die Belebung des Glaubens in der damaligen Zeit.

Eine der bedeutendsten Verbindungen zur Maas war die alte Handels- und Heeresstraße von Aachen nach Lüttich. Aachen galt als eine der wichtigsten Stationen am Pilgerweg nach Spanien, vor allem für die Anbindung slawischer und ungarischer Christen, die von den östlichen Grenzen des „Orbis Christianus" kamen, um an der Gnadenfülle der Heiltumsweisung und des Apostelgrabes in Santiago teilzunehmen.

St. Jakobskapelle, Maastricht (Zeichnung von Valentijn Klotz, 1671)

Ein frühes Zeugnis für die Anwesenheit von Ungarn auf dem Pilgerweg nach Spanien befindet sich in der St. Albanskirche in Namur, wo für 1212 das Grab eines ungarischen Bischofs belegt ist, der dort auf dem Weg nach Compostela verstarb.

Zwischen dem 11. und dem 15. Jahrhundert entwickelten sich Handelszentren wie Verdun, Mézières, Namur, Huy, Lüttich, Maastricht, Roermond, Venlo und Dordrecht aufgrund der wirtschaftlichen Blüte zu reichen und privilegierten Städten, von denen die meisten zum Hansebund gehörten. Zu dieser Zeit wurden die St. Jakobusbruderschaften gegründet, die die Wege nach Santiago betreuten. Abteien, Herbergen, Pilgerunterkünfte sowie Krankenhäuser halfen den Pilgern, ihr Ziel zu erreichen. In Roermond bestand seit dem 13. Jahrhundert eine solche Bruderschaft, die in Verbindung mit der St. Jakobskapelle in der „Voorstad St. Jacob" gegründet worden war. 1786 wurde sie von dem österreichischen Kaiser Joseph II. aufgehoben.

Doch das Maasland ist ein Perpetuum Mobile: Im Jahr 2000 gründeten einige Roermonder Bürgerinnen und Bürger erneut eine Jakobusbruderschaft, die die Traditionen ihrer Heimatstadt als Station am Pilgerweg zum Grab des Apostels in Spanien in zeitgemäßer Form fortsetzt. Sie stiften auch die neuen Fenster, die ab dem 25. Juli, dem Festtag des hl. Jakobus, im Heiligen Jahr 2004 die Jakobuskapelle der Kathedrale von Roermond schmücken werden.

Jakobusfenster (Entwurf), Kathedrale von Roermond

Landschaften zwischen Rhein und Maas

Personenfähre bei Millingen aan de Rijn

Der ca. 220 km lange Rhein-Maas-Weg beginnt bei Millingen aan de Rijn in den Niederlanden, verläuft ab Zyfflich in südlicher Richtung durch Deutschland, passiert südwestlich von Straelen wieder die deutsch-niederländische Grenze und führt entlang der Maas über Venlo, Roermond und Maastricht nach Belgien; zudem erfolgt die Anbindung des von Wuppertal bis Aachen führenden Jakobsweges (Band 1 der vorliegenden Buchreihe) nach Meerssen bzw. Maastricht.

Die gesamte Wegestrecke ist geprägt durch die von Rhein und Maas mit ihren Nebenflüssen maßgeblich im Quartär (2 Mio.-10.000 Jahre vor heute) gebildeten Terrassen und Flussauen.

Die von ihrem engen Schiefergebirgstal in die Niederrheinische Bucht austretenden Ströme Rhein und Maas schütteten im Altquartär einen gewaltigen Schuttfächer auf, der bis zur Nordseeküste reichte. In diesen schnitten sie sich in der Folgezeit ein und bildeten die in der Niederrheinischen Bucht landschaftlich wirksamen, weiträumigen Flussterrassentreppen aus. Im Norden der Bucht schließt sich das Niederrheinische Tiefland an, in dem die jüngeren Terrassen das Bild der Oberflächenformen beherrschen. Besondere landschaftsformende Einflüsse haben die Vorstöße des nordeuropäischen Inlandeises in der Saale-Eiszeit vor ca. 120-140.000 Jahren hinterlassen. Sie drängten den Rhein nach Westen ab und schufen in Form von Stauchendmoränen (s. S. 41) die Niederrheinischen Höhen. Diese wurden nach der Eiszeit von Rheinarmen durchschnitten und blieben als Reste zurück.

Im deutsch-niederländischen Grenzgebiet erstreckt sich eine von sandigen Böden geprägte Landschaft (stellenweise bis ca. 15 km breit), der am Ostufer der Maas Dünen vorgelagert sind (s. S. 102). Diese Sande sind am Ende der Eiszeit (Pleistozän) und zu Beginn der jetzigen Zeit (Holozän) von Westwinden aus dem Maastal ausgeblasen worden. Auf niederländischem Gebiet sind sie weniger als auf dem deutschen Ge-

Landnutzungs- und Siedlungsentwicklung

Noch etwa bis zur Zeitenwende waren die Eingriffe des Menschen in das von Laubwäldern bedeckte Tiefland zwischen Maas und Rhein gering. Dies änderte sich rasch mit der römischen Herrschaft in Niedergermanien (Germania inferior). Die Römer benötigten große Mengen an Holz zum Aufbau ihrer Infrastruktur sowie landwirtschaftliche Flächen zur Versorgung von Militär und Zivilbevölkerung mit Nahrungsmitteln. Damit begann im Zusammenhang mit dem sich fortsetzenden Bevölkerungswachstum und dem zunehmenden Bedarf an landwirtschaftlichen Nutzflächen die Zeit umfangreicher Rodungen, die sich in der Frankenzeit ab 400 n. Chr. fortsetzte und bis ins Spätmittelalter anhielt. Hinzu kam, dass große Waldflächen durch Waldweide übernutzt wurden und verheideten. Der Wald verschwand zusehends aus dem Landschaftsbild und verblieb nur noch auf wenigen nährstoffarmen, sandigen Böden. Durch Trockenlegung von Sümpfen und den Bau von Deichen wurden weitere Gebiete der landwirtschaftlichen Nutzung zugänglich gemacht.
Trotz der seit Ende des 19. Jh. verstärkten Siedlungsentwicklung und der gewerblichen und industriellen Verdichtung ist das Niederrheingebiet bis heute ein stark agrarwirtschaftlich geprägter Raum geblieben.

biet mit Wäldern bedeckt und beherbergen dort z. T. ausgedehnte Heideflächen.

Am Übergang zum Holozän, der Nacheiszeit, begannen die noch verwilderten Flüsse Rhein und Maas sich zu trennen und ihre eigenen Talauen auszuformen, in denen sie bis in historische Zeit ihren Lauf immer wieder verlagerten und dabei Mäander abschnitten. Ursprünglich waren die Flussbette schmal und seicht, sodass alle Hochwässer weit über die Ufer traten und die Niederterrasse mit Hochflutlehmen und -sanden bedeckten. Diese durchweg fruchtbaren Böden zeichneten zusammen mit dem ozeanisch geprägten Klima, den milden Wintern und mäßig warmen Sommern, die kulturlandschaftliche Entwicklung zwischen Rhein und Maas als Acker- und Weideland vor.

Haus auf Warft, Düffel

Ab Millingen, dem kleinen niederländischen Grenzstädtchen am Rhein, führt der Weg auf dem Banndeich, der Trennlinie zwischen der periodisch überschwemmten Aue und der in

Wildgänse in der Düffel

seinem Schutz gelegenen, landwirtschaftlich geprägten Flussmarschlandschaft. Altarme und zahlreiche Wasserflächen jenseits des Deiches, Pappelreihen und -alleen, einzelne Kolke, auf Warften liegende Höfe und das von einem Netz aus Gräben und Hecken geprägte Kranenburger Bruch diesseits, gliedern die Jahrhunderte alte Kulturlandschaft Düffel, die Teil der grenzüberschreitenden Auenlandschaft „De Gelderse Poort" ist (s. S. 33). Dieser Landschaftsraum ist insbesondere aus ornithologischer Sicht von großer Bedeutung: Neben zahlreichen Wat- und Wiesenvögeln sind es alljährlich Zehntausende von Saat- und Blässgänsen, die im Herbst von ihren Brutplätzen in Sibirien aufbrechen und hier im Winter die Grünlandflächen zum Äsen aufsuchen.

Einen Kilometer hinter der niederländisch-deutschen Grenze erstreckt sich in Ost-West-Richtung ein aus der Niederterrasse flach herausragender Sandrücken, auf dem sich kleine Orte wie zum Beispiel das am Weg liegende Zyfflich angesiedelt haben. Auf der von einer Pappelallee begleiteten „Via Romana" – sie weist auf die über 400 Jahre (ca. 50 v. Chr.-350 n. Chr.) andauernde römische Herrschaft am Niederrhein hin (s. S. 40) – gelangt man zu dem von einer mittelalterlichen Stadtmauer umgebenen, reizvollen Städtchen Kranenburg.

Wenige Kilometer südlich beginnt der „Anstieg" auf die Niederrheinischen Höhen. Sie stellen Relikte der in der Saale-Eiszeit durch Eisvorstöße aufgestauchten Kiese und Sande (so genannte Stauchendmoränen) der Maas- und Rheinterrassen dar (s. S. 41). Große Teile dieser nährstoffarmen, sandig-kiesigen Flächen sind von dem ca. 5000 ha großen Reichswald bedeckt; ein südlicher Teil, die heutige Gocher Heide, von der nur noch der Name erhalten ist, diente im Mittelalter der intensiven Schafhaltung. Sie brachte den Rohstoff für eine in Goch bis Mitte des 15. Jh. blühende Wollweberei.

Im Reichswald fanden im Zweiten Weltkrieg heftige Kämpfe statt, der Soldatenfriedhof in seiner Mitte erinnert an die Gefallenen. Auch der Wald nahm durch die Kampfhandlungen großen Schaden. In der Nachkriegszeit erfolgten umfangreiche Aufforstungen mit der relativ anspruchslosen Kiefer, die heute noch über ein Drittel der Gesamtfläche einnimmt. Die strenge geometrische Anordnung der Parzellen und die

schnurgeraden Wege zeugen noch von dem Ordnungsprinzip der Preußen, die den Wald im 19. Jh. aufforsteten und in ein pragmatisches System untergliederten (s. S. 50).

Wir erreichen die Niers (s. S. 57), die hier das ehemalige Urstromtal des Rheins benutzt. Zu Beginn des 19. Jh. floss sie noch in natürlichen Mäandern durch eine von Wiesen, Weiden und Bruchwäldern geprägte Niederung. Zahlreiche Wassermühlen, durchweg Getreide- und Ölmühlen, säumten ihren Lauf. Heute ist die Niers begradigt und in eine enge Talaue eingedeicht, an die zu beiden Seiten die ackerbaulich genutzte Terrassenlandschaft grenzt. Von den ursprünglichen Erlenbruchwäldern sind noch Reste wie das Kakenbruch an der Steinbergley in den ehemaligen Niersaltarmen anzutreffen.

Nierswanderweg

Entlang der Niers kommen wir durch die hübschen niederrheinischen Kleinstädte Goch, Weeze und Kevelaer, die mit ihrer traditionellen Backsteinbauweise niederländisches Ambiente besitzen.

Südlich des etwas erhöht auf der Mittelterrasse liegenden Örtchens Twisteden stoßen wir auf den 13 km langen Nierskanal zwischen Geldern und de Hamert an der Maas, der, um 1770 angelegt, den Unterlauf der Niers von Hochwasser entlasten sollte.

Wir erreichen die Kempen-Aldekerker Platten, eine von der Niers und Rheinarmen in mehrere Platten gegliederte Mittelterrassenland-

Nördlich von Weeze, noch zum Landschaftsraum der Niersniederung gehörig, beginnt das Kevelaerer Donkenland. Seine windungsreichen Gewässer haben die Landschaft in inselartige Platten mit rundlichen Grundrissformen zergliedert, die als Donken (hochwasserfreie Bereiche in der Niederung) bezeichnet werden und zahlreichen Flurstücken und Siedlungen die Endung -donk verliehen haben (Grotendonk, Kervendonk, Winnekendonk). An den Rändern der Auen liegen locker angeordnet die für das Niederrheingebiet typischen Einzelhöfe. Dort, wo die Platten ertragsreiche Böden aus sandig-lehmigen Hochflutablagerungen aufweisen, hat sich der Ackerbau etabliert, die nährstoffärmeren, von Flugsanden und Dünenfeldern überdeckten und früher verheideten Standorte werden heute wieder von Wäldern eingenommen (z. B. Kalbeckheide, Schravelensche Heide).

Heidekrautfelder bei Lüllingen

schaft, die morphologisch dem vorherigen Landschaftsraum zwar sehr ähnlich ist, kulturlandschaftlich sich aber in Teilbereichen deutlich unterscheidet. Insbesondere im Raum Lüllingen, Walbeck und Straelen hat schon seit Mitte des 19. Jh. die landwirtschaftliche Spezialisierung auf dem Gebiet des Gemüseanbaus stattgefunden. Der Zusammenschluss zu einer Absatzgemeinschaft für Gemüse und Zierpflanzen Anfang des 20. Jh. mit dem Ziel, den gewerblichen Gemüseanbau nach niederländischem Vorbild zu fördern, führte schnell zum Erfolg und zur Expandierung (s. S. 92). Riesige Felder mit Gemüse, Spargel und Moorbeetpflanzen (Heidekraut) sowie Gewächshausansiedlungen prägen heute das Landschaftsbild; wo zudem Windmühlen ins Blickfeld geraten, sind die über die Grenze wirkenden kulturellen Einflüsse und die ähnlich verlaufende kulturlandschaftliche Entwicklung unverkennbar. Südlich von Lüllingen führt der Weg in die waldbedeckte Dünenlandschaft der Steprather Heide, deren Name noch auf den früheren Zustand hinweist. Heute kennzeichnen zwar noch vielfach Kiefernbestände das Waldbild; seit einigen Jahrzehnten aber findet sukzessive der Umbau zu dem hier von Natur aus vorkommenden Buchen-Eichen- und Eichen-Birkenwald statt.

An der ehemaligen Wasserburg Haus Steprath und dem Schloss Walbeck vorbei, erreichen wir südlich davon die Relikte der im 17. Jh. begonnenen „Fossa Eugeniana“ (s. S. 93), die, ebenso wie der Anfang des 19. Jh. durch Napoleon in Angriff genommene Nordkanal, nie vollendet wurde. Beide Projekte wurden aus wirtschaftspolitischen Erwägungen geplant und hatten zum Ziel, den Handel vom Niederrhein bis zur Maas und Schelde zu leiten und somit die wirtschaftliche Isolierung der Niederlande herbeizuführen.

Der Weg in die Niederlande führt westlich von Straelen den Mittelterrassenhang hinab in die Maasniederung. Hier queren wir das Straelener Veen, ein ehemaliges großflächiges Niedermoorgebiet, dessen reiche Torfgründe seit dem 13. Jh. zur Deckung des Brennstoffbedarfs von den umliegenden Dörfern gemeinschaftlich ausgebeutet wurden. Entwässerungen im 19. und die Kultivierung zu Beginn des 20. Jh. ermöglichten die landwirtschaftliche Nutzung und 1937 die Errichtung

Maasweg bei Aldeneik

des Siedlungsprojektes Kastanienburg (s. S. 100).

Auf niederländischer Seite geht es weiter durch heute größtenteils trockengelegte und aufgeforstete Niedermoorgebiete (Veen-/ Broekgebiete) sowie das Naturgebiet Zwart Water mit der Venkoelen (Moorseen), die im alten Maasbett verlandete und durch Ausbaggerung heute zu einer Seenlandschaft mit einer Fülle seltener Pflanzen und Tiere geworden ist (s. S. 102).

Wir erreichen Venlo an der Maas, im Spätmittelalter Mitglied der Hanse, heute ein wichtiges Handels- und Logistikzentrum.

Im weiteren Verlauf geht es größtenteils das Maastal entlang bis zur belgischen Grenze bei Eijsden, mal mehr, mal weniger weit vom Lauf des Flusses entfernt.

Die Maas, der am stärksten von Niederschlägen abhängige Fluss der Niederlande, war wegen der unregelmäßigen Wasserbilanz bis zum Beginn des 20. Jh. sehr schwierig zu befahren. Die Schifffahrt konnte nur beschränkt stattfinden: Größere Schiffe bis 200 t gelangten über den Unterlauf nur bis Venlo, dort musste die Ladung auf kleinere Schiffe von 60 t umgeladen werden. Aufgrund der Industrialisierung bei Lüttich und dem Aufkommen des modernen Kohlebergbaus in Südlimburg beschloss die niederländische Regierung 1915, die Maas zwischen Mook (südlich von Nimwegen) und Maasbracht auszubauen und so für Schiffe bis 2000 t befahrbar zu machen. Hierbei entstanden zahlreiche Stauwehr- und Schleusenkomplexe, z. B. bei Linne und Roermond. Mitte der 20er Jahre folgte südlich von Maasbracht der Bau des Julianakanals, insbesondere für den Kohlentransport, und 1971, zur Verkürzung des Schifffahrtswegs der bei Roermond stark mäandernden Maas, der Lateraalkanal Linne-Buggenum.

Auf dem Weg zum Klosterdorf Steijl liegt Tegelen, das seinen Namen vermutlich der dortigen römischen Ziegelmanufaktur (lat. tegula = Ziegel) verdankt. Die Römer hatten die unter der sandigen Hauptterrassendecke lagernden Tonvorkommen, den hellgrauen Tegelenton, im benachbarten Brachter Wald abgebaut.

Zwischen Venlo und Roermond passiert der Wanderer, beinahe ohne es zu bemerken, eine Anzahl von geologischen Verwerfungen (im Niederländischen oft auch als „Breuken" bezeichnet). Sie gehören zu einem Bruchsystem, das sich von der Nordsee bis in den Aachener Raum erstreckt.

Von diesen Verwerfungen ist der Peelrand-Graben sehr aktiv – seit Beginn des Quartärs vor ca. 2,5 Mio. Jahren hat er sich um 180 m vertikal verschoben und ist pro Jahr noch ca. 3 mm in Bewegung. Mit einer Stärke von 5,7 auf der Richter-Skala verursachte er am 13. April 1992 das schwerste Erdbeben in der niederländischen Geschichte und hinterließ in nur 13 Sekunden große Schäden an Gebäuden und Deichen.

Zum „Stein der Weisen", dem Witte Steen, einer mittelalterlichen Gerichtsstätte, führt der Weg an den östlichen Rand der Maasniederung. Oberhalb der 25 m hohen Terrassenkante herrschen sandige Böden vor, deren Sande der Wind in der letzten Eiszeit aus dem Maastal ausblies und am Talrand ablagerte. Hier verläuft etwa entlang der deutsch-niederländischen Grenze ein ca. 3 bis 6 Kilometer breiter Wäldersaum (s. S. 115). Entlang des Prinsendijk's, einem Teilstück der ehem. Römerstraße Roermond-Xanten, kommen wir über den kleinen Ort Swalmen-Asselt mit seinen prachtvollen Bauernhäusern und der Dionysiuskirche zur Bischofsstadt Roermond.

Südlich von Roermond breitet sich bis Maaseik eine wahre Seenlandschaft aus, die so genannten Maasplassen. Hier ist die ursprüngliche Maaslandschaft vollständig dem Kiesabbau zum Opfer gefallen. Durch Renaturierung entstand das größte Wassersport- und Naherho-

Maasplassen bei Roermond

Göhltal

lungsgebiet der Niederlande. Während unzählige Erholungssuchende den Sommer über die Maasplassen bevölkern, kehrt im Winter Ruhe ein, und die ausgedehnten Wasserflächen dienen Zehntausenden von Wasservögeln als Rastplatz und Winterquartier.

Eines der letzten Überbleibsel der ursprünglichen Maaslandschaft ist das Deichvorland „Linnerweerd", eine ökologisch besonders wertvolle Uferlandschaft mit Altarmrinnen bei Linne (s. S. 130). Um Überschwemmungen zu verhindern und der Natur neue Chancen zu geben, will man der Maas wieder mehr Platz verschaffen. Die hierfür erforderlichen umfangreichen Arbeiten werden zum großen Teil mit Hilfe der Erträge aus dem Kiesabbau finanziert.

Südlich der Stadt Thorn, die wegen ihrer weiß getünchten Fassaden auch „Weiße Stadt" genannt wird, verläuft der Weg durch Belgien über Kinrooi nach Maaseik, einem der schönsten Städtchen maasländischer Baukunst mit einer Jakobuskirche im Rokoko-Stil.

Jenseits der Maasbrücke, die heute wieder ein verbindendes Element zwischen der niederländischen und der belgischen Provinz Limburg ist, durchwandern wir die hier auf einen schmalen Landstreifen zwischen Belgien und Deutschland begrenzten Niederlande. Der Weg führt zunächst durch das Naturentwicklungsgebiet De Rug, in dem eine große Herde von Konikpferden lebt, und weiter durch die leicht hügelige, von Feldern, Wiesen, kleinen Wäldern und Bächen abwechslungsreich gegliederte Landschaft des fruchtbaren Limburger Heuvellandes. Diese Region gilt auch als „Vorratskammer" der Niederlande für Mineralien und Bodenschätze. Vor allem die Steinkohle bildete während der industriellen Revolution die Grundlage der niederländischen Schwerindustrie. Städte wie Kerkrade, Geleen und Heerlen verdanken ihren damaligen Aufschwung dem Steinkohleabbau.

Über Susteren mit der ehemaligen Abteikirche kommen wir in die von der St. Petruskirche beherrschte Kleinstadt Sittard am Fuße des Kollenbergs. An die fruchtbare Lößlandschaft schließt sich nach Süden bis zur belgischen Grenze das Mergelland an, das durch seine Ausdehnung bis Aachen dort als Aachener Hügelland bezeichnet wird. Im Hinblick auf seinen für niederländische Verhältnisse gebirgigen Charakter wird es humorvoll auch als niederländische Schweiz bezeichnet. Dieses Mergelland quert der von Aachen kommende Pilgerweg, um bei Meerssen bzw. Maastricht auf den Rhein-Maas-Weg zu treffen.

Seine Geomorphologie erklärt sich aus der Zugehörigkeit der hier auf das Rheinische Schiefergebirge greifenden Vorderardennen mit ihren flachlagernden Kreideschichten, dem so genannten Limburgischen Kreidemassiv. Die Flüsse – vor allem die Göhl – und zahlreiche Bäche haben die aus leicht erodierbarem Gestein bestehende Plateaulandschaft stark zerschnitten und die Grundlage für eine vielfältige Kulturlandschaft geschaffen: ein von Hecken und Obstbäumen gegliedertes Grünland, Ackerland auf den fruchtbaren löß- und lehmhaltigen Standorten, Kalk liebende Wälder, die durch die Jahrhunderte alte Bewirtschaftung meist als Niederwälder ausgebildet sind, blütenreiche Kalkmagerrasen auf kalkhaltigen Böden in steilen warmen Lagen und Hohlwege in Trockentälchen. Auch das Klima, eine Mischung aus atlantischer und kontinentaler Tönung, hat zur Artenvielfalt von Flora und Fauna beigetragen.

Hohlweg Danikerberg, Geleen

Der Abbau von Mergelblöcken hat bereits vor Jahrhunderten zur Entwicklung eines neuen, eigenen Baustils geführt, der maasländischen Renaissance (s. S. 150). Noch heute ist gemahlener Mergel ein wichtiger Bestandteil für die Zement-

und in geringerem Maße auch für die Betonproduktion. Die einzige Zementfabrik der Niederlande befindet sich südlich von Maastricht. Hier stehen an der Westseite der Maas, am Sint Pietersberg, mächtige, ungefähr 50 Meter hohe Steilwände. Dieses Kalksteinmassiv diente von alters her der Gewinnung von Mergelblöcken für Bauzwecke, heute kann man in den touristisch erschlossenen „Grotten Noord" und „Zonneberg" das Labyrinth aus unzähligen unterirdischen Gängen erleben.

Von der Provinzhauptstadt Maastricht aus, mit ihrer Vielfalt an romanischen Kirchen und Denkmälern, geht es nach Eijsden, dem hübschen Örtchen nahe der belgischen Grenze. Auf diesem Stück durchqueren wir noch einmal eine naturnahe Uferlandschaft, die Eijsder Beemden, in denen Galloways und Koniks frei herumlaufen. Der Rhein-Maas-Weg nach Santiago führt nun weiter entlang der Maas über Lüttich, Namur bis Givet, wo die Möglichkeit besteht, entweder über Reims nach Paris auf der so genannten Niederstraße und weiter auf der Via Turonensis zu wandern oder über Vézelay auf der Via Lemovicensis.

Oben: Mergelgrube bei Bemelen

Unten: Mergelbau, Sibbe

Maastricht

Wegstrecke von Zevenaar zum Jakobsweg in Millingen a. d. R. / Route van Zevenaar naar het jacobspad in Millingen a. d. R.
Zevenaar
Oud Zevenaar
Babberich
Holthuizen
Gemeente Zevenaar
Aerdt
Aerdenburg
Herwen
Nootenboom
Mariahoeve
Huis Aerdt
Geitenwaard
Benningshof
De Bijland
(Watersportcentrum)
Gemeente
Oude Rijn
Oude Waal
Waal
0 0,5 1 km
© Topografische Dienst, Emmen
Seite 31

MAX 50 PERS
EN WEER V

Millingen aan de Rijn – Kranenburg

16 km

16 km

Vom niederländischen Grenzort Millingen aan de Rijn führt der Weg bis zum Etappenziel durch die Düffel, eine Teillandschaft von „De Gelderse Poort". Auf dem Deich entlang geht es vorbei an Kekerdom mit St. Laurentius – der einzigen außendeichs gelegenen Kirche in den Niederlanden. Ab Zyfflich passieren wir auf der „Via Romana" das engmaschig von Hecken gegliederte Kranenburger Bruch und gelangen in das reizvolle Städtchen Kranenburg mit seinem von einer mittelalterlichen Stadtmauer umgebenen historischen Ortskern.

Pilgerspuren ...

Die heutige Region Niederrhein des Bistums Münster gehörte bis 1801 zum Erzbistum Köln, für das sich schon ab dem 12. Jh. eine hohe Blüte des Jakobuskultes nachweisen lässt. Zeugnisse aus der frühen Zeit belegen vor allem Pilgerreisen von Angehörigen des Zisterzienserordens; so beispielsweise die des 1090 in Köln geborenen, später heilig gesprochenen Wardo, der im Anschluss an seine Pilgerfahrt nach Santiago über zwei Jahrzehnte als Einsiedler in Spanien blieb, oder die des Eberhard von Berg, dem Mitbegründer der Abtei Altenberg, der 1129 nach „San Jago" ging.

In seinen Wundergeschichten *Dialogus miraculorum* von 1219-23, die noch heute eine wertvolle Quelle für die Kulturgeschichte des Mittelalters darstellen, nimmt der Zisterzienser Caesarius von Heisterbach (Königswinter) verschiedentlich Bezug auf Jakobspilger, unter anderem auf das in mehreren rheinischen Kirchen abgebildete Galgen- und Hühnerwunder. Nach einer Version dieser Legende – die erzählt, wie ein wegen Diebstahls zu Unrecht verurteilter Pilger im letzten Moment durch die schützende Hand des hl. Jakob vor dem Galgentod bewahrt wird (vgl. Bd. 2, S. 73) – stammen der Pilger und seine Familie aus der Stadt Xanten (ad santos) am Niederrhein.

Zu den meistgelesenen Handschriften in rheinischen Adelskreisen gehörte die Reisebeschreibung des niederrheinischen Adligen Arnold von Harff, der 1496-98 die Pilgerstätten Rom, Jerusalem und Santiago besuchte.

Und im historischen Umzug der Stadt Kleve wird noch heute an die Fahrt des bekanntesten Jakobspilgers des Klever Landes erinnert: Her-

Links: Rheinfähre in Millingen aan de Rijn

zog Johann von Kleve, der sich im Alter von 19 Jahren, nach der Vermählung seiner Schwester mit dem König von Navarra, zum Grab des Apostels begab. Vielleicht war diese Reise auch der Anlass dafür, dass Kalkar, der Lieblingsaufenthaltsort der Klever Herzöge, ebenfalls den Jakobuskult pflegte. Ein Compostelapilger Kalkars wird es daher wahrscheinlich auch gewesen sein, der im 15. Jh. der dortigen Pfarrkirche eine Jakobusdarstellung schenkte, die so bemerkenswert ist, dass sie heute sogar am Zielort in Spanien als Postkarte verkauft wird.

Von den großen Flusshäfen des Niederrheins aus segelten besonders in den Heiligen Jahren (vgl. S. 191) ganze Schiffe mit Pilgern direkt nach Spanien.

An den Sammelpunkten der Landwege, die mit zunehmender Entfernung von Santiago immer verästelter wurden, entstanden Kirchen und Hospitäler, Altäre und Bruderschaften. Im nahen Nimwegen betrieben die Celzusters, die sich 1301 hier niederließen, ein Jakobusgasthaus in der Hezelstraße, von dem die Gertrudenkapelle noch erhalten ist. Die Stadt verfügte nahe der Siechenpforte über ein Melatenhaus mit Jakobuskapelle sowie eine Jakobusbruderschaft, die karitative Aufgaben erfüllte.

St. Martinuskirche und Jakobsstatuette, Kranenburg-Mehr

Auch wenn nur wenige Kirchen des ehemaligen Archediakonats Xanten im Erzbistum Köln Jakobus d. Ä. geweiht waren – nämlich Nimwegen und Ruhrort –, gab es doch zahlreiche Altäre (überliefert: 19) und Benefizien (= Messstiftungen) zu Ehren des Pil-

gerpatrons. So ist auch für die Martinskirche in Mehr, das ca. 2 km südöstlich des heutigen Weges Richtung Kleve liegt, im 16. Jh. ein Jakobusaltar nachgewiesen. Von ihm stammt wahrscheinlich die Jakobusstatuette (um 1530), die heute den dortigen Hochaltar (17. Jh.) schmückt. Das lange Gewand und das Buch in der Hand weisen die Figur als einen der zwölf Apostel aus, das Schwert in der Rechten deutet den Märtyrertod an, wie ihn auch Paulus erlitt, die Muschel an der hochgeschlagenen Krempe des Pilgerhuts kennzeichnet ihn eindeutig als Jakobus d. Ä.

Taufkapelle St. Antoniuskirche, Millingen

Diese Muscheln, die als Zeichen einer erfolgreichen Pilgerfahrt am Ziel erworben wurden, trugen die Jakobusfahrer gut sichtbar auf ihre Kleidung geheftet – schon zum eigenen Schutz, weil dieses Zeichen sie „sakrosankt" machte, d.h. dass der Überfall auf einen so ausgewiesenen Pilger als Todsünde galt.

Bei einem Gang durch die Millinger Kirche glaubt der Besucher, auch hier auf Spuren von Jakobspilgern zu stoßen: Die Wand der Taufkapelle ist geschmückt mit mehreren Jakobsmuscheln, auf denen jeweils ein Vorname sowie ein Datum aus dem laufenden Jahr vermerkt ist. Doch geben diese nicht Auskunft über einzelne Pilger und den Tag ihrer Ankunft in Santiago de Compostela, sondern es handelt sich hierbei um die Taufnamen und -tage neuer Gemeindemitglieder. Die Sitte, das Taufwasser mit einer Jakobsmuschel zu schöpfen, leitet sich von Darstellungen der Taufe Jesu durch Johannes den Täufer ab, wie wir sie auch im hiesigen Kirchenfenster antreffen.

Prozession, Kranenburger Kreuzwallfahrt

In Kranenburg, Endpunkt dieser Etappe, wird seit 1308 das „wundertätige

„Wundertätiges Kreuz“, Kranenburg

Kreuz“ verehrt. Der Legende zufolge verbarg ein Schafhirte am Ostersonntag des Jahres 1280 die Hostie, die er in der Messe empfangen hatte, aber nicht schlucken konnte, in einer Baumhöhlung im Reichswald. Als der Baum 28 Jahre später gefällt und gespalten wurde, fiel ein 60 cm großer, kreuzförmiger Holzkorpus heraus, der aus der Hostie gewachsen zu sein schien. Erst der religionsgeschichtliche Zusammenhang macht das Geschehene verständlich: Auf dem Vierten Laterankonzil 1215 war die „Realpräsenz Christi in der Eucharistie“ zum Dogma und die Einnahme der Kommunion an Ostern zur Pflicht erhoben worden. Zu dieser Zeit entstanden zahlreiche Wallfahrtsorte, die auf so genannte Hostienwunder zurückgehen (s. S. 156).

Wegbeschreibung und Hinweise

16 km

16 km

Wegstrecken zu Fuß und per Rad sind weitgehend identisch.
Schwierigkeitsgrad zu Fuß und per Rad: leicht, überwiegend auf befestigten Deichwegen, verkehrsarmen Straßen und Wirtschaftswegen.

Ausgangspunkt: Anlegeplatz der Fähre in Millingen aan de Rijn **(1)**, **(3)** den Rijndijk hinunter und geradeaus auf der Burg. Eijckelhofstraat, am Ende links Herbaan und rechts zur Kirche **(2)**, rechts St. Willibrordstraat, rechts Zeelandschestraat und links Heerbaan, rechts V. Lyndenstraat und den Deich hinauf **(3, 4, 5, 6)** (Rijn-, Millingse Ban-, Duffelt-, und Kapitteldijk), letzten in der Rechtskurve überqueren, über die Hauptwässerung und geradeaus auf der Leutherstraße nach Zyfflich **(7)** und weiter auf dem Hauptwanderweg X7 Häfnerdeich/K31 **(8)**, an B 9 rechts, nach ca. 300 m B 9 queren, links K 44, links Wyler **(9, 10)**, rechts Alte Heerstraße und weiter dem X7 am Kranenburger Bach entlang nach Kranenburg **(11)** folgen.

Klompenwaard
Millingerwaard
Beltjeshof
Voorm. Fort
Lobberdensche Waard
Leidam
Pannerdensche Kop
Lobberdensche Waard
Kijfwaard
Steenfabr.
't Rozendaal
Vliegerswaard
Geitenwaard
Geitenwaardsche
Pannerdense Dijk
Oude
Millingen a/d Rijn
Rijndijk
Werf
Heerbaan
Millingen a/d Rijn
Straat
Haukus
Kapittelshof
Seite 36
Seite 25
1
2
3
i
0
0,5
1 km

Sehenswürdigkeiten entlang der Strecke

1 Waal/Rhein

Rhenus bicornis, Rheinisches Landesmuseum, Bonn

Kurz vor Millingen, wo der Rhein noch 171 km seines 1320 km langen Wegs von der Quelle bis zur Nordseemündung vor sich hat, zieht der Fluss mit einer Breite von 730 m in die Niederlande ein. Die Landschaft auf niederländischer Seite besitzt aufgrund ihrer Altrheinarme und Baggerseen geradezu amphibischen Charakter.

Zwei Kilometer hinter der heutigen Landesgrenze teilt sich der Fluss in „Neder-Rijn“ und „Waal“ auf; vom Neder-Rijn geht ein dritter Fluss, die „Ijssel“, nach Norden ab, und noch ein weiterer als „Oude Rijn“, der nördlich von Den Haag ins Meer mündet. Nach der Kleinstadt Wijk bij Duurstede nimmt der Neder-Rijn den Namen „Lek“ an; dieser durchfließt als „Nieuwe Maas“ Rotterdam, verlässt die Stadt als „Nieuwe Waterweg“ und mündet bei Hoek van Holland in die Nordsee. Die Waal als südlicher Kompagnon vereinigt sich an verschiedenen Stellen mit der Maas, heißt danach bis Dordrecht „Merwede“ und vereint sich als „Oude Maas“ bei Rotterdam mit dem Nieuwe Waterweg.

2 Millingen aan de Rijn

Im Schutz des hohen Rheindeichs liegt das beschauliche, ca. 6000 Einwohner zählende niederländische Grenzstädtchen Millingen. Archäologischen Funden zufolge befand sich hier an der Heerstraße zum Truppenlager Herwen nördlich von Rindern eine römische Ansiedlung. Den heutigen Ort bestimmt die mächtige, 1913 im neogotischen Stil erbaute Kreuzbasilika St. Antonius von Padua. Auffallend ist die Position des Turmes über der Antoniuskapelle, der heutigen Taufkapelle

(s. S. 29). Für Jakobspilger interessant ist ein Kirchenfenster, das Jakobus mit Wanderstab und Buch zeigt. Zu den Besonderheiten der Kirche zählt der Beichtstuhl für Gehörlose.

Ein großer Teil der männlichen Bevölkerung von Millingen war bis in die 1950er Jahre im Schiffsbau tätig.

3 *Naturschutz ohne Grenzen – Die Düffel und De Gelderse Poort*

Die gesamte Flussniederung rund um das Rheindelta wird in Anspielung an den eiszeitlichen Rhein, der zwischen dem Klever- und dem Eltenberg die Moränen durchstoßen und somit den Weg ins Gelderland geöffnet hat, „De Gelderse Poort", die Pforte zum Gelderland, genannt. Die „Düffel" (Duffelt) als deren grenzüberschreitender Teilraum erstreckt sich zwischen Kleve und Nimwegen; sie ist im Norden begrenzt durch den Rhein bzw. die Waal, im Süden durch den Höhenzug der Stauchendmoränen (s. S. 41).

Aufgrund der Urbarmachung dieser von Auen- und Bruchwäldern bedeckten und vom Rhein regelmäßig überschwemmten Naturlandschaft ist durch Eindeichung des Stroms, spätmittelalterliche Rodungen und planmäßige Entwässerungen sukzessive eine landwirtschaftlich geprägte Kulturlandschaft entstanden: außendeichs die periodisch

Wildgänse in der Düffel

überflutete Waalaue mit Altarmrelikten und vielfach durch Tonabbau entstandenen Wasserflächen; innendeichs zum einen die als Grünland und Ackerland genutzten, weitgehend offenen Flussmarschen mit einzelnen, auf künstlichen Hügeln (Warften) liegenden Höfen, zum anderen das sich südlich anschließende, etwas tiefer liegende Kranenburger Bruch, das von einem engmaschigen Netz von Gräben und Wässerungen mit begleitenden Hecken durchzogen und von Kopfbäumen, Obstwiesen und Pappelreihen gegliedert ist. Aufgrund seines hohen Grundwasserstandes weist das Kranenburger Bruch in Teilen Niedermoorcharakter auf. Die grundwassernahen, feuchten Weiden haben in der Düffel seit jeher die Milchwirtschaft und Viehzucht begünstigt, und so brachten es die Bauern im 19. Jh. mit Produkten wie Butter und Käse sogar zu regelrechtem Wohlstand.

Aufgrund seiner Strukturvielfalt beherbergt die Düffel zahlreiche seltene und zum Teil vom Aussterben bedrohte Wat- und Wiesenvögel. Diese sind zusammen mit den alljährlich ab Mitte November zu Zehntausenden hier zur Überwinterung einfliegenden arktischen Wildgänsen der Grund, weshalb die Düffel als Baustein des „Feuchtgebietes internationaler Bedeutung - Unterer Niederrhein" in weiten Teilen unter Naturschutz steht. Da die Berücksichtigung der ökologischen Belange nicht mit der zunehmenden Intensivierung der Landwirtschaft in Einklang zu bringen ist (teilweise Umwandlungsverbot von Grünland in Acker, Verzicht auf Dünger und Pflanzenschutzmittel sowie Beachtung der Ruhephasen), werden hierdurch entstehende wirtschaftliche Einbußen ausgeglichen. Mehr Informationen zu diesem vielfältigen und interessanten Landschaftsraum beiderseits der Grenze geben das „Natuurinformatiecentrum" in Millingen und das Besucherzentrum De Gelderse Poort in Kranenburg.

4 *Die Naturlandschaft Millingerwaard*

Im Jahre 1992 unternahm der Weltnaturfonds die ersten Schritte zur Einrichtung dieses Naturentwicklungsgebiets. Es handelt sich im Kern um ein ehemaliges Tonabbaugebiet, das durch gezielte Maßnahmen wieder den Charakter einer naturnahen Flusslandschaft erhalten hat. Mitentscheidend dabei war die Tieferlegung der Sommerdeiche, wodurch die Waal wieder stärkeren Einfluss auf die Dynamik der Flussaue, z. B. durch Überschwemmungen, bekam. Neben einem urwaldähnlichen Auewald, in dem der Biber ein Zuhause hat, weist das ca. 400 ha

Millingerwaard mit Biber

große Gebiet Grasland und Dünen auf. Um den offenen Charakter dieser Landschaftsteile zu erhalten, werden Rinder und Pferde eingesetzt: Galloways, eine anspruchslose schottische Rinderrasse, und zurück gezüchtete Wildpferde, die so genannten Koniks. Indem sie diese Flächen beweiden, wird eine durch die Natur sich ausbreitende Bewaldung verhindert.

Dieses einzigartige Gebiet ist für jeden Besucher zugänglich, ein Miteinander von Natur und Mensch also kein Problem. Viele neue Naturentwicklungsgebiete in den Niederlanden haben sich daher die Millingerwaard zum Vorbild genommen.

5 *Kekerdom*

Durch das ca. 600 Einwohner zählende Kirchendorf Kekerdom – am Eingang der Millingerwaard – verläuft heute der mächtige Rheindeich. Vor dem Deich liegt, zusammen mit zwei weiteren Häusern, die St. Laurentiuskerk mit dem Friedhof, hinter dem Deich im Schutz vor Überschwemmungen das übrige Dorf. Sie ist die einzige außendeichs gelegene Kirche der Niederlande, sie hat –

St. Laurentius, Kekerdom

Sendt
Gannitacircuit
Polder
Steenfabriek
Kekerdomsche
Waard
4
5
6
De Roeyen
Seite 31
Kaliwaal
Duffeltdijk
Wetering
't Jachthu
De Zeelt
Wielsche
Smalle
De Zandpol
Straat
Erlecomse Dam
Keulse Hof
Botse
Puthorst
Kraayenhof
Halve Galg
Gradahoeve
De Bongerd
Dijkhoeve
Annahoeve
Plezenburg
Leuth
Otterlei
De Snap
Gp 643
Gp 643ᵃ
Gp 643ᵇ
Gp 643ᶜ
Gp 644
Gp 644ᵃ
Gp 644ᵇ
Gp 645
Gp 645ᵃ
Hauptwässerung
Spickerhof
Zyfflicherstrasse
Leutherstrasse
Mühlenend
Zyfflich
Seite 38
0
0,5
1 km

Pappeln am Niederrhein

Wie keine andere Baumart prägt die Pappel das Bild der niederrheinischen Landschaft. Als Allee oder Baumreihe säumt sie vielfach Straßen, Gräben, Kanäle oder Flurgrenzen und betont dabei die klaren Linien des technischen Bauwerks oder das Ordnungsprinzip des Menschen. Diese Form der Landschaftsgestaltung geht zu einem großen Teil auf die Zeit Napoleons zurück, der seine militärischen Vorstellungen auch auf die Landschaft zu übertragen versuchte. Streng in Reih und Glied ausgerichtet, erinnern die Pappeln an eine soldatische Garde, und gemäß einer Anweisung Napoleons war der Abstand zwischen den Alleebäumen genau festgeschrieben, um so die Mannschaftsstärke der zwischen den Bäumen marschierenden Truppen schnell ermitteln zu können. Seine Vorliebe galt den schlanken Pyramidenpappeln. Diese gehörten wie die zahlreichen bereits im 18. Jh. am Niederrhein vertretenen Pappeln zu den kultivierten Arten, die durch Kreuzung der nordamerikanischen mit der heimischen Schwarzpappel entstanden sind und aufgrund ihrer überragenden Wuchsleistungen den Siegeszug am Niederrhein antraten.

Die heute selten gewordene heimische Schwarzpappel (Populus nigra) – an der Waal bei Millingerwaard ist sie noch zahlreich vertreten – gehörte zu den ersten Bäumen, die sich nach der Eiszeit in der Flusslandschaft von Rhein und Maas ansiedelten. Im Gegensatz zu den vergleichsweise kurzlebigen Zuchtpappeln (60-80 Jahre) kann sie bis zu 300 Jahre alt werden und entwickelt sich dabei zu einem stattlichen Baum mit weit ausladender Krone.

Pappeln gehören zur Familie der Weidengewächse und können wie diese Überschwemmungen ohne Probleme ertragen. In der Symbolik gilt die Pappel daher als Baum des Wassers.

Bei den Bauern war die Pappel seit jeher geschätzt. Sie lieferte das leicht zu bearbeitende Holz für die begehrten Holzschuhe, die so genannten Klompen; aus der Rinde ließ sich Lohe zum Gerben von Leder oder gelber Farbstoff zum Färben von Leinen herstellen; zum Stopfen von Kissen und Decken wurde der baumwollartige Flausch gesammelt, der die reifen Samen umgibt. Und ihre Knospen lassen sich heilkundlich verwenden: Die daraus gefertigte Salbe hilft bei Verbrennungen, Wunden, Hämorrhoiden und Gliederschmerzen, ein Tee bei Rheuma, Gicht, Blasenleiden und Erkrankungen der Prostata.

Heute sind die Zuchtpappeln vor allem wegen ihres hohen Holzertrags wirtschaftlich interessant. Ihr leichtes und gut spaltbares Holz wird zum großen Teil zur Herstellung von Sperrholz verwendet oder dient der Gewinnung von Zellstoff.

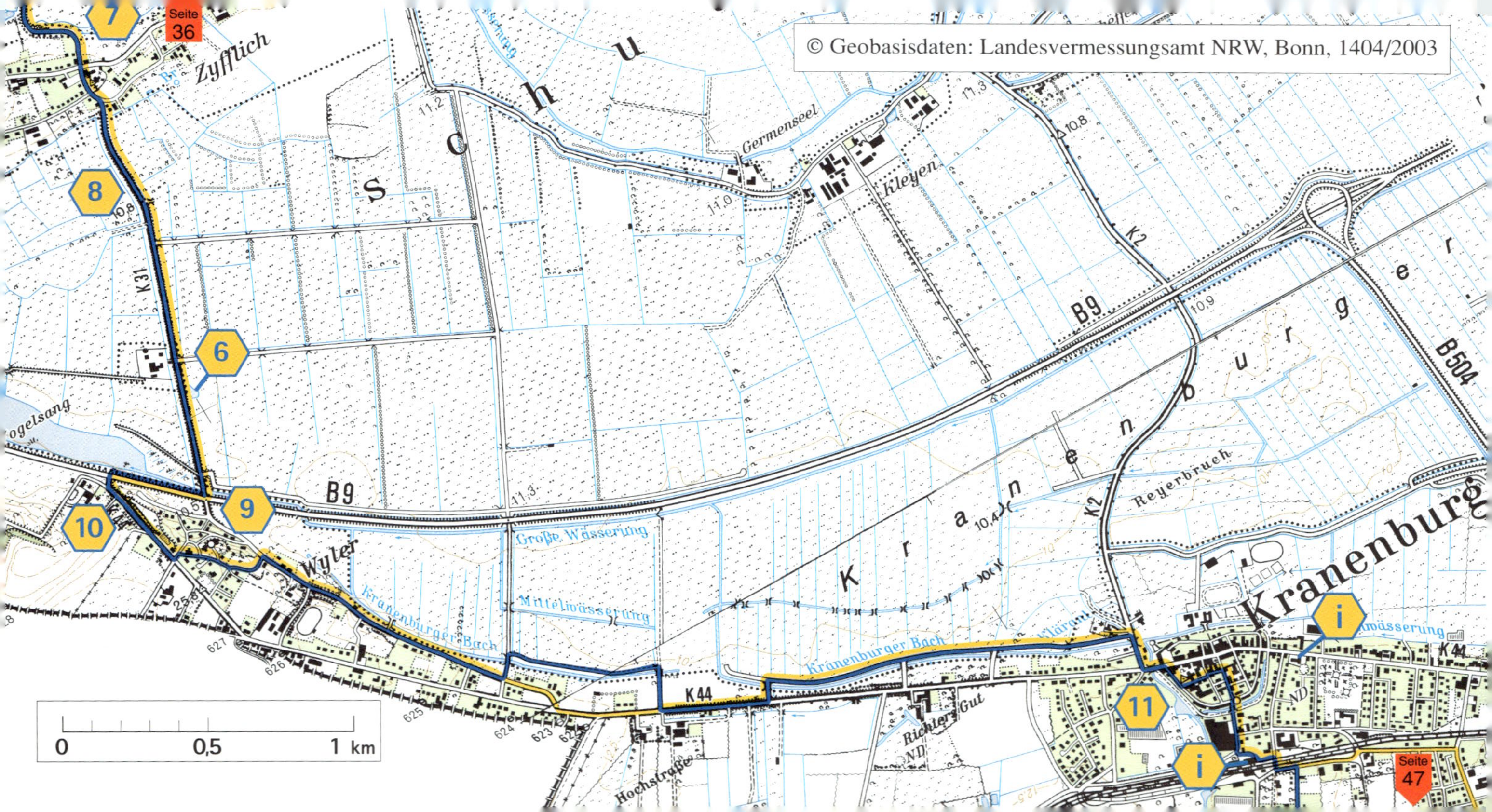
© Geobasisdaten: Landesvermessungsamt NRW, Bonn, 1404/2003
Seite 36
Seite 47
Zyfflich
Germenseel
Kleyen
Vogelsang
Wyler
Kranenburger Bach
Große Wässerung
Mittelwässerung
Reyerbruch
Richters Gut
Hochstraße
Kranenburg
Schu
Kranenburger
K31
K44
K2
B9
B504
0
0,5
1 km

was ziemlich unniederländisch ist – den Kampf gegen das Wasser verloren, da sie regelmäßig überflutet wird. Der Patron der Kirche St. Laurentius war römischer Diakon und Lieblingsschüler des 258 enthaupteten Papstes Sixtus II. Er verteilte in dessen Auftrag die Kirchenschätze unter den Armen und Kranken und wurde auf Befehl des Kaisers Valerian auf einem Feuerrost zu Tode gemartert. Vielfach wird er daher auch mit dem Rost als Attribut dargestellt.

6 *Kolke – Augen Gottes in der Landschaft*

Waren es anfänglich künstlich aufgeschüttete Hügel oder Ringdeiche um kleinere Dörfer, die die Wohn- und Wirtschaftsflächen vor Überschwemmungen schützen sollten, so wurden mit der wachsenden Besiedlung immer umfangreichere Deichsysteme erforderlich. Im Spätmittelalter entstanden geschlossene Banndeichlinien, die das Hochwasserbett auf einen engen Querschnitt verringerten. Dabei übten Hochwässer und Eisfluten vor allem auf die kurvigen Abschnitte einen ungeheuren Druck aus, dem vielerorts die Deiche nicht standhielten und brachen. Die an den Bruchstellen durchströmenden Wassermassen strudelten den Kies und Sand des Untergrundes bis zu 30 m tief aus. Nachdem die Deiche wiederhergestellt waren, blieben dahinter meist rundliche trichterartige Löcher zurück, die als Kolke oder Wojen bezeichnet werden. Da diese wie Augen in der Landschaft wirken, in deren Wasser sich der Himmel spiegelt, hat man sie auch „Augen Gottes" genannt. Viele sind heute verfüllt, einige haben sich zu wertvollen Biotopen entwickelt.

Kolk bei Zyfflich

Atlanten-
kapitell,
St. Martin,
Zyfflich

7 *Zyfflich*

Der kleine Ort Zyfflich, vor Hochwasser geschützt auf einem flachen Sandrücken gelegen, ist eine der ältesten Kulturstätten am Niederrhein. Bereits um 1000 entstand hier das Martinsstift mit der Klosterkirche, eine dreischiffige Basilika, die Parallelen aufweist zu den ottonischen Bauten des Rhein-Maas-Gebietes (St. Pantaleon, Köln; St. Amelberga, Susteren (s. S. 148) und St. Denis, Lüttich). Von den ehemaligen Gebäuden ist nur noch die aus verschiedenen Bauzeiten stammende Kirche erhalten, die im Zweiten Weltkrieg stark beschädigt und weitgehend im Stil des Gründungsbaus wieder errichtet wurde. Besondere Beachtung verdienen die ottonischen Arkadenöffnungen, die den so genannten Rheinischen Stützenwechsel aufweisen, einen rhythmischen Wechsel von Säule und Pfeiler: hier fungiert die Säule jeweils als Mittelstütze der Doppelarkade. Unter den Säulenkapitellen soll besonders auf das Atlantenkapitell mit nach Blüten greifenden Trägerfiguren aus Sandstein hingewiesen werden, das vermutlich um 970 in Köln entstanden ist.

8 *Via Romana*

Via Romana

Südlich von Zyfflich führt der Weg auf dem von einer Pappelallee gesäumten Häfnerdeich. Er ist mit dem Symbol der Touristikstraße „Via Romana“ gekennzeichnet, auf der man zu den bedeutendsten Zeugnissen der römischen Herrschaft am Niederrhein gelangt. In jener Zeit bildete der Rhein über vier Jahrhunderte die Ostgrenze des römischen Weltreichs. Eine der wichtigsten Maßnahmen zur Sicherung und Erschließung der eroberten Gebiete war die Herstellung funktionstüchtiger Straßen. Entlang der Maas und des Rheins wurden die Wege zu Fernstraßen ausgebaut und bei Nimwegen (Ulpia Noviomagus Batavorum) zusammengeführt. Während vor allem am Rhein Grenzbefestigungen und Militärlager entstanden, war der Landstrich zwischen Rhein und Maas (Germania Inferior) nördlich von Neuss dünn mit bäuerlichen Einzelhöfen (villae rusticae) besiedelt, die für die Versorgung mit Nahrungsmitteln zuständig waren. Bei Zyfflich wurden zahlreiche römische Funde gemacht.

9 Eiszeitliche Relikte am Niederrhein

Aus dem ansonsten flachen Niederrheingebiet erhebt sich ein über 50 km langer und etwa 7 Kilometer breiter Höhenzug, der sich, mehrmals unterbrochen, bogenförmig von Nimwegen bis Xanten zieht. Er verdankt seine Entstehung einem saale-eiszeitlichen Gletschervorstoß vor etwa 200.000 Jahren, dessen Ursprung in Skandinavien lag. Seine Inlandseismassen schoben mit ihren halbkreisförmigen Gletscherzungen, einer riesigen Planierraupe ähnlich, den oberflächennah aufgeweichten Untergrund des Niederrheingebietes zusammen und „stauchten" ihn zu so genannten Stauchendmoränen auf. Bei diesem gewaltigen Vorstoß wurde der Rhein nach Westen abgedrängt und verlief etwa dort, wo heute die Niers fließt. Als das Klima wieder wärmer wurde, schmolzen die mächtigen Eismassen. Dabei lagerten die Schmelzwässer ihre Fracht – Sande und Kiese – in dem vom Eis freigegebenen Vorland in Form von sanft nach Südwesten geneigten Sanderflächen ab. Danach kehrte der Rhein allmählich wieder in sein Bett nach Norden zurück, wobei große Teile der Stauchwälle und der Sanderflächen von den Rheinarmen abgetragen und zerschnitten wurden. In der späteren Weichsel-Kaltzeit sammelte sich der Rheinabfluss und suchte sich den Weg durch die Gelderse Poort, das Tor zum Gelderland, den er noch heute benutzt.

10 Wyler

St. Johann Baptist, Wyler

Das Dorf, im wahrsten Sinne des Wortes ein „Weiler", begrüßt den Wanderer vom Rand der Stauchmoräne aus gleich mit den Türmen zweier Kirchen. Der romanische Turm der Pfarre St. Johann Baptist ist aus Tuffstein errichtet, der vom Siebengebirge bei Bonn über den Rhein hergebracht wurde. Das anschließende Langhaus wurde nach den Zerstörungen des letzten Kriegs auf den alten Fundamenten errichtet. Der moderne Glockenträger ist Teil des westlich gelegenen Gotteshauses, das ebenfalls Johannes dem Täufer geweiht ist und 1964-66 von dem Architekten Toni Hermanns anstelle der neogotischen Kirche von 1911 errichtet wurde.

11 *Kranenburg*

Ansicht von Kranenburg auf dem Hochaltar von St. Peter und Paul

Einer Insel gleich liegt der Wallfahrtsort Kranenburg in der Bruchlandschaft der Niederung. Seinen Anfang nahm er als Waldhufensiedlung im Schutz der 1225 errichteten, inzwischen untergegangenen Kranichenburg. Nachdem der Ort 1294 die Stadtrechte erhalten hatte, umgaben seine Bürger ihn 1370 mit einer halbkreisförmigen Mauer, die im Süden noch nahezu vollständig erhalten ist.

Im Herzen der Städtchens erhebt sich die Wallfahrtskirche St. Peter und Paul, in der in einem gläsernen Schrein das „wundertätige Kreuz" beherbergt ist (s. S. 29). Von Baumeister Gisbert Schairt van Bommel (1380-1452) aus Backstein und Trachyt errichtet, steht St. Peter und Paul in einer Reihe mit den von ihm erbauten Kirchen in Nimwegen, Kalkar, Xanten, Hertogenbosch und seiner Heimatstadt Bommel. So haben z. B. die kapitelllosen Arkadenpfeiler zwischen Haupt- und Seitenschiffen ihre Vorbilder in der Kathedrale von Hertogenbosch. Als 1436 das Kanonikerstift des benachbarten Zyfflich nach Kranenburg umzog, wurde die Kirche bis zur Aufhebung des Stifts 1802 durch die Franzosen Stiftskirche. Im damals vom Volk baulich abgetrennten Chorraum steht noch das Gestühl der Stiftsherren. Im Hintergrund des Gemäldes „Anbetung der Könige" von 1563, auf der Außenseite des Hochaltars, ist die zweitälteste Ansicht Kranenburgs überliefert. Der Altartisch von 1953 und die Wandreliquiare bewahren den Reliquienschatz der Stevenskerk in Nimwegen, der zur Zeit des belgischen Aufstandes 1592 nach Kranenburg gebracht wurde. Unter den Figuren an den Pfeilern fallen den Pilgern besonders der Weg- und Brückenpatron Christophorus (um 1530) und der heilige Rochus ins Auge. Letzterer pflegte als Rompilger Pestkranke und steckte sich dabei an, wurde jedoch durch die Hilfe eines Hundes, der ihm Brot brachte, gerettet. Neben Sebastian wurde er besonders in Zeiten des „schwarzen Todes" als Retter aus der Pest angerufen. Da Rochus aus

Montpellier stammte, ist seine Verehrung besonders an südfranzösischen Jakobswegen verbreitet.

In Nachbarschaft zur katholischen Gemeinde lebt seit 350 Jahren die reformierte evangelische Gemeinde. Sie geht auf holländische „Broukers" zurück, die zur Trockenlegung der Niederungen hierher gekommen waren. Trotz der wenigen Mitglieder, über die der brandenburgische „Große Kurfürst" seine schützende Hand hielt, gelang den Protestanten 1723 der Bau einer Kirche nebst Pfarrhaus und Schule.

Wappen Kranenburg

Der Weg von der evangelischen Kirche zum Mühlenturm führt an dem 1450 erbauten Beginenhof (s. a. S. 60) und späteren Katharinenkloster der Augustinerinnen vorbei. Heute befindet sich hier das Museum Katharinenhof. Zu seiner Präsentation der rheinischen Kunst vom Mittelalter bis zur Moderne gehört auch die bedeutende Sammlung religiöser Werke von Kasimir Hagen aus Köln. Ein Raum ist dem 1921 am Niederrhein geborenen Künstler Joseph Beuys gewidmet. Im katholischen Milieu aufgewachsen, studierte er 1947-52 an der Düsseldorfer Kunstakademie Bildhauerei und war Meisterschüler von Ewald Mataré. Er genoss oft die Gastfreundschaft der Kranenburger Familie van der Grinten, deren Sammlung den Grundstock des Museums auf Schloss Moyland bildet. Mit der Gestaltung des Grabmals für Josef und Maria van der Grinten auf dem Kranenburger Friedhof knüpfte der Künstler an sein Frühwerk an, das um das Thema Christus, den Gekreuzigten und Auferstandenen, kreist.

Ergänzt wird die Ausstellung durch eine volkskundliche Präsentation in der benachbarten Stadtscheune.

Wall und Mühlenturm, Kranenburg

St. Iacobs straet
De Marckt

ETAPPE 2

KRANENBURG – GOCH

23 km

23 km

Südlich von Kranenburg führt der Weg über die vom Reichswald bedeckte Hügelkette des Niederrheinischen Höhenzuges. Auf schnurgeraden „preußischen" Wegen geht es an dem Britischen Ehrenfriedhof vorbei durch den größten zusammenhängenden Staatsforst Nordrhein-Westfalens. Durch eine neu geschaffene Seenlandschaft in der Niersniederung gelangt man zum ehemaligen Kloster Graefenthal. Entlang der von jungen Kopfweiden gesäumten Niers erreichen wir Goch.

Pilgerspuren...

Im Mittelalter betraten die von Norden kommenden Reisenden die befestigte Stadt Goch durch das Mühlentor und über die Mühlenstraße. Kurz bevor sie den Markt erreichten, passierten sie die noch heute existierende Jakobstraße, die ihren Namen wohl von der an ihr liegenden Jakobuskapelle erhielt. Am Markt konnten Pilgerinnen und Pilger um Aufnahme in dem 1358 erstmals erwähnten Gasthaus zum Heiligen Geist bitten. Solche Gasthäuser als öffentliche soziale Einrichtungen gab es damals vielerorts. Neben Alten und Kranken fanden in ihnen – da man noch keine privaten Herbergen kannte – auch Reisende Unterkunft und Pflege. Zum Gebäude gehörte eine Kapelle, von der 1361 erstmals berichtet wird. 1699 wurde das Haus durch die Neugestaltung der Fassade und den Bau eines Dachreiters mit Laterne zur Kirche der reformierten Gemeinde umgebaut.

In der Gocher Pfarrkirche St. Maria Magdalena fanden die früheren Jakobspilger einen dem hl. Jakobus und der hl. Agatha geweihten Altar vor, der heute nicht mehr erhalten ist. Das 14. – und insbesondere das 15. Jh., in dem dieser Altar entstand – war das Zeitalter der Altar- und Messstiftungen zu Ehren einzelner Heiliger. Entsprechend der wachsenden Verinnerlichung des christlichen Glaubens während des Spätmittelalters entwickelten die Gläubigen ein starkes Bedürfnis zur Teilnahme am Messopfer. Da aber der Pastor weder jeden Tag noch zu den für arbeitende Menschen passenden Zeiten Messen las, stifteten Einzelpersonen oder Bruderschaften zusätzliche Altäre und finanzierten mit Renten und Liegenschaften den Unterhalt eines eigenen Priesters. Um 1500 standen in der Gocher Pfarrkirche 12, wenig später 17 Nebenaltäre. Die meisten von ihnen fielen jedoch dem Bilder-

Links: Goch 1621, Kupferstich von Blaeu

Apostel (F. Langenberg), Museum Goch

sturm von 1625 zum Opfer, vermutlich auch der Jakobus-Agatha-Altar.

Der heutige Pilger findet einen Jakobus in Lebensgröße unter den Aposteln im Hochchor. Diese 1890 aufgestellten Sandsteinfiguren stammen von dem Gocher Bildhauer Ferdinand Langenberg. Aus seiner im neogotischen Stil arbeitenden Werkstatt, die etwa 30 Fachleute beschäftigte, gingen mehr als 200 Altäre in die Kirchen am Niederrhein und in den Niederlanden. Ein weiterer Apostelzyklus von Langenberg befindet sich im Museum für Kunst- und Kulturgeschichte der Stadt Goch.

Wegbeschreibung und Hinweise

23 km (zu Fuß)

23 km (per Rad)

Schwierigkeitsgrad zu Fuß: leicht, überwiegend auf befestigten, z. T. asphaltierten Wirtschaftswegen, streckenweise auf Wanderwegen
Schwierigkeitsgrad per Rad: leicht bis mittel, überwiegend auf befestigten, z. T. asphaltierten Wirtschaftswegen, streckenweise auf Radwegen entlang der Stadtstraßen

Ausgangspunkt Kranenburg: Auf dem X7 Mühlenstraße und Bahnhofstraße entlang zum ehem. Bahnhof (Besucherzentrum Naturschutzstation), dort links auf einem Pfad die stillgelegten Gleise queren, links Drüller Weg. Sofort rechts „In den Pferdeweiden", links „In den Eisen", rechts „Hesseltchen", links Postweg, rechts Genneper Galgensteeg bis zum Gedenkstein **(1, 2)**. Am Ende Drüller Weg rechts Elsendeich, rechts Genneper Galgensteeg bis zum Gedenkstein**(1, 2)**. Auf X7 durch den Reichswald bis zur B 504. Kurzes Stück zurück, rechts Schrammstraße, rechts Gocher Straße durch Frasselt bis B 504. Diese queren und weiter auf X7 am Feuerwachtturm **(3)** vorbei zum Britischen Ehrenfriedhof **(4)**, dahinter X7 verlassen und rechts dem geraden Waldweg bergab bis zum Waldrand folgen, dort links, nach ca. 600 m über Parkplatz zum Nierssteg, links durch das renaturierte Auskiesungsgelände, an Gut Graefenthal **(5)** vorbei, links auf dem Nierswanderweg zur Aspermühle **(6)**. An der Niers **(7)** entlang, durch den Stadtpark, rechts über die erste Brücke, durch die Mühlengasse, am Ende links der Mühlenstraße bis zum Gocher Markt folgen **(8)**. Rechts in Eycksche Straße und rechts über Klever Straße/Brückenstraße ins Zentrum von Goch **(8)**.

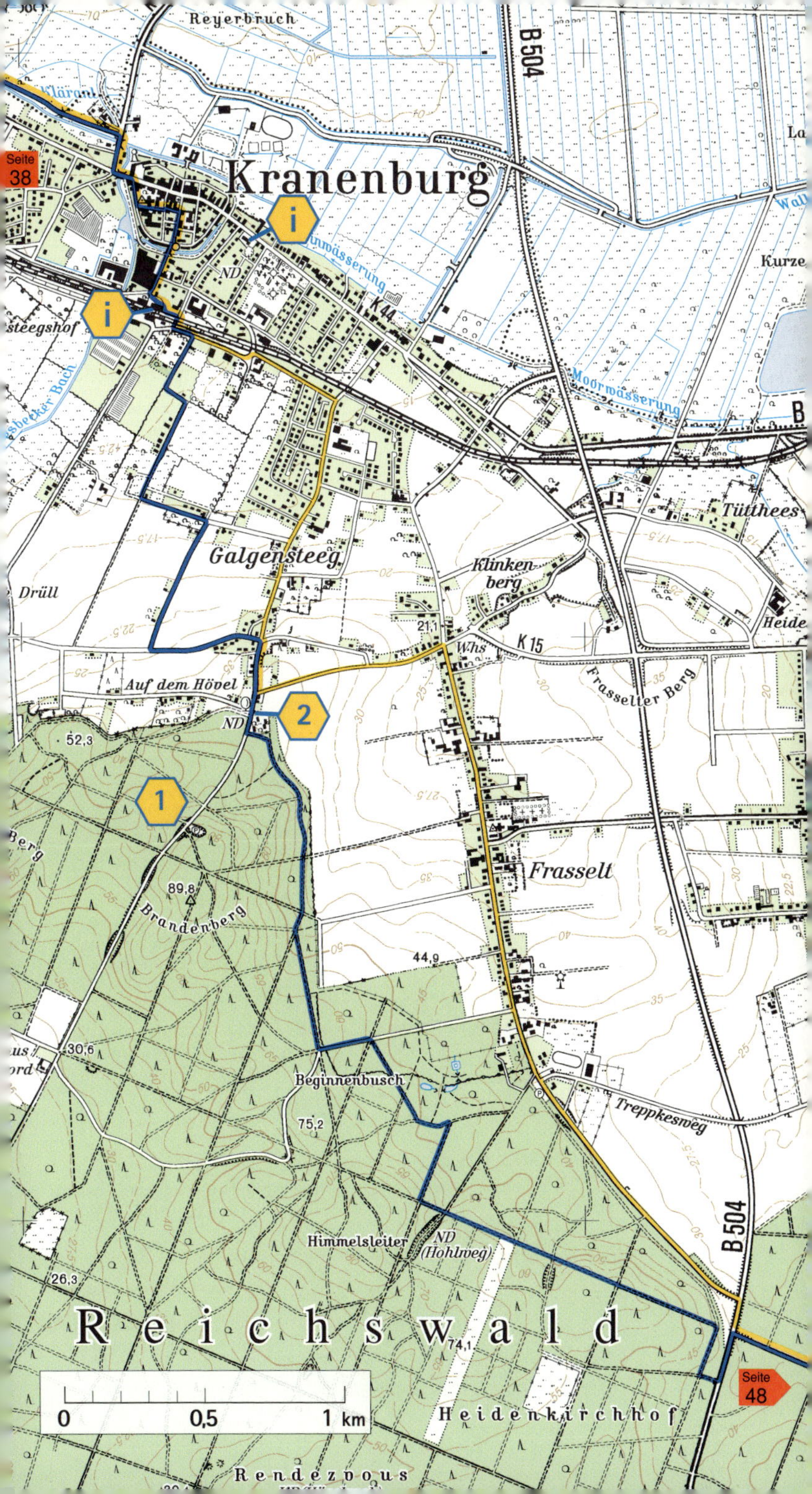

Reyerbruch
B 504
Kranenburg
Seite 38
i
i
steegshof
K 44
Moorwässerung
Tütthees
Galgensteeg
Klinkenberg
Drüll
21,1
Whs
K 15
Frasselter Berg
Heide
Auf dem Hövel
ND
2
52,3
1
Berg
89,8
Brandenberg
Frasselt
44,9
30,6
Beginnenbusch
75,2
Treppkesweg
Himmelsleiter
ND (Hohlweg)
26,3
B 504
Reichswald
74,1
Seite 48
0
0,5
1 km
Heidenkirchhof
Rendezvous

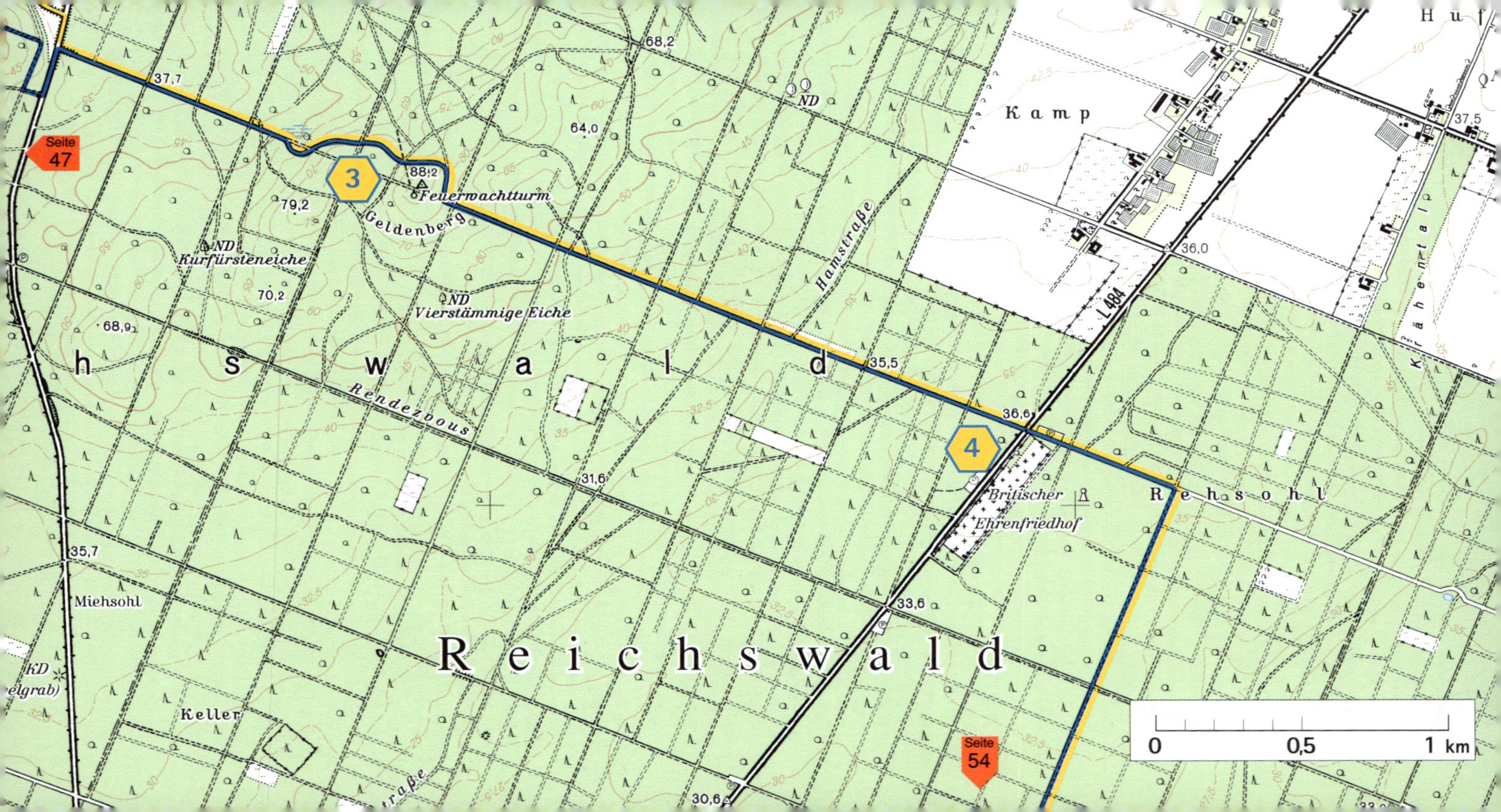
Seite 47
Seite 54
3
4
Feuerwachtturm
Geldenberg
ND Kurfürsteneiche
ND Vierstämmige Eiche
ND
Hamstraße
Rendezvous
Reichswald
Miehsohl
Keller
Kamp
L 484
Britischer Ehrenfriedhof
Rehsohl
Krähental
0
0,5
1 km

Heilige Bäume

Kranenburg ist nur einer der Wallfahrtsorte am Niederrhein, in dessen Entstehungslegende ein Baum eine tragende Rolle spielt. Gut 500 Jahre, nachdem Bonifatius die Donar-Eiche als Trägerin des heidnischen germanischen Kults gefällt hatte, wird der Baum im Mittelalter wieder in den christlichen Glauben integriert – als Ausgangsmaterial, Fundstelle oder Schutzort eines verehrten Gegenstands.
Wie in Kranenburg, so wird auch in Maastricht-Wijk ein Kreuz verehrt, das auf wundersame Weise aus einem Baum entstand (s. S. 219). Und in Houthem wohnte sogar ein Heiliger zu Lebzeiten in einer Eiche (s. S. 220).
Interessanterweise gehen alle Marien-Verehrungsstätten am Niederrhein auf Baumkulte zurück: Die Wallfahrt nach Marienbaum, die älteste der Region, entstand der Legende nach dadurch, dass ein Schäfer die Vision eines Marienbildes in einer Eiche hatte, deren Stamm zu einer Treppe geformt war. Das Gnadenbild erzwang den Bau einer Kapelle am Fundort, da es sich nicht in die Kirche von Vynen bringen ließ. In Aengenesch bei Geldern wurde um 1430 in einer Esche eine hölzerne Pietà aufgefunden. Auch hier versuchten die Gläubigen dreimal vergeblich, das Bild in ihre Kirche nach Winnekendonk zu bringen – jedes Mal fanden sie es kurz darauf an der Esche mitten im Dorf wieder, sodass sie dort auch schließlich die Stätte der Anbetung errichteten.
Und in Kevelaer erhielt Busmann an einem Hagelkreuz bei einer alten Eiche den Auftrag, eine Kapelle zu bauen (s. S. 75). In Scherpenheuvel im brabantischen Kemperland sowie in Foy (Luxemburg) wurden ebenfalls Madonnen verehrt, die in einer Eiche gefunden worden waren. Aus dem Holz eben dieser Bäume ließ man dort Abbilder der jeweiligen Madonna anfertigen, die von den Jesuiten systematisch in den nördlichen Niederlanden verteilt wurden, um dort wieder neue Wallfahrten zu provozieren. So entstanden die Wallfahrtsstätten in Heiloo, Leiden, Delft, Haastrecht und Oudewater. Auch in Scherpenheuvel waren alle Versuche gescheitert, die Marienfigur, die in einem hohlen Baum verehrt wurde, in eine Kirche zu überführen, sodass schließlich die Kapelle „Zur Heiligen Eiche“ auf freier Flur errichtet wurde, zu der noch heute jährlich 25.000 Wallfahrer kommen.
Die Tatsache, dass Bäume die Orte der Auffindung waren, die Madonnen sie der Kirche als „Wohnort“ vorzogen und sie oft auch Eingang in die Namensgebung des Ortes fanden – all dies spiegelt den hohen Stellenwert wider, den die Natur im Spätmittelalter erfuhr.

Sehenswürdigkeiten entlang der Strecke

1 *Der Reichswald*

Reichswald im Herbst

Südlich von Kranenburg erstreckt sich auf Teilen des hügeligen Endmoränenwalls das „sacrum nemus", der heilige (Hude-) Wald, wie der dem Gott Merkur gewidmete Reichswald zur Römerzeit genannt wurde.

Vorgeschichtliche Hügelgräber weisen auf erste Spuren der Waldnutzung hin. Seit der Merowingerzeit diente der Reichswald den Königen und späteren Kaisern als Jagdrevier und gehörte zur Kaiserpfalz Karls des Großen in Nimwegen. Waldweide und übermäßige Holzentnahme führten zur Verheidung großer Bereiche. Ab dem 17. Jh., vor allem aber unter der preußischen Herrschaft, wurde der Wald wieder „gepflegt". Aus dem Niederwald entstand durch Aufforstung mit der anspruchslosen Kiefer sukzessive ein leistungsfähiger Hochwald, aus dem in der Folgezeit z. B. das Ruhrgebiet mit Grubenholz versorgt wurde – Kiefernholz ist „warnfähig", da es durch Knistern im Gebälk zu hohen Gesteinsdruck ankündigt. Aus jener Zeit stammt auch der regelmäßige Zuschnitt des Waldes in so genannte Abteilungen. Schwere Artilleriegefechte im Zweiten Weltkrieg hinterließen einen devastierten, anschließende Reparationshiebe einen auf großer Fläche kahl geschlagenen Wald.

Umfangreiche Aufforstungen nach 1945, größtenteils mit Nadelholz- und Mischbeständen, trugen dazu bei, dass aus dem Reichswald wieder ein funktionstüchtiger Forst wurde, der mit über 5000 ha heute sogar der größte zusammenhängende Staatsforst in Nordrhein-Westfalen ist. Da aber nur wenige Teile noch Anklänge an den ursprünglichen, hier von Natur aus vorkommenden Traubeneichen-Buchenwald besitzen, wird seit den 1980er Jahren verstärkt die Erhöhung des Laubholzanteils und der Übergang zu einer naturnahen Bewirtschaftung des Waldes verfolgt. Zudem ist hier auf rund 580 ha das Naturschutzgebiet Geldenberg ausgewiesen worden, in dem sich auch zwei Naturwaldzellen befinden. In ihnen werden naturnahe ältere Traubeneichen-Buchen-Mischbestände mit dem Ziel beobachtet, vom Menschen unbeeinflusste Entwicklungsabläufe im Ökosystem Wald zu erforschen. Ein erfreuliches Ergebnis ist bereits jetzt schon zu verzeichnen: Der hohe Anteil von Totholz bietet rund 600 Käferarten, darunter dem selten gewordenen Hirschkäfer, einen Lebensraum.

2 *Heilig-Kreuz-Stock an der alten Eiche*

Am Rande des Reichswalds stoßen wir an einer Weggabelung auf eine ehrwürdige alte Eiche, die als Naturdenkmal geschützt ist. Dirk Willemsen, der Küster und Organist von St. Peter und Paul in Kranenburg, glaubt nach intensiven Recherchen hier den Ort des Kreuzwunders gefunden zu haben (s. S. 29). In seinen Ausführungen zitiert Willemsen einen Text von 1666 aus dem Pfarrarchiv: „... denn noch am heutigen Tage nennt man die Stelle, wo dieses mirakulöse Kreuz gewachsen ist, HEILIG KREUZ STOCK, und der Baumstamm, wo dieses heilige Kreuz gefunden wurde, kann bis zu unserer Zeit gezeigt werden. Es ist fest und nicht morsch, nur haben zahlreiche Leute aus Frömmigkeit diesem Wunderwerk mit Äxten so viele Stücke als Andenken entnommen, dass ich nicht weiß, ob davon noch sehr viel übrig ist."

Eiche am Heilig-Kreuz-Stock

Anfangs soll dieser Ort durch eigens gepflanzte Bäume, später durch einen festen Bildstock gekennzeichnet worden sein. Willemsen nimmt an, dass auch die heutige Eiche vor Generationen zur Markierung gepflanzt wurde. Seit 2003 erinnert ein von der Kranenburger Pfarrgemeinde St. Peter und Paul errichteter Memorienstein an die Stelle, an der die Kranenburger Kreuzwallfahrt ihren Anfang nahm.

3 *Feuerwachtturm auf dem Geldenberg*

Kiefernforst im Reichswald

Zahlreiche Waldbrände in den ersten Jahrzehnten nach dem Zweiten Weltkrieg, häufig ausgelöst durch sich entzündende Munitionsreste, gaben zu Beginn der 1960er Jahre Anlass, den alten Holzturm auf dem Geldenberg durch einen neuen, 32 m hohen Feuerwachtturm aus Beton zu ersetzen. Von dieser Warte aus (ca. 120 m ü. NN) ließen sich aufkeimende Brände, die in den jungen Nadelholzforsten mit hohem Anteil abgestorbener Äste reichlich Nahrung fanden, rasch lokalisieren.

In jüngster Zeit ist die Waldbrandgefahr deutlich geringer geworden: Die mittlerweile 50-jährigen Bestände sind durchforstet, wodurch der Abstand zwischen den Bäumen größer geworden ist und sich – begünstigt durch den stärkeren Lichteinfall auf den Boden – eine üppige Vegetation eingestellt hat, die durch ihr saftiges Grün brandhemmend wirkt. Insbesondere während der Trockenperioden ist der Feuerwachtturm jedoch nach wie vor besetzt.

4 *Britischer Ehrenfriedhof*

5 km südlich von Kleve auf deutscher und 10 km nördlich von Gennep auf niederländischer Seite befindet sich der größte Kriegsgräberfriedhof des Commonwealth, mit 7654 Gräbern aus den beiden Weltkriegen. Nach dem Zweiten Weltkrieg wurden hier Tausende Gefallenengräber, die über ganz Deutschland verstreut waren, zusammengelegt. Rechterhand des Eingangs sind nahezu 4000 Flieger, unter ihnen 706 Kanadier, bestattet, links die anderen Soldaten. Viele dieser Männer fanden

den Tod bei den erbitterten Endgefechten im Rheinland, bei der Rheinquerung und bei der großen Reichswaldschlacht vom 8.-13. Februar 1945. Von den Dächern der Empfangsgebäude, zu denen Stufen hinaufführen, fällt der Blick auf das Meer der schlichten weißen Gedenksteine.

Britischer Ehrenfriedhof, Reichswald

Dass alle britischen Ehrenstätten einander ähnlich sind, liegt an den strengen Gestaltungsgrundsätzen, denen sie unterliegen: Die Grabsteine sind als Stein-Stelen zu errichten, auf denen ein Emblem Auskunft gibt über die Konfession, ein anderes über die militärische Einheit. Neben Namen und Lebensdaten ist am Fuß der Stele Platz für eine Inschrift nach dem Wunsch der Hinterbliebenen. Im Zentrum des Friedhofs steht immer ein Opferkreuz (Cross of Sacrifice) in Form des irischen St. Patrick-Kreuzes und ein Altarstein (Stone of Remembrance) mit der Inschrift „Their Name Liveth For Ever“ („Ihr Name lebt ewiglich“). Das Gräberfeld wird grundsätzlich eingeebnet und mit Kopfbeetstreifen angelegt.

5 *Gut Graefenthal*

In der ersten Hälfte des 13. Jh. erfasste vor allem Frauen eine neue Welle der religiösen Begeisterung. Diese Bewegung gab den Anstoß zur Gründung einer größeren Zahl von Nonnenklöstern im Rheinland, die in den Zisterzienserorden eingegliedert wurden. In dieser Zeit entstand das Kloster Graefenthal (sprich: Grafenthal), auch Neukloster genannt: 1248 stellt Otto von Geldern den Zisterzienserinnen von Roermond seine Burg Rott zur Errichtung eines Filialklosters (filia (lat.) = Tochter) zur Verfügung. Graefenthal sollte als Geldrisches Hauskloster und Grablege des Grafengeschlechts dienen. Nach Abschluss der Bauarbeiten wurden Kirche und Kloster 1260 Kloster Kamp unterstellt, aus dem bereits im 12. Jh. 24 Frauenkonvente hervorgegangen waren.

Der ehemalige Klosterbezirk ist von einem Graben und einer 1,3 km langen Backsteinmauer eingefasst. Über eine Brücke führt der Zugang

Sammelplatz
Seite 48
0
0,5
1 km
Knollenberg
Nier
WW
ND
27,4
31,7
20,9
Dicke Mönchstal
24,3
Sternberg
KD (Hügelgrab)
KD (Hügelgräber)
15,9
H
27,1
17,2
30,4
KD (Hügelgräber)
KD (Hügelgrab)
Kalvariberg
ND (Hecke)
ND (Hecke)
ND (Hecke)
K10
Aspe
Versunkenes Kloster
Forsthaus Asperden
Seite 58
14,0
ND
Hüschhof
6
31,5
Niers
Kessel
Sand/Kies
5
Niers
Aspermühle
14,8
Haus
iesberg
ND
Gut Gräfenthal
Kies
K29

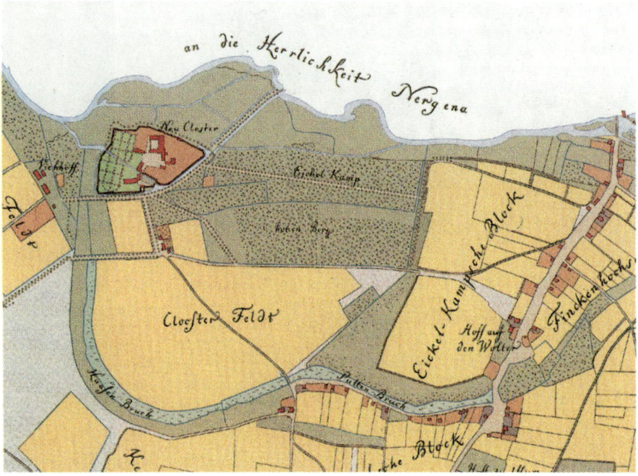

Graefenthal, preußische Katasteraufnahme von 1734

durch das im 18. Jh. errichtete Torhaus, das in Teilen jedoch noch aus dem 15. Jh. stammt. Vorbei am Taubenhaus im ehemaligen Kräutergarten und an zwei Remisen gelangt man zu den Resten des einstigen, nach den Zerstörungen des burgundischen Krieges (1476/77) neu aufgebauten Klostergebäudes. Vor dem Kapitelhaus ist eine Seite des Kreuzgangs erhalten. Moderne Stein-Stelen markieren den Grundriss der einstigen Marienkirche, die 1808, nachdem das Kloster säkularisiert worden war und als landwirtschaftliches Gut genutzt wurde, für den Bau der katholischen Kirche in Pfalzdorf abgebrochen wurde. Ihre Ausstattung wurde auf diese und andere Kirchen der Umgebung verteilt. Der ursprünglich im Chor der Kirche aufgestellte Steinsarg Ottos II. von Geldern aus dem 13. Jh. befindet sich heute unter freiem Himmel über der Gruft. Sechs Löwen tragen eine Blausteinplatte, auf der früher die Liegefigur des Grafen ruhte.

6 *Die Aspermühle an der Niers*

Es ist schon erstaunlich, dass die mit geringem Gefälle dahinfließende Niers sich vom Spätmittelalter an bis zum Beginn der industriellen Zeit zu einem regelrechten Mühlengewässer entwickelt hat, obwohl die offene und flache niederrheinische Landschaft, in der der Wind seine Kraft voll entfalten kann, eigentlich für Windmühlen prädestiniert ist. Der Hauptgrund liegt wahrscheinlich in der im Vergleich einfacheren Bauweise und Bedienung sowie der vielseitigeren gewerblichen Nutzungsmöglichkeiten der Wassermühlen.

Kopfweiden – die knorrigen Gnome des Niederrheins

In den Niederlanden wie am Niederrhein sind die Kopfweiden seit vielen Jahrhunderten ein charakteristisches Landschaftselement. Ihre Wuchsform haben sie nicht von Natur aus. Sie erhalten sie durch das einmalige Köpfen des Stamms in ca. 1 bis 4 m Höhe und durch den alljährlichen Schnitt der „am Kopf" austreibenden Ruten. Meistens handelt es sich dabei um die heimische, baumartig wachsende Silberweide. Sie ist wie die meisten Weiden in den feuchten Niederungen zu Hause und säumt Flüsse, Bäche und Gräben.

Dank ihrer Austriebsfreudigkeit ist die Weide seit alters her sehr beliebt, liefert sie doch Ruten für vielerlei Zwecke: zum Flechten von Körben und Zäunen, zum Befestigen von Lehmwänden, als Brennholz oder zum Anbinden von Weinreben. Ihre unbändige Kraft, sich immer wieder zu erneuern, gab schon früh Anlass zu Sagen, Mythen und Bräuchen. So steckten die keltischen Priester (Druiden) während der Blüte Weidenzweige in die Erde, um die Fruchtbarkeit der Felder zu steigern. Auch die Palmweihe, bei der am Palmsonntag die blühenden Weidenzweige geweiht werden, hat ihren Ursprung in den alten Fruchtbarkeitsriten. Nach der Christianisierung galt die Weide als Geister- und Hexenbaum. Sicher spielte dabei die Fantasie eine gewisse Rolle – denn wer wird nicht beim Anblick der im schwindenden Niederungsnebel auftauchenden Kopfbäume an gespenstische Gestalten, Kobolde oder Hexen erinnert? Und obendrein lieferten die Weiden die Ruten für die Zauberbesen ...

Die Weide galt auch als heilender Baum. Bereits in der Steinzeit haben die Frauen die fiebersenkende und schmerzlindernde Heilwirkung seiner Rinde entdeckt. Und die Äbtissin Hildegard von Bingen (1098-1179) berichtet von erfolgreicher Anwendung geschälter Weidenrinde bei Blutungen, Fieber, Harnleiden und zur Dämpfung der Lust auf Liebe. Der Inhaltsstoff der Weidenrinde, das Salicin (eine natürliche Vorstufe der Salicylsäure), ist heute Hauptbestandteil des in synthetischer Form hergestellten Aspirins.

In jüngerer Zeit bereiten die Kopfweiden große Sorgen, denn mit nachlassendem Bedarf an Weidenruten findet auch der erforderliche Schnitt nicht mehr statt: Die Ruten entwickeln sich zu starken Ästen, deren Gewicht diese Kopfbäume nicht gewachsen sind und auseinander brechen. So droht ein Dokument alter bäuerlicher Kulturlandschaft verloren zu gehen. Vereinzelt erlebt die Kopfweide – weniger aus wirtschaftlichen als aus ökologischen Gründen – allerdings eine Renaissance: Ihr Formenreichtum (Nischen, Höhlen) gibt unzähligen Tierarten, ob Vögeln, Säugetieren oder Insekten, Lebensraum. So trifft der Wanderer entlang der Niers immer wieder auf Neupflanzungen, die Hoffnung geben, dass dieses Landschaftselement erhalten bleibt.

Die Aspermühle gehörte zur Ausstattung des nahe gelegenen Zisterzienserinnenklosters Graefenthal. Unter der Bedingung, dass für das Grafenhaus täglich eine Messe gehalten würde, hatte Graf Reinald von Geldern sie 1301 dem Kloster, das die Mühle zuvor zwar bereits bewirtschaftet, aber lediglich gepachtet hatte, zum Geschenk gemacht.

Im Laufe der Jahrhunderte wurde die Wassermühle dem Bedarf entsprechend mehrfach umgebaut und erweitert: so z. B. als Getreide-, Öl-, Walk-, Loh- und Sägemühle. 1959 führte ein Brand zum Ende des über 700 Jahre währenden Betriebs. Inzwischen ist das Gebäude zu Wohnzwecken wiederhergestellt worden. In der ehemaligen Schmiede und der Müllerei befindet sich ein kleines Atelier, in dem das Maler- und Schriftsteller-Ehepaar Elbin auf Nachfrage gerne Sehenswertes und Wissenswertes über die Region vermittelt.

Niers bei der Aspermühle

7 *Die Niers*

Im ausklingenden Pleistozän nutzte die Niers die „Gunst der Stunde" und suchte sich nördlich von Mönchengladbach das vom eiszeitlichen Rhein vorgeformte Urstromtal als Flussbett. In dieser weiten Niederung konnte sich das Nierswasser großflächig ausbreiten und schuf die Grundlage für eine Niedermoorlandschaft mit ausgedehnten Bruchwäldern. Erst durch das menschliche Einwirken – vor allem seit dem Spätmittelalter – veränderte sich das Landschaftsbild der Niersaue: Die Bruchlandschaft wurde von den umliegenden Höfen und Siedlungen gemeinschaftlich als so genannte Allmende genutzt, es entstanden

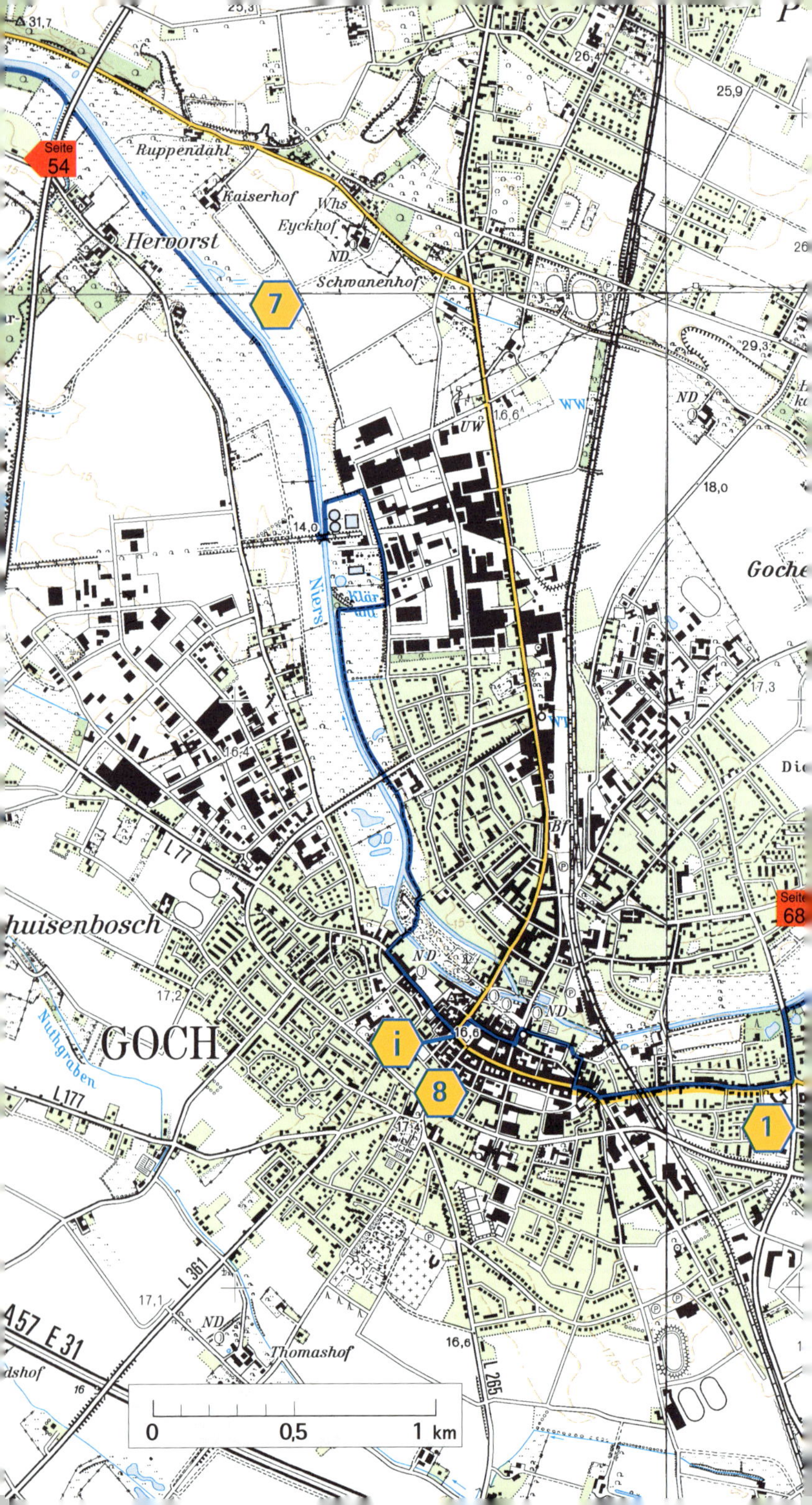
Seite 54
Seite 68
Ruppendahl
Kaiserhof
Whs
Eyckhof
ND
Schwanenhof
Hervorst
7
UW
WW
Niers
Klär anl.
Goche
Bf
huisenbosch
GOCH
Nuthgraben
L 77
L 177
L 361
L 265
A 57 E 31
i
8
1
Thomashof
dshof
0
0,5
1 km

zahlreiche Öl- und Getreidemühlen, und entlang der Niers – dem Grenzfluss zwischen Kurkölner und Jülicher/Gelderner Gebiet – wurde eine Reihe von Wasserburgen errichtet, die als Kontrollpunkte über Handel und Verkehr dienten. Trotz dieser Eingriffe blieb die Niers bis Mitte des 19. Jh. ein sich durch Wiesen, Weiden und Hutungen schlängelnder, naturnaher Flusslauf.

Einschneidende Maßnahmen in nur 100 Jahren, ungefähr zwischen 1850 und 1950, beendeten jedoch diese Idylle: Um die Ertragsfähigkeit der Böden zu erhöhen, wurden umfangreiche Entwässerungen vorgenommen; zur Beschleunigung des Wasserabflusses und zum Schutz vor Überschwemmungen wurde die Niers begradigt und eingedeicht. Die Einleitung großer Mengen von Industrie- und Haushaltsabwässern machte den einstmals fischreichen Fluss zu einer stinkenden und giftigen Kloake. Im Zuge der Niersregulierung Anfang der 1930er Jahre wurde der Fluss in weiten Teilen verlegt. Seitdem hat sich seine Länge von ehemals 129 km auf 117 km reduziert. Anhand einzelner Spuren wie zum Beispiel den ursprünglichen Altarmen lässt sich noch erahnen, wie die Dynamik der Niers einstmals die Landschaft bestimmt hat.

Seit wenigen Jahrzehnten gibt es Bestrebungen, den auetypischen Charakter der einstigen Flusslandschaft in Teilbereichen wiederherzustellen, z. B. durch die Vernässung der Niederungen, die Extensivierung der Wiesen, durch das Anpflanzen von Kopfweiden und die ökologische Aufwertung der Altarme. Erst jüngst wurde eine Fischtreppe am Wehr bei Wissen angelegt, die es Fischen und Kleinlebewesen nun ermöglicht, flussauf- und -abwärts zu wandern.

Goch an der Niers (W. Kerne-Kamp, 1896), Museum Goch

8 *Goch*

St. Maria Magdalena, Goch

Gründer von Goch war jener Otto II., dessen Grab auf dem Gelände der ehemaligen Zisterzienserinnenabtei in Graefenthal zu sehen ist. Auf dem „Blaeu-Plan" (s. S. 46) ist der halbmondförmige Grundriss des Ortes parallel zum Niersverlauf gut ersichtlich. Der Fluss, der über umlaufende Gräben vier Wassermühlen antrieb, war eine wichtige Voraussetzung für die wirtschaftliche Entwicklung Gochs. Der Wohlstand gründete sich überwiegend auf die Tuchindustrie, die hier von der Schafzucht bis zur Ballenware betrieben wurde.

Unser Weg führt über die Brücke in die Altstadt. Die Wassermühle an der Mühlengasse wurde 1903 als Getreide- und Lohmühle anstelle der abgebrannten alten Mühle errichtet. Vermutlich stand hier die älteste Gocher Kornmühle. Über die historische Nord-Süd-Achse der Mühlenstraße führt der Weg vorbei an der Jakobstraße (s. S. 47) zum Männerhaus, das eine Gocher Bürgerin 1455 als Bleibe für acht arme Männer und zwei Frauen stiftete. Zusammen mit dem dahinter liegenden Frauenhaus aus dem Jahr 1504 bildete es den Ausgangspunkt für das heutige Altenheim der Bruderschaft „Unserer Lieben Frau".

Auf der gegenüberliegenden Seite des Klosterplatzes, zu dem sich die Mühlenstraße hier aufweitet, erhebt sich das durch Maueranker auf 1651 datierte Gebäude der Stadtbücherei. Erbaut wurde es als eines der mindestens vier Gocher Beginenkonvente. Es waren vor allem Jungfrauen und Witwen, die sich in dieser religiösen Laienbewegung zusammenschlossen. In ganz Europa, aber vor allem in den Niederlanden und am Niederrhein boten die klosterähnlichen Gemeinschaften der Beginenhäuser im Spätmittelalter Tausenden von Frauen soziale Absicherung und geistliche Betreuung. In Köln gab es damals 106 solcher Häuser.

Wenige Schritte vom Klosterplatz entfernt liegt die spätgotische Backsteinkirche St. Maria Magdalena, ein noch heute sichtbares Zeichen der aufblühenden Wirtschaftskraft des 15. Jh. Ihr ältester erhaltener Teil, der Turm, ist 1993 eingestürzt; dessen Neubau präsentiert sich heute somit als das modernste Element des Baus. Der Innenraum zieht seine besondere Spannung aus der asymmetrischen Staffelung der Kirchenschiffe: An die kleiner geplante Kirche sollten im 15. Jh. größere Seitenschiffe angebaut werden, von denen aber nur das südliche zur Ausführung kam.

Jenseits des Kirchhofs verläuft eine Gasse zum großen Marktplatz, in dessen Zentrum früher die Gerichtslinde stand. Der Weg zum Gocher Museum führt vom Markt zunächst an der Front des repräsentativen Bürgerhauses „Zu den fünf Ringen" vorbei. Dieser spätgotische Backsteinbau mit den für die Profanbauten dieser Zeit typischen Kreuzstockfenstern und dem zinnenbesetzten Treppengiebel ist der einzige seiner Art, der nach der 80-prozentigen Zerstörung der Stadt während des Zweiten Weltkriegs übrig blieb.

Im Stadtmuseum werden Zeugnisse zur topographischen, gesellschaftlichen und religiösen Entwicklung des Niederrheins ausgestellt; in diesem Zusammenhang sei hier vor allem auf das historische Stadtmodell nach dem „Blaeu-Plan" und die Sammlung mittelalterlicher und neogotischer Holzplastiken hingewiesen, unter denen auch die Pilgerheiligen Rochus und Jakobus zu sehen sind.

Haus „Zu den fünf Ringen", Goch

CONSOLATRIX AFFLICTORUM

Goch – Weeze – Kevelaer

21 km

19 km

Der Weg führt vom Gocher Markt stadtauswärts zur Niers. Ab hier folgen wir bis Kevelaer dem Nierswanderweg. Der Wechsel von Natur und Kultur macht diese Etappe zu einem besonderen Erlebnis: die von Backsteinhäusern geprägten, bereits niederländisch anmutenden Ortskerne, das grüne Band der Niersaue mit kleinen Wäldchen, ehemaligen Altarmen und Schlössern begleiten den Wanderer zum Etappenziel Kevelaer, dem größten Marienwallfahrtsort Nordwest-Europas.

Die Etappe ist unterteilt in zwei Teilstrecken: 3 A von Goch bis Weeze und 3 B von Weeze bis Kevelaer.

Links: Blick in die Gnadenkapelle von Kevelaer

Pilgerspuren ...

Diese Etappe könnte der Auftakt sein für einen zukünftigen Arnold-Janssen-Pilgerweg, der von Goch, dem Geburtsort des Heiligen, nach Steijl an der Maas führt, wo der Ordensgründer 1909 gestorben ist (s. S. 97, 109).

Für den Jakobspilger lohnt es sich, eine Zwischenstation in Weeze einzulegen, denn die Kirche St. Cyriakus enthält verschiedene Hinweise auf den Weg nach Compostela: eine mittelalterliche, sitzende Jakobusfigur, eine neogotische Statue des Apostels im Hochaltar sowie eine modellierte Pilgermuschel des Kölner Künstlers Jochem Pechau an der modernen Altarmensa.

Ziel und Höhepunkt dieser Etappe ist der weit über die deutsche Grenze hinaus bekannte Marienwallfahrtsort Kevelaer:

Als 1642 gegen Ende des 80-jährigen Unabhängigkeitskampfes der Niederlande gegen Spanien (1568-1648) die Sehnsucht nach Trost und Frieden besonders groß war, erschien die Aufstellung der Kevelaerer Muttergottes (s. S. 75) als Trösterin der Betrübten, für die eine Synode in Venlo bereits fünf Jahre später acht wunderbare Heilungen anerkannte, wie eine Antwort auf die Not der Menschen am Niederrhein.

Da das Andachtsbild von Kevelaer „Unsere Liebe Frau von Luxemburg" wiedergab, welches

Jakobusfigur, St. Cyriakus, Weeze

wiederum ein Bild der Muttergottes von Scherpenheuvel nördlich von Brüssel war, sahen die Kevelaerer sich selbst in einer langen Tradition. Alle drei Orte – Luxemburg, Scherpenheuvel und Kevelaer – sind Teil der großen Pilger- und Wallfahrtsbewegung, die den Raum der spanischen Niederlande während des 16. und 17. Jh. erfasst hatte. Bis zur französischen Zeit der Rheinlande (1792-1814) hielt der Aufschwung der Kevelaerwallfahrt an. Dann litt sie unter den Folgen der französischen Revolution, deren eines Ziel die Abschaffung von Religion und Kirche war. Auch mit der preußischen Herrschaft verbesserten sich die Bedingungen für Wallfahrer kaum. Erst in der zweiten Hälfte des 19. Jh. setzte die Wiederbelebung ein; einen nicht unerheblichen Beitrag dazu leistete der Bau der Eisenbahnlinie Köln-Kleve-Nimwegen, an deren Strecke auch Kevelaer lag.

Priesterhaus Kevelaer

Obwohl Kevelaer das Zentrum der Marienverehrung ist, finden sich hier auch Spuren des hl. Jakobus: Ein Wallfahrtsbildchen des flämischen Stechers J. van den Sande aus dem 17. Jh. zeigt ein Heiligenhäuschen auf der Kreuzung vor der Kirche St. Antonius. In dieser Kapelle stand bis zu ihrem Abriss 1900 ein hl. Jakobus als Pilger aus dem zweiten Drittel des 19. Jh. Er befindet sich heute im Museum von Kevelaer. Bei dem Kapellenpatrozinium handelt es sich nach Annahme des Museumsdirektors Dr. Plötz um ein so genanntes Wegepatrozinium am Schnittpunkt der alten Heeresstraße von Kleve nach Geldern mit der Querverbindung zwischen Rhein und Maas. An dieser Stelle knüpft heute eine moderne Pilger-Figur von Bert Gerresheim mit ihren Muschelsymbolen die Verbindung zum Apostelgrab in Santiago de Compostela. Einen weiteren Hinweis auf den Pilgerweg schuf der Kölner Künstler Hans Lünenborg mit dem Pilgerstab und der Jakobsmuschel in einem Chorfenster der Antoniuskapelle.

Dass der Pilger schlechthin durch den Jakobspilger repräsentiert wird, verdeutlicht auch das schmiedeeiserne Aushängeschild der Pilgerherberge des Priesterhauses.

Goch – Weeze

Wegbeschreibung und Hinweise

12,5 km

10 km

Schwierigkeitsgrad zu Fuß: leicht, überwiegend auf dem Nierswanderweg

Schwierigkeitsgrad per Rad: leicht, teilweise auf Radwegen, teilweise auf kombinierten Fuß- und Radrouten sowie Wirtschaftswegen

Ausgangspunkt: Goch-Markt: Auf der Steinstraße, links Am Steintor, rechts Gärtnerweg, über Rudi-Kempkes-Weg zum Museum, rechts Kastellstraße, links Voßstraße. Voßstraße. Links Voßheider Straße bis zur Arnold-Janssen-Kirche **(1)**. Am Ostring links, vor der Niers rechts weiter auf den Nierswanderweg ◊ bis zur Niersbrücke.

Ostring queren und Kalbecker Straße bis zur Niersbrücke.

Auf dem Nierswanderweg vorbei an Schloss Kalbeck **(2)** bis Uedemer Straße (L 77) **(3)**. Auf Uedemer Straße rechts, diese vor der Niers unterqueren **(4)**, weiter entlang der Niers , Abstecher zum Ehrenfriedhof **(5)**, nach Weeze. Zum Zentrum: Gocher Straße unterqueren, ein Stück durch die Parkanlage, rechts auf der Roggenstraße und links auf der Wasserstraße zum Alter Markt von Weeze **(6)**.

Uedemer Straße queren **(4)**, an Kreuzung links auf dem Kalbecke Weg (A 1) bis Uedemer Straße (L 5), dort rechts – nach ca. 300 m Abstecher zum Ehrenfriedhof **(5)** – Gocher Straße queren und über Fährsteg, Roggen- und Wasserstraße zum Alter Markt von Weeze **(6)**.

Sehenswürdigkeiten entlang der Strecke

1 *Arnold-Janssen-Kirche, Goch*

Arnold-Janssen-Fenster (Entwurf Klos) und Bibelfenster (Entwurf Pfarrkinder)

Die jüngste katholische Gemeinde der Stadt stellte ihre Pfarrkirche 1982 unter das Patronat des Gocher Sohns Arnold Janssen, des am 5. 10. 2003 heilig gesprochenen Ordensgründers der Steyler Missionare. Sein Geburtshaus steht in der Frauenstraße, die im südlichen Abschnitt heute Arnold-Janssen-Straße heißt. Aus seinem Heimatort pilgern jährlich viele Besucher zu seiner Wirkungsstätte im niederländisch-limburgischen Ort Steijl, dem Ziel unserer 5. Etappe. Dort ist er in der Unterkirche des Missionshauses St. Michael begraben. Das Zentrum des Gebäudekomplexes der Gocher Arnold-Janssen-Kirche bildet der Taufbrunnen auf dem Kirchplatz unter einem gekrönten Kranz von 16 Stelen. Wie in der Frühzeit der Kirche führen Stufen zu dem Baptisterium herab. Die Zahl 16 steht für den bebauten Weltkreis, die fünf Segmente des Brunnens für die Kontinente, auf denen heute die 10.000 Steyler Ordensschwestern und -brüder tätig sind. Überall haben die Architekten Heimbach, Hermann und Wrede sowie die Künstler Kuhn und Klos in der Gestaltung der Kirche Bezug auf das Leben und Werk Arnold Janssens genommen. So auch in der Form des Quadrats auf den Stelen, das uns hier wie im Kircheninnern immer wieder begegnet. Seine Vollkommenheit soll die „Stadt Gottes“ symbolisieren, Ziel aller Bemühungen des rastlosen Gottesverkünders Arnold Janssen und zugleich auch der Name der Zeitung der Steyler Missionare.

Der harmonisch gestaltete Innenraum der Kirche wird durch die farbigen Scheiben des Glaskünstlers Klos erhellt. Die Fenster im Chorbereich postulieren den Frieden und Dialog zwischen den Weltreligionen: Neben dem christlichen Kreuz ist dort der siebenarmige Leuchter des Judentums genauso zu finden wie die Lotusblüte als Symbol für den Buddhismus, der islamische Halbmond, Ying und Yang für den Taoismus, das Rad der Wiederkehr für den Hinduismus und der Falke für die ägyptische Mythologie.

2 Schloss Kalbeck

Östlich von Goch im Kalbecker Wald liegt Schloss Kalbeck, dessen barocker Rosengarten Mittelpunkt alljährlich stattfindender Rosenschauen war. Den Erlös aus den Eintrittsgeldern und Spenden verwandte der Schlossherr Freiherr von Vittinghoff-Schell für karitative Zwecke und ermöglichte mit Hilfe der Krankenbruderschaft Rhein-Maas e.V., dass Kranke und Behinderte aus Deutschland und den Niederlanden Pilgerziele wie Lourdes, Rom, die heiligen Stätten Israels sowie Santiago de Compostela besuchen konnten. Heute sind Garten und Schloss der Öffentlichkeit nicht mehr zugänglich. Der Brauch aber ist geblieben, nur der Standort hat sich geändert - und so findet jetzt an jedem ersten Sonntag im Juli im herrlichen Park des Freiherrn von Loë auf Schloss Wissen (s. S. 73) ein Parkfest statt.

3 Die Boxteler Bahn

Südlich des Schlosses Kalbeck befindet sich an der Wegegabelung eine Informationstafel über die ehemalige Boxteler Bahn, deren Trasse – die heutige L 77 – wir kurz darauf unterqueren.

Diese Bahnlinie – genannt nach ihrem Ausgangsort in der niederländischen Provinz – war eine deutsch-niederländische Kooperation. Ziel war es, eine kurze und schnelle Verbindung von den Seehäfen Rotterdam und Vlissingen ins Ruhrgebiet zu bauen und die Fernverbindung London – Berlin – Petersburg zu verkürzen. Um die Strecke mit hoher Geschwindigkeit fahren zu können, wurde auf Kurven verzichtet. Die 1878 in Betrieb genommene Strecke führte bei Wesel mit der größten Eisenbahnbrücke Europas über den Rhein. Insbesondere zwischen 1881

Boxteler Bahn

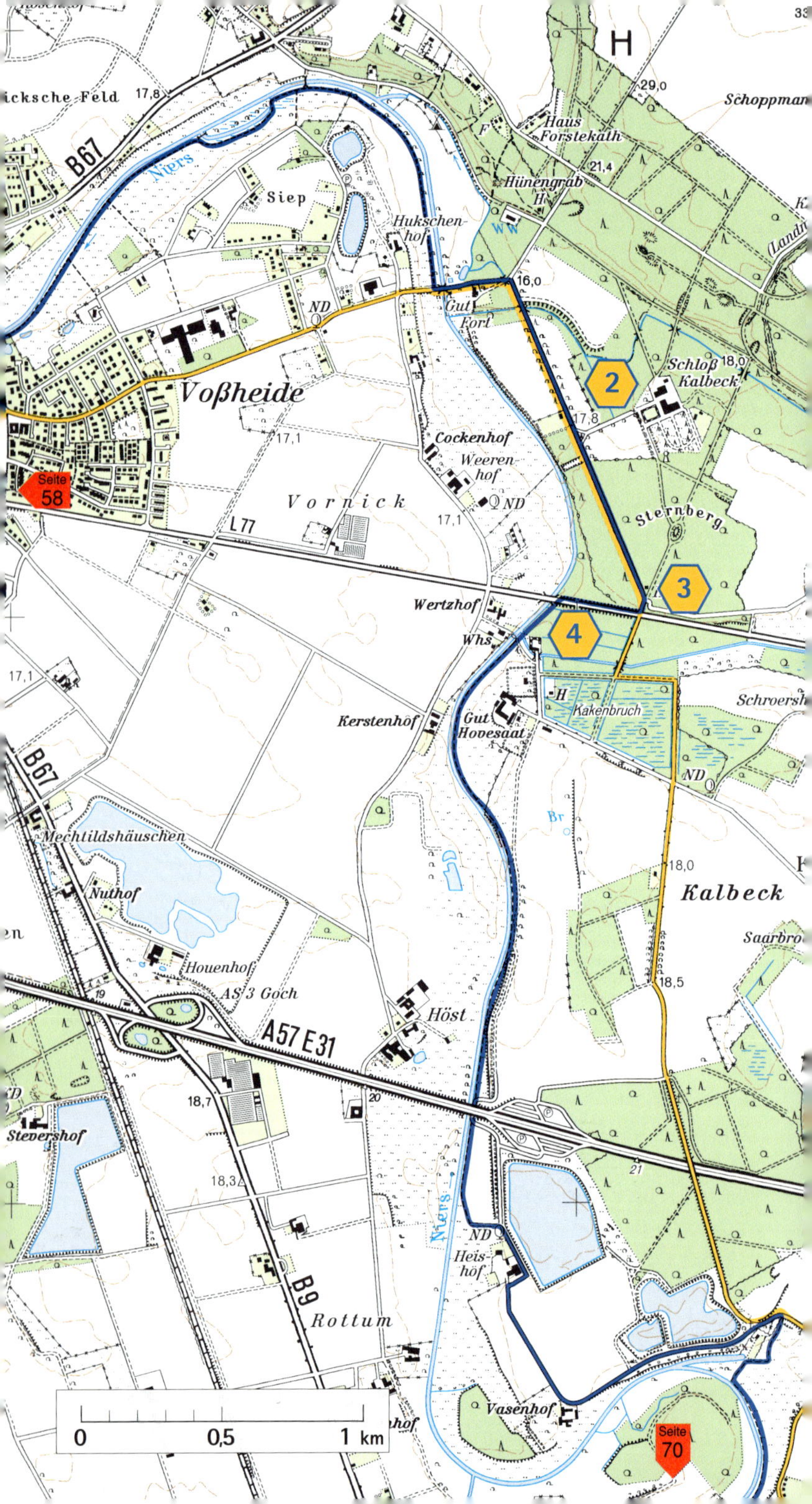

H
29,0
Schoppman
Haus Forstekath
21,4
Hünengrab
H
ickscheFeld
17,8
B67
Niers
Siep
Hukschen-hof
WW
16,0
Gut Fort
ND
Voßheide
Schloß Kalbeck
18,0
2
17,8
17,1
Cockenhof
Weeren-hof
ND
Vornick
17,1
Sternberg
Seite 58
L77
3
Wertzhof
Whs.
4
Kakenbruch
H
Gut Hovesaat
Schroersh
Kerstenhof
ND
17,1
B67
Br
Mechtildshäuschen
18,0
Kalbeck
Nuthof
Saarbro
Houenhof
AS 3 Goch
18,5
19
Höst
A57 E31
20
18,7
Stevershof
21
18,3
Niers
ND
Heis-hof
B9
Rottum
Vasenhof
0
0,5
1 km
Seite 70

und 1914 war diese Bahnlinie für den Transport der Post die bedeutendste Strecke, ebenso im Schnellzugverkehr auf den Routen London – Berlin (- Petersburg) und London – Hamburg (- Skandinavien). Eine solch gute Verbindung zu den drei europäischen Hauptstädten London, Berlin und Petersburg veranlasste sogar prominente Fahrgäste wie den deutschen Kaiser, den englischen König und den russischen Zaren, diese Strecke zu befahren. Der „blaue Brabant", Spitzname für die legendäre zugkräftige, 1908 in Betrieb genommene Lokomotive, war der Garant für Schnelligkeit und Pünktlichkeit. Nach dem Ersten Weltkrieg verlor die Strecke an Bedeutung. Weitgehende Zerstörungen im Zweiten Weltkrieg ließen nur noch den Verkehr auf Teilstrecken zu, 1963 wurde der Betrieb gänzlich eingestellt.

4 *Kakenbruch und ehemalige Treidelfähre*

Zwischen der L 77 und der Mündung der Steinbergley (-ley = Graben) in die Niers liegt im Kakenbruch ein kleiner Erlenbruchwald. Er ist ein Relikt eines einstmals in der Niersaue vorherrschenden, auf Niedermoortorfen wachsenden Waldtyps. Nässe liebende Pflanzenarten, vor allem Seggen (Sauergräser), aber auch Gelbe Schwertlilie, Wiesen- und Bitteres Schaumkraut und Gilbweiderich kennzeichnen den auf andauernd hoch anstehendes Grundwasser angewiesenen Bruchwald.

Kurz dahinter befindet sich die kleine Treidelfähre „Jan an de Fähr", die bis heute durch Betätigen einer Kurbel auf die jeweilige Uferseite geholt wird.

Kakenbruch, Kalbecker Wald

Treidelfähre, Niers

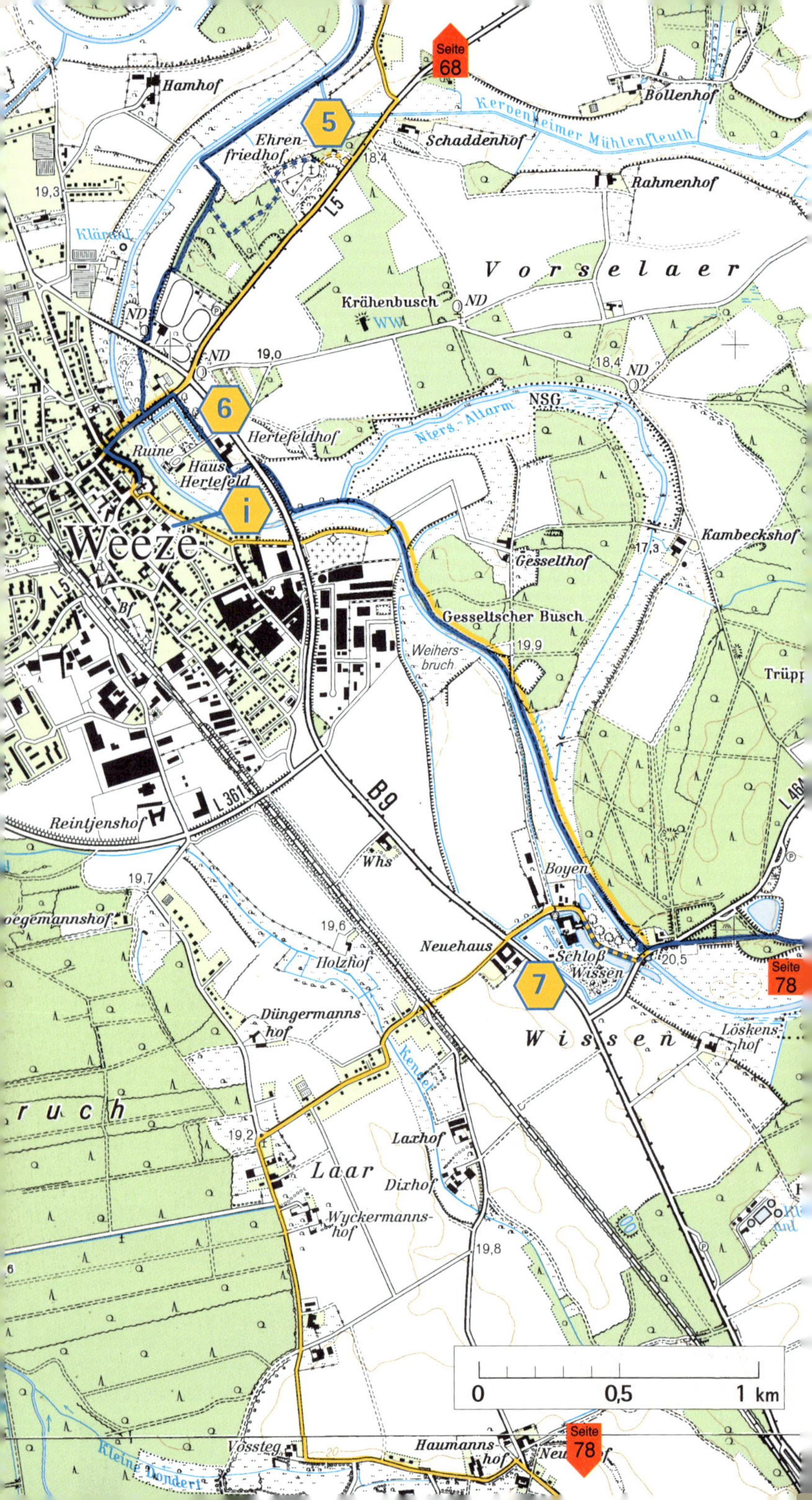
Seite 68
5
6
7
i
Hamhof
Bollenhof
Kervenheimer Mühlenfleuth
Schaddenhof
Ehren-
friedhof
18,4
Rahmenhof
19,3
L5
Kläranl.
Vorselaer
Krähenbusch
ND
WW
19,0
18,4
NSG
Niers-Altarm
Hertefeldhof
Ruine
Haus
Hertefeld
Weeze
Kambeckshof
17,3
Gesselthof
Gesseltscher Busch
19,9
Weihers-
bruch
Trüpp
Bf
B9
L 361
Reintjenshof
Whs
Boyen
19,7
oegemannshof
19,6
Neuehaus
Holzhof
Schloß
Wissen
20,5
Seite
78
Düngermanns-
hof
Wissen
Löskens-
hof
ruch
Kendel
19,2
Laxhof
Laar
Dixhof
Wyckermanns-
hof
19,8
0
0,5
1 km
Vossteg
Haumanns-
hof
Kleine Dondert
Seite
78

5 Deutsche Kriegsgräberstätte bei Weeze

Im Gegensatz zur streng geometrisch, ebenerdig angelegten Gedenkstätte für die Gefallenen des Commonwealth ist die Gestaltung dieses Friedhofes für die über 2000 deutschen Kriegsopfer des letzten Weltkrieges sehr landschaftsnah gehalten. Auf dem höchsten Punkt eines Sandberges erhebt sich – einem Kalvarienberg ähnlich – eine Gruppe von drei monumentalen Basaltlavakreuzen. Von dort fällt der Blick über die terrassierten Grabfelder, die durch Heidekrautstreifen und Sträucher gegliedert sind. Verstreut aufgestellte, kleine Kreuzgruppen setzen die Gräber der Gefallenen in direkte Beziehung zur Passion auf Golgatha.

Neben den Soldaten und den Zivilpersonen der Gemeinde Weeze, die nach der Invasion der Alliierten 1944 ihr Leben ließen, ruht hier auch der Gründer der Deutschen Kriegsgräberfürsorge, Dr. Siegfried Emmo Eulen. Zum 50-jährigen Gedenken der Friedhofseinweihung wurde ein Ginkgo-Baum vor den Aufgang gepflanzt. Seit in Hiroshima der Ginkgo nach dem Atombombenabwurf als erstes Gewächs neues Grün austrieb, gilt er als Zeichen der Hoffnung für ein neues Leben.

6 St. Cyriakus, Weeze und Haus Hertefeld

Der erste urkundliche Nachweis des Ortes stammt aus dem Jahr 855, als König Lothar II. dem Gaugrafen Ansfried einen Herrenhof übertrug, aus dem später vermutlich Haus Hertefeld hervorging. Schon acht Jahre später schenkte Ansfried seinen Besitz der freien Reichsabtei des hl. Cyriakus zu Lorsch nahe Worms. Im Zweiten Weltkrieg wurde Weeze zu 80 Prozent zerstört. Von der St.-Cyriakus-Kirche, die die SS in den letzten Tagen des Krieges sprengte, blieb nur der gotische Ostchor erhalten. Der einschiffige Grundriss der karolingischen sowie der dreischiffige der romanischen Vorgängerbauten wurden nach umfangreichen Grabungen in den Nachkriegsjahren durch Steinkonturen im Fußboden sichtbar gemacht. Der Neubau aus Backstein – nach dem Entwurf von Bernhard Kösters aus Münster – ist an den erhaltenen spätgotischen Chorbau und die beiden Seitenapsiden auf dem goti-

Ruine Haus Hertefeld, Weeze

Hochaltar mit Apostel Jakobus, St. Cyriakus, Weeze

schen Grundriss angefügt. Einige besonders schöne Holzplastiken, die glücklicherweise im Krieg ausgelagert waren, schmücken heute den weiten Kirchenraum. Allen voran ist hier die Sitzfigur des hl. Jakobus zu nennen (Abb. S. 63). Sie erinnert in Haltung und Physiognomie stark an die des hl. Jakobus in der Nikolaikirche von Kalkar. Eine neugotische Jakobusfigur aus der Gocher Werkstatt des Ferdinand Langenberg ist zusammen mit den geretteten Bildwerken des zerstörten Hochaltars in einen kürzlich angefertigten Flügelaltar im Ostchor eingestellt. Neben der Figur des römischen Märtyrers Cyriakus, der an dem Exorzismus-Buch in der Hand und dem Teufel an der Kette als Teufelsaustreiber erkennbar ist, bieten sich die unterschiedlichen Darstellungen der Gottesmutter hier für eine Studie über den Wandel des mittelalterlichen Marienverständnisses an (s. S. 106).

Östlich der Kirche, jenseits der Niers, liegt inmitten eines Parks die Ruine von Schloss Hertefeld. Es befindet sich seit etwa 700 Jahren im Besitz der gleichnamigen Familie, die zu den ersten niederrheinischen Adelsfamilien gehörte, die im 16. Jh. zum reformierten Glauben übertraten. Das um 1700 anstelle des alten Rittersitzes gebaute, von Wassergräben umgebene Haus wurde 1945 bis auf die Rentei zerstört. Seit 1995 wird die zuvor dem Verfall preisgegebene Anlage wieder saniert. Sie ist wie Schloss Wissen Teil eines grenzüberschreitenden Projekts, in dessen Rahmen Herrensitze restauriert und teilweise der Öffentlichkeit zugänglich gemacht werden.

Relief am Altartisch, St. Cyriakus, Weeze

Weeze – Kevelaer

Wegbeschreibung und Hinweise

8,5 km

9 km

Schwierigkeitsgrad zu Fuß: leicht, überwiegend auf dem Nierswanderweg

Schwierigkeitsgrad per Rad: leicht, auf verkehrsarmen Straßen und Fahrradrouten

Ausgangspunkt Weeze, Alter Markt: Auf der Wasserstraße zurück zur Roggenstraße/ Fährsteg, dort rechts – Niers queren – und rechts durch Wildgehege, Gocher Straße unterqueren und rechts auf Nierswanderweg ◊. Rechts über Kirchplatz, rechts Loestraße (Gocher Straße unterqueren), Gesseltweg bis zur Niers Nierswanderweg bis Kervenheimer Straße folgen, dort rechts und nach ca. 50 m rechts auf Schlossallee (Schloss Wissen) **(7)**. Zurück zur B 9 und rechts Nierswanderweg ◊ bis Grotendonker Straße folgen. Dort rechts, rechts Rheinstraße, B 9 queren, geradeaus Bahnstraße, rechts auf der Basilikastraße zum Kapellenplatz in Kevelaer **(8).** Bis zur B9, diese queren, geradeaus Hegenerstraße (Bahn unterqueren), links Wissener Feld, geradeaus Hubertusstraße, links Lindenstraße, rechts Amsterdamer Straße zum Kapellenplatz in Kevelaer **(8)**.

7 *Schloss Wissen*

Wenige Kilometer südlich von Weeze fällt der Blick auf das jenseits der Niers gelegene, gewaltige Schloss Wissen. Die 1372 erstmals erwähnte Anlage ging als Lehen des Stifts Xanten Mitte des 15. Jh. in den Besitz der Herren von Loë über, deren Stammsitz sie noch heute ist. Das zweiteilige Wasserschloss besteht aus einer dreiflügeligen Vorburg

Schloss Wissen, Weeze

Schlosskapelle, Wissen

und dem Herrenhaus mit der Kapelle. Im Westen erstreckt sich der herrliche Park im englischen Stil mit der Orangerie. Wie die ehemalige Wassermühle, so gehört auch die einstige Gesindesiedlung – begründet im 16./17. Jh. mit ihren auf der Wetterseite tief herabgezogenen Dächern – zum historischen Gesamtkomplex.

Das Herrenhaus, das sich im 16. Jh. mit Türmchen, Erkern und Giebeln als ein reich geschmückter Renaissancebau niederländischer Prägung präsentierte, wurde 1770 im klassizistischen Stil umgebaut und bekam ca. 100 Jahre später nach Plänen des Kölner Dombaumeisters Vinzenz Statz (1819-98) ein neogotisches Gesicht. Im Zweiten Weltkrieg stark in Mitleidenschaft gezogen, wurde es von der Eigentümerfamilie zwischen 1969 und 1973 restauriert und erhielt dabei sein heutiges schlichtes Aussehen.

Die Schlosskapelle ist besonders erwähnenswert, weil sie neben der Apollinariskapelle in Remagen das einzige neogotische, im Nazarener-Stil erbaute Gotteshaus im Rheinland darstellt, das als Gesamtkunstwerk erhalten ist. Der Entwurf von Vinzenz Statz, der zuvor die Kevelaerer Basilika erbaut hatte, integrierte die frühere Hauskapelle – erste Altarweihe 1401 – als Sakristei in den Neubau. Das Innere des äußerlich schlichten Gebäudes, mit byzantisierender Apsis und umlaufender Empore, besticht durch seine qualitätvolle künstlerische Ausstattung bis ins Detail, die von namhaften Kölner Werkstätten gefertigt wurde. Der messingvergoldete Altaraufsatz zeigt neben Christus mit Wanderstab im Mittelfeld Jakobus d. Ä. in der Reihe der zwölf Apostel. Da die heutige, 1876 geweihte Schlosskapelle der Familie von Loë seit jeher auch der Bevölkerung zugänglich war, besteht die Möglichkeit, im Rahmen der Messfeier dieses einmalige Ensemble zu besuchen.

8 *Kevelaer*

Kerzenkapelle, Kevelaer

Sternförmig führen die Straßen des Städtchens Kevelaer auf den von Linden bestandenen Kapellenplatz, das Zentrum des Marienwallfahrtsortes (s. S. 63). Im Mittelpunkt der Verehrung steht ein 8 x 11 cm großes Bildchen der gekrönten Muttergottes von Luxemburg mit dem ebenfalls gekrönten Jesuskind, das sich noch heute an seiner ursprünglichen Stelle in der **Gnadenkapelle** befindet. Begonnen hatte alles damit, dass der Handelsmann Hendrik Busmann aus Geldern der Überlieferung nach am nahen Hagelkreuz mehrmals eine Stimme vernommen hatte, die ihn aufforderte, hier ein Heiligenhäuschen zu bauen. Wenig später wurde seine Frau durch einen Traum auf ein Andachtsbild „Unserer Lieben Frau von Luxemburg" aufmerksam gemacht, das sie kurz zuvor bei zwei Soldaten gesehen hatte. Es gelang ihr, eines der beiden Bildchen zu erwerben, das 1642 in ein aus Backsteinen errichtetes Häuschen eingesetzt wurde. In der Folge der nun einsetzenden Besucherströme entwickelte sich der Flecken Kevelaer in Windeseile zu einem ansehnlichen Dorf, und schon ein Jahr nach Aufstellung des Bildes wurden neben dem Bildstock die Fundamente für eine Wallfahrtskirche – die heutige **Kerzenkapelle** – gelegt. Ihren Namen erhielt sie durch die Menge der Opferkerzen, die bis heute von den Wallfahrern hergebracht und jährlich erneuert werden. So tritt denn auch im Innern der Kapelle die Architektur hinter der reichhaltigen Ausstattung mit Kerzengalerien, Votivkerzen und Kerzenschildern zurück. Unmittelbar gegenüber steht die sechseckige Gnadenkapelle, die zum Schutz des viel besuchten Heiligenhäuschens 1654 errichtet wurde. Sie hat ihr Vorbild in der Kapelle der Wallfahrtsstätte von Scherpenheuvel. Das Kloster der Oratorianerpatres schließt noch heute den Platz nach Norden ab. Nach der Säkulari-

Teil der Apostelpredella, Priesterhaus Kevelaer

Jakobus auf Heiligenbildchen

Im Niederrheinischen Museum für Volkskunde und Kulturgeschichte in Kevelaer ist im Zusammenhang mit der Geschichte der dortigen Wallfahrt eine Sammlung von Bildchen zu sehen, die den hl. Jakobus (S. IACOBUS MAIOR) auf verschiedenste Weisen darstellt. Diese so genannten kleinen Andachtsbildchen (Imopa: = Imago parvula) dienen der Privatfrömmigkeit und werden oft im Gebetbuchformat zum Einlegen gedruckt. Ihre Ausführung ist nicht immer sehr kunstvoll oder stilgerecht, ihre Ausmalung erfolgte oft in Heimarbeit. Die Andachtsbildchen kamen mit der Gegenreformation auf und wurden in Massen gedruckt. Oft „abgekupfert", reicht ihre Blütezeit in der populären Ausfertigung vom Beginn des 17. bis ins 20. Jahrhundert.

Jakobus als Apostel und Pilger

17. Jh., Kupferstich in Farbe auf Pergament

G. Huberti (gest. 1684) Antwerpen, M 96/92

In dieser Darstellung verkörpert Jakobus sowohl den Apostel als Verkünder des Evangeliums, gekennzeichnet durch die hl. Schrift, als auch den Pilger, zu erkennen an Wanderstab und einem Hut. Die Aura des Heiligen wird hervorgehoben durch den Heiligenschein (Nimbus), der als runder, vollkommener Kranz nur den Vollendeten, mit Christus Vereinigten zukommt.

Jakobus als Pilgerheiliger

17. Jh., Kupferstich in Farbe auf Pergament

Jan von de Sande (gest. um 1664) Antwerpen, M 93/161

Jakobus – in Pilgerkleidung mit Wanderstab und Kalebasse (Trinkgefäß) – ist von einer himmlischen Sphäre aus Wolke und Stern umgeben. Möglicherweise nimmt der Stern Bezug auf das 4. Buch Mose 24, 17, wo es heißt: „Es wird ein Stern aus Jakob aufgehen." Die Taube weist auf den hl. Geist hin, der im Pfingstereignis den Aposteln den Auftrag erteilte, das Evangelium in alle Welt zu tragen.

Jakobus als Pilger und Märtyrer

um 1740, kolorierter Kupferstich auf Papier, M 92/116

Diese Darstellung zeigt Jakobus als Pilger in landschaftlicher Umgebung. Viele Andachtsbildchen sind mit allegorischen Darstellungen versehen. So schweben über dem Heiligen zwei Engel, die als Symbol seines Martyriums sowie der Tatsache, dass der Herr ihn auserwählt hat, die Krone über ihn halten. Die Krone wandelt sich dann zum Heiligenschein. Möglicherweise sollen die Farben seiner Gewänder – Rot ist die Farbe Gottes, Blau die Farbe Christi (9.–15. Jh.) – auf seine völlige Verbundenheit mit Gottvater und Sohn hinweisen.

Jakobus als Gottesstreiter

um 1700, kolorierter Druck

Cornelius de Boudt, Antwerpen, M 89/233

Jakobus reitet im Sturm durch das mit Toten übersäte, blutdurchtränkte Schlachtfeld – um sein Haupt der Heiligenschein, in seiner Linken das Schwert, in der Rechten ein Schild mit Kreuz als Zeichen seines christlichen Auftrags. Sein weißes Pferd verkörpert die Reinheit, das Unheil Abwendende; das Violett sein Martyrium. Jakobus wird als „miles Christi" (Gottesstreiter), später als „Matamoros" (Maurentöter) der Sieg in der Schlacht von Clavijo (844) gegen die Mauren während der Reconquista zugeschrieben.

Jakobus schreibt die apologetischen Briefe

Kolorierter Holzschnitt auf Papier

Lucas Cranach d. J., Wittenberg 1541/1542

(Lutherbibel), M 89/358

Das Bildchen von Lucas Cranach d. J. stiftet einige Verwirrung: Jakobus sitzt mit Symbolen des Pilgers im Weinberg des Herrn und verfasst vermutlich einen der Jakobusbriefe. Doch nicht dem im Jahre 44 unter Herodes hingerichteten Apostel (Jakobus d. Ä.) wird die Urheberschaft dieser Texte zugeschrieben, sondern seinem Namensvetter Jakobus d. J., dem Bruder Jesu. Dieser stand als Nachfolger von Petrus der Urgemeinde Jerusalems vor und galt als ein Mann des Ausgleichs, was ihm den Beinamen „der Gerechte" eintrug. Im Jahre 62 n. Chr. wurde er zusammen mit anderen Mitgliedern der Urgemeinde gesteinigt.

Jakobus als Pilgervater

um 1700, kolorierter Kupferstich auf Papier

Christian de Boudt, Antwerpen, M 90/201

Die Arbeit zeigt den Heiligen als „pater perigrinorum" auf einem Thron in den Wolken schwebend. Zu seinen Füßen kniet eine Familie, die sich seinem Schutz anvertraut. Im Hintergrund ist das Ziel der Pilgerreise, die Stadt Santiago, zu erkennen, die zugleich ein Sinnbild für das himmlische Jerusalem ist.

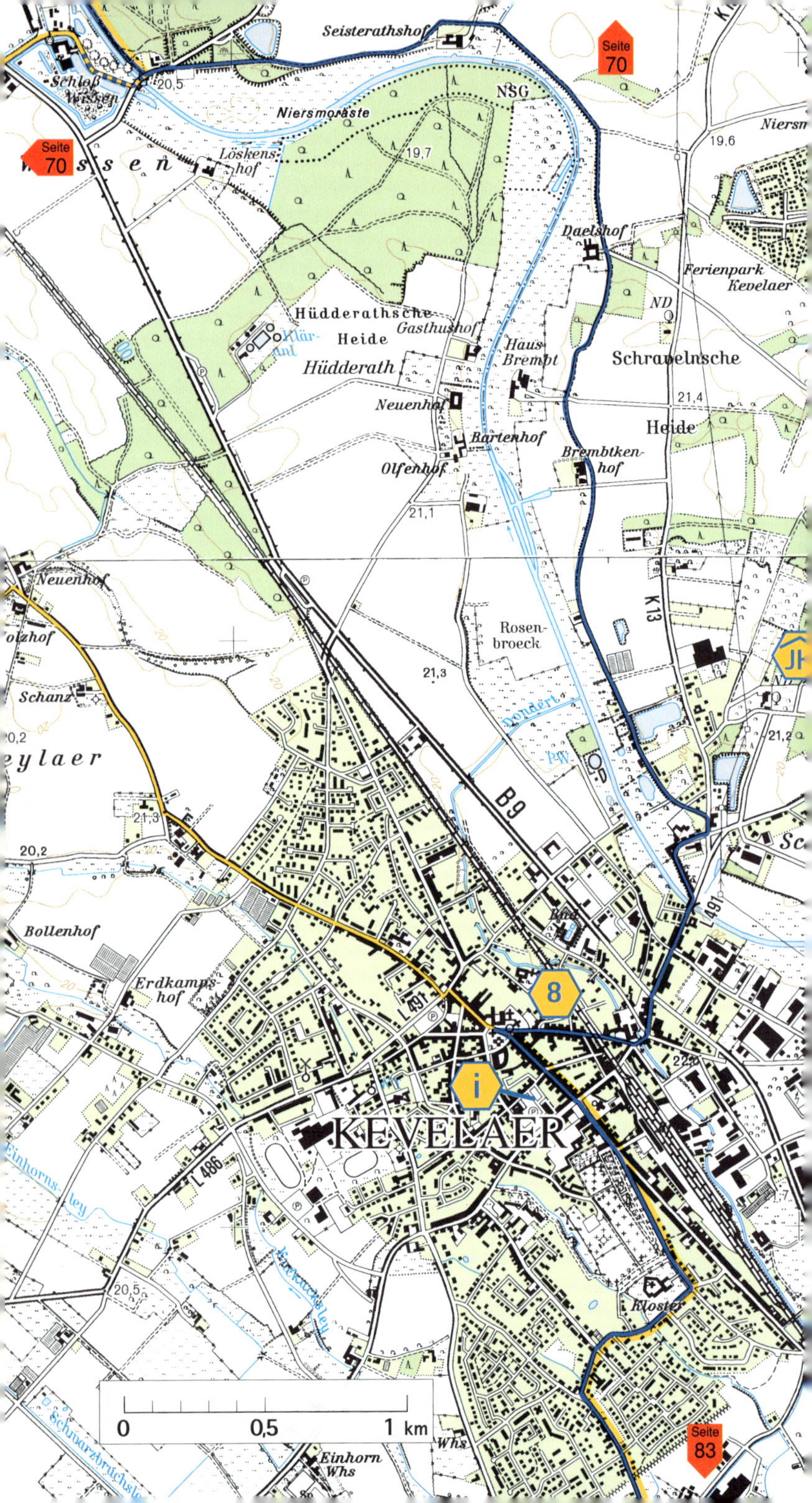

Seite 70
Seisterathshof
Schloß Wissen
20,5
NSG
Niersmoräste
Seite 70
Wissen
Löskenshof
19,7
Niers
19,6
Daelshof
Ferienpark Kevelaer
ND
Hüdderathsche Heide
Gasthushof
Klär-anl.
Hüdderath
Haus Brempt
Schravelnsche Heide
21,4
Neuenhof
Bartenhof
Olfenhof
Brembtkenhof
21,1
Neuenhof
Holzhof
Rosenbroeck
K 13
21,3
JH
Schanz
Dondert
20,2
Kevelaer
P.W.
21,2
B 9
21,3
20,2
L 491
Bollenhof
8
Erdkampshof
L 491
22,0
i
KEVELAER
L 486
Einhornsley
Kloster
Barkuchsley
20,5
0
0,5
1 km
Whs
Einhorn Whs
Seite 83
Schwarzbruchsley

sation wurde in dem Gebäude das Priesterhaus eingerichtet, das auch Pilger aufnimmt. Diesen bietet sich die Gelegenheit, den Jakobus auf der Apostelpredella (Sockel eines Flügelaltars) um 1500 im Speiseraum des Hauses zu bewundern. Als in der zweiten Hälfte des 19. Jh. die Besucherzahlen auf nahezu 400.000 Personen jährlich hochschnellten, wurde 1864 die **Marienbasilika** durch den Kölner Dombaumeister Vinzenz Statz errichtet. Mit ihr begann der Siegeszug der Neogotik im Kirchenbau des Niederrheins.

Jakobus (B. Gerresheim), und Pilgerfenster, St. Antonius, Kevelaer

An der Einmündung der Hauptstraße in den Kapellenplatz steht eine bronzene Pilgergestalt, die 1994 von dem Düsseldorfer Künstler Bert Gerresheim geschaffen wurde. In einen Kapuzenmantel aus Sackleinen gekleidet, trägt sie das verhüllte Marienbild von Kevelaer mit sich. Zu ihren Füßen erscheint die Jakobsmuschel als Zeichen der Pilgerschaft.

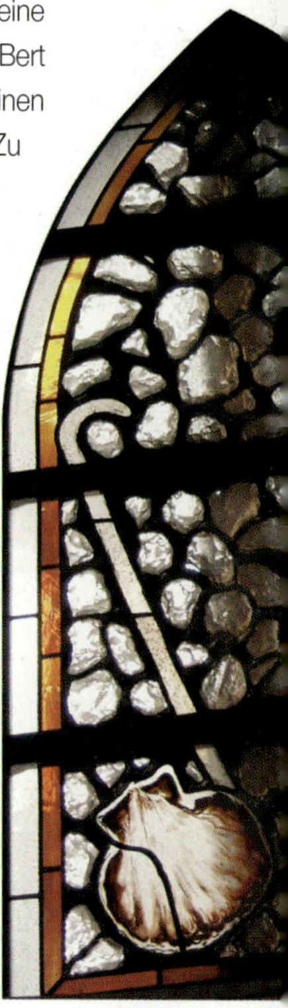

Im **Niederrheinischen Museum für Volkskunde und Kulturgeschichte** präsentiert sich die Geschichte der bäuerlichen und bürgerlichen Sachkultur der Region zwischen Niederrhein und Maas. Von großer Bedeutung sind die Bestände der religiösen Volkskultur und Druckgrafik. Unter dem Leiter des Museums, Dr. Robert Plötz, – zugleich Präsident der Deutschen St. Jakobus-Gesellschaft – entstand eine bedeutende Sammlung von Jakobus-Andachtsbildchen, die während der Sommermonate ausgestellt wird (s. S. 76-77). Außer auf verschiedenen Werken in der grafischen Abteilung begegnet uns Jakobus im Museum in Gestalt einer Holzfigur, die früher in einem Heiligenhäuschen neben der Antoniuskirche stand (s. S. 64).

Am Ende der Fußgängerzone gelangt man auf der gegenüberliegenden Seite der Kreuzung zu der Kirche St. Antonius. Vor dem Gebäude empfängt uns eine Jakobusfigur, wiederum von Bert Gerresheim geschaffen, der auch einen Großteil der Innenausstattung des Sakralbaus gestaltet hat.

ETAPPE **4**

Kevelaer – Walbeck – Straelen

29,5 km

29,5 km

Die Etappe führt südlich von Kevelaer auf Alleen und mit Bäumen gesäumten Wegen durch die von Acker und Grünland geprägte ehemalige Twistedener Heide. Südlich von Twisteden geht es die Mittelterrassenkante hinab und entlang dem Nierskanal zum Heideort Lüllingen, der umgeben ist von riesigen Heidekrautkulturen. An den in den Wäldern gelegenen Herrenhäusern Steprath und Walbeck vorüber führt der Weg in das hübsche Spargeldörfchen Walbeck mit seinen beiden Windmühlen. Durch ausgedehnte Gemüse- und Blumenanbaugebiete gelangen wir an der Gieselberg-Windmühle vorbei nach Straelen zur St. Peter und Paul-Kirche.

Die Etappe ist unterteilt in zwei Teilstrecken: 4 A von Kevelaer bis Walbeck und 4 B von Walbeck bis Straelen.

Links: Steprather Mühle, Walbeck

Pilgerspuren ...

Bevor Kevelaer die anderen Wallfahrtsorte des Niederrheins in den Schatten stellte, war Walbeck ein viel besuchtes Wallfahrtsziel. Die dortige Pfarrkirche St. Nikolaus war ursprünglich der römischen Märtyrerin Luzia von Syrakus geweiht, deren Verehrung sich von Metz, wohin Otto der Große um 965 die Gebeine der Heiligen von seiner Romfahrt mitgebracht hatte, über Trier und Aachen an den Niederrhein ausgebreitet hatte. Auf althergebrachten Wegen, den so genannten Luziapfaden, pilgerten die Christen der Umgebung zu der Wallfahrtskirche. Als im Jahre 1811 die Ruhr am Niederrhein grassierte, zog eine Prozession der Pfarre Kevelaer nach Walbeck. Noch heute kommen die Kevelaerer alljährlich am Sonntag nach Pfingsten über ihren Luziapfad nach Walbeck.

Mit der Pfarrkirche St. Peter und Paul in Straelen erreichen wir wieder eine Station, an der in Berichten von 1500 und 1589 ein Altar zu Ehren des hl. Jakobus erwähnt ist, zu dem es auch eine Jakobsbruderschaft gab. Das erhaltene Messgewand aus dem 15. Jh., das im unteren Teil Jakobus mit Pilgerstab und Muschel aufweist, zeugt noch von der damaligen Jakobsverehrung.

Kirchplatz Straelen

KEVELAER - WALBECK

Heute kann der Besucher der Kirche hier eine lebensgroße Jakobusfigur aus dem 18. Jh. an einer Säule des Hauptschiffs bewundern: mit Sandalen, Gamaschen, muschelbesetzter Pelerine und dem typischen Santiago-Pilgerstab mit zwei Knäufen (span: bordoncillo) wirkt er sehr unternehmungsfreudig (Abb. s. S. 94). Diesen Eindruck verstärkt noch der typische spanische Ledertrinkbeutel (span.: bota), der wahrscheinlich erst in jüngerer Zeit an den Stab gehängt wurde.

Frühere Pilger, die über Geldern Richtung Rhein der heutigen B 9 folgten, konnten nach 16 km in der Nieukerker Dionysiuskirche einen Jakobusaltar besuchen, für den eine Urkunde von 1453 eine Vikarie nennt und dessen Jakobusfigur heute unter der Orgelbühne steht.

Wegbeschreibung und Hinweise

18,5 km (zu Fuß)

18,5 km (per Rad)

Wegstrecke zu Fuß und per Rad sind identisch.
Schwierigkeitsgrad zu Fuß und per Rad: leicht, überwiegend auf befestigten, zum Teil asphaltierten Wirtschaftswegen

Ausgangspunkt Kevelaer Kapellen-Platz: (zu Fuß) (per Rad) Dem X 13 ab Hauptstraße (Fußgängerzone, Radfahrer hier schieben!) bis Dorfstraße in Twisteden folgen, hier Abstecher geradeaus (Wemberstraße) zu St. Quirinus **(1)**. Zurück, rechts Maasweg (X 13), an der Linde (Naturdenkmal) links, (per Rad) (ab Tünnstraße ggfs. Abkürzung (ca. 3,5 km) auf dem X1 durch den Steprather Wald ohne Besuch in Lüllingen möglich) ansonsten (zu Fuß) (per Rad) weiter dem X 13 entlang dem Nierskanal **(2)** über Lüllingen **(3)** bis Haus Steprath **(4)** folgen. Dort auf X1 über Schloss Walbeck **(5)** nach St. Nikolaus in Walbeck **(6, 7, 8)**.

Oben: Figur des ehem. Jakobusaltars, St. Dionysius, Nieukerk

Rechts: Kopfeschen am Weg nach Twisteden

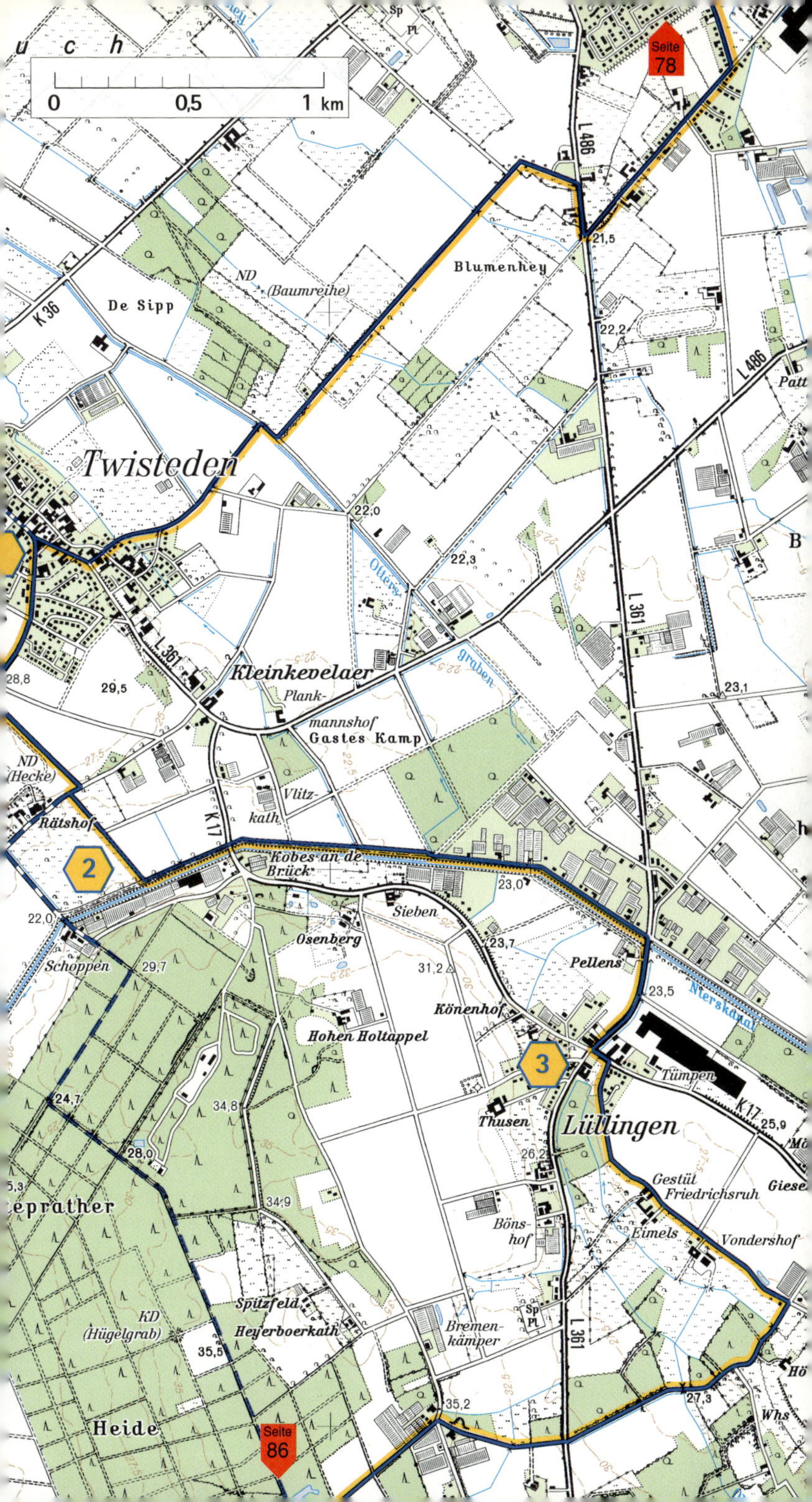

0 0,5 1 km
Seite 78
Seite 86
Twisteden
Kleinkevelaer
Lüllingen
Blumenhey
De Sipp
ND (Baumreihe)
ND (Hecke)
Rätshof
Kobes an de Brück
Plank-mannshof
Gastes Kamp
Vlitz-kath
Sieben
Osenberg
Schoppen
Pellens
Könenhof
Hohen Holtappel
Tümpen
Thusen
Gestüt Friedrichsruh
Vondershof
Eimels
Bönshof
Spitzfeld
Heyerboerkath
Bremen-kämper
KD (Hügelgrab)
Heide
Otters-graben
Niers-kanal
K 36
L 361
L 486
K 17
2
3

1 *Twisteden*

Auf dem höchsten Punkt des Ortes liegt das „neue" Gotteshaus von Twisteden. Der 1925 errichtete neogotische Backsteinbau ersetzt die zu klein gewordene Kirche am Nordrand des Ortskerns. Auch der Neubau wurde unter das Patronat des hl. Quirinus gestellt, dessen Reliquien als Geschenk der Äbtissin des Quirinus-Stifts in Neuss hierher gekommen waren. Schnell breitete sich daraufhin die Quirinus-Verehrung in Form von Kirchen- und Altarweihen am Niederrhein aus. Zusammen mit Antonius, Hubertus und Cornelius wurde der Heilige im 14./15. Jh. als einer der „Vier Rheinischen Marschälle" angerufen, die sozusagen als himmlische Minister zwischen den Gläubigen und Gott vermitteln sollten. Auf einem der neogotischen Kirchenfenster entdecken wir Jakobus in der Darstellung der Gethsemane-Szene, zwischen Petrus, der an dem lichten Haar und der Stirnlocke zu erkennen ist, und Johannes, der stets sehr jung dargestellt wird. Dem Engagement des Vereins für Heimatkunde ist es zu verdanken, dass in Twisteden ein Heimatmuseum geschaffen wurde, das die Geschichte des Ortes ebenso anschaulich dokumentiert wie das untergegangene Brauchtum seiner Bewohner.

Oben: Quirinus, Kirche Twisteden

Unten: Bauerngarten, Heimatmuseum Twisteden

2 *Nierskanal*

Südlich von Twisteden geht es die Mittelterrassenkante hinab zur Niederterrasse, wo wir auf den von Eichen, Erlen und Birken dicht gesäumten Nierskanal stoßen. Dieses Projekt wurde 1770 mit dem Ziel realisiert, den Unterlauf der Niers von Hochwasser zu entlasten. Der ca. 13 km lange Kanal zweigt kurz vor Geldern von der Niers ab, benutzt teilweise das Bett der Fossa Eugeniana (s. S. 93) und mündet als Geldernsch Kanaal in die Maas. Auf niederländischer Seite hat der Ausbau zum Kanal nie stattgefunden. Der Bach fließt naturnah und ist am Unterlauf Teil des Nationalparks De Hamert. Kürzlich wurden hier sogar Biber angesiedelt.

3 *Lüllingen*

Lüllingen führt die Bezeichnung „Heidedorf“ nicht zu Unrecht, denn im Herbst ist der Ort von einem roten Blütenmeer aus Heidekräutern umgeben. Nachdem der Gemüseanbau seit Mitte der 1950er Jahre zurückging, hat der Anbau von Eriken- und Azaleenkulturen zu einer neuen und wirtschaftlich erfolgreichen Entwicklung für den Ort geführt.

Rochuskapelle, Lüllingen

Neben einigen schönen, denkmalgeschützten Gebäuden liegt an der Straße nach Walbeck die 1747 erbaute barocke St. Rochuskapelle, die 1921 um einen neuromanischen Querbau erweitert wurde. Im Inneren ist der Kirchenpatron, der gegen Seuchen, insbesondere die Pest, angerufen wurde (s. S. 42), gleich viermal vertreten. Meist wird der Heilige wie Jakobus in Pilgertracht dargestellt, mit Stab, Pilgerflasche und einer mit Muscheln besetzten Pelerine. Eindeutig zu erkennen aber ist er stets an der Pestbeule auf dem Oberschenkel, die er durch Heben des Obergewandes vorzeigt, und oftmals einem Engel oder Hund an seiner Seite, der dem Erkrankten Brot bringt.

4 *Haus Steprath*

Nahe der niederländischen Grenze in der Steprather Heide, einem heutigen Waldgebiet, liegt die vermutlich im 15. Jh. aus einem Hof hervorgegangene ehemalige Wasserburg Haus Steprath. Von Südosten führt eine breite, ca. 600 m lange Buchen-Eichenallee auf eine etwa 300 Jahre alte Linde zu, die nur wenige Meter von der Anlage entfernt steht. Sie ist die südliche von den ursprünglich in vier Himmelsrichtungen um die Burg positionierten Linden, die anlässlich der Hochzeit der Erbtochter Johanna Maria von Steprath mit Johann Carsilis von Doornick im Jahre 1698 angepflanzt wurden. Die weitläufige, aus verschiedenen Gebäuden des 16. bis 18. Jh. zusammengewachsene Anlage ist von einem Wassergraben umgeben. Er schließt ein Terrain ein, das, in Inseln aufgeteilt, die zweiflügelige Vorburg mit dem dreigeschossigen Torturm, das verschachtelte Haupthaus und verschiedene Gartenpartien eines

Heide
0
0,5
1 km
Seite 83
Spitzfeld
KD (ehemalige Wasserburg)
ND
Haus Steprath
Rümmen
Bremers hof
Bröckelken
Waldeslust
Neesenhof
Birkerhof
L 361
Schloß Walbeck
Zandwinning
Ferien-
Brocksteg
häuser
Waldfrieden
Weg
Bad
heide
Walbeck
L 480
De Maasvallei (Camping)
Kleiner-
Heseker
Großer-
Piepklomp
Savarin
Heikamp
Bosserhof
KD (Kanal)
Seite 91
De Schans (Camping)
4
5
6
7
8
9
10

ehemaligen niederländischen Barockparks umfasst. Das Erscheinungsbild der Backsteingebäude wird wesentlich bestimmt durch die 1988 nach altem Vorbild erneuerten Kreuzstockfenster, die den niederländischen Einfluss widerspiegeln.

Haus Steprath bei Walbeck

5 *Schloss Walbeck*

Vor den Toren des gleichnamigen Ortes liegt, von Wald umgeben, das hübsche Schloss Walbeck. Das erstmals 1403 erwähnte Haus ist eine im Kern aus dem 16. Jh. stammende, quadratisch angeordnete Anlage. Sie umfasst ein Herrenhaus mit Ecktürmchen und eine dreiflügelige Vorburg, in deren Mitte sich ein kleiner Ehrenhof befindet. Mit Hilfe eines Wassergrabens wurde die sumpfartige Umgebung trockengelegt, wodurch der Eindruck eines Wasserschlosses entstand. Seit 1980 befindet sich das Haus im Besitz des Christlichen Jugenddorfwerks Deutschland (CJD).

6 *Walbeck – das Mekka der Spargelfreunde*

Gerademal 75 Jahre ist es her, seit das ehemals stille und beschauliche Heidedorf sich innerhalb kurzer Zeit zu einem Spargelort entwickelt und damit eine neue Dorfgeschichte geschrieben hat. Die Initiative zum Anbau des Stangengemüses ging von Major a. D. Walter Klein-Walbeck aus. Dieser hatte während des Ersten Weltkrieges die belgischen Spargelgebiete kennen gelernt und entdeckt, dass an seinem Wohnort Walbeck die gleichen Standortverhältnisse vorherrschten: ein tiefgründiger, durchlässiger Boden mit gutem Kalkgehalt und ein Grundwasserstand von unter einem Meter. Warum sollte das, was in Belgien gelang, nicht auch auf den hiesigen kargen Heideböden, mit reichlich Stallmist und Kompost angereichert, zum Erfolg führen? Nach vielen Versuchen, beharrlicher Überzeugungsarbeit bei den Bauern und mit Hilfe von Zuschüssen des Kreistages kam der Anbau in Schwung. 1929 gründete der Major die Spargelbaugenossenschaft Walbeck, und dank einer streng durchgeführten Absatzorganisation durch die Erzeugerversteigerung Straelen brachte die Qualitätsware Walbecker Spargel bald die höchsten Preise in Deutschland. Züchtungserfolge des „Spargelprofessors" August Hüchel ließen in der Folgezeit Rekordernten er-

Spargelsaison in Walbeck

zielen; der Name Walbeck war von den Märkten und Speisekarten der Feinschmeckerlokale nicht mehr wegzudenken. Seitdem erweisen Heerscharen von Spargelfreunden zur Ernte im Mai und Juni, wenn die im Dunkeln wachsenden Stangen ans Licht kommen, dieser Delikatesse ihre Reverenz; die hiesige Gastronomie ist bestens darauf vorbereitet. Wer jetzt auf den Geschmack gekommen ist, der hat auf dem weiteren Weg durch Nordlimburg mit Venlo, der „Spargelhauptstadt", noch mehrmals die Gelegenheit, das „weiße Gold" zu genießen (s. S. 108).

7 *Windmühlen in Walbeck*

Das idyllische Örtchen Walbeck kann gleich mit zwei besonderen Windmühlentypen aufwarten, der Steprather Windmühle im Ortskern und der am südöstlichen Ortsrand gelegenen Kokerwindmühle. Die Steprather Mühle, auch Bärenmühle genannt, ist eine zylindrische Turmwindmühle, bei der der Mühlenturm fest und unbeweglich steht und nur die Kappe mit den Flügeln gedreht werden kann (Abb. S. 80). Vermutlich entstand sie, um ein sich konisch verjüngendes Geschoss erhöht, durch den Umbau eines ehemaligen Wehrturms des 15. Jh. Ihre Namen gehen zum einen auf die Besitzer der Mühle Mitte des 17. Jh., die Herren von Steprath, zurück, zum anderen auf ihr bärenhaft-klobiges Aussehen. Die noch bis in die 1950er Jahre im Betrieb befindliche Mühle wurde 1989 durch Herbststürme stark beschädigt, aber durch den Förderverein Steprather Mühle, die Nordrhein-Westfalen-Stiftung und die Stadt Geldern wieder instand gesetzt. So wird in der vermutlich ältesten voll funktionierenden Windmühle Deutschlands – sie kann übrigens besichtigt werden – wieder Mehl gemahlen. Im Backhaus nebenan kann man – gebacken im Steinbackofen aus dem Mehl der Mühle – Brot, Schmalzstullen und Blechkuchen essen.

„Steprather Müller"

Eine vollkommen andere Gestalt und Konstruktion besitzt die hölzerne Kokerwindmühle aus dem 18. Jh. Sie wurde 1823 aus Holland hierher gebracht. Bei dieser Mühle lässt sich das obere Häuschen drehen. Der Köcher (ndl.: Koker), der der Mühle ihren Namen gibt, ist ein Holzzylinder, durch den die Antriebswelle läuft und der das Gehäuse in die gewünschte Drehrichtung bringt. Dieser in den Niederlanden weit verbreitete Windmühlentyp diente dem Antrieb von Wasserschöpf- und Sägewerken; in Walbeck dagegen wurde er als Kornmühle genutzt. 1952 wurde der Betrieb eingestellt. Die heute in Privatbesitz befindliche Mühle ist die einzige erhalten gebliebene ihrer Art im Rheinland.

8 *St. Nikolaus und die Luziakapelle, Walbeck*

Pilgermuschel im Fenster von St. Nikolaus, Walbeck

Am Fuß der großen Kirche erwartet den Besucher zunächst die gotische Luziakapelle, ehemals Ziel vieler Wallfahrer der Umgebung (s. S. 81). Bei Renovierungsarbeiten wurden Wand- und Deckenmalereien aus der Erbauungszeit freigelegt, sodass man heute um die Gewölbeschlusssteine wieder schmuckvolle Rippenornamente und üppiges Pflanzenwerk betrachten kann, wie es für die Dekorationen des 15. Jh. typisch war. Die modernen Fenster des Glasmalers Joachim Klos stellen das Leben der Kapellenpatronin in den Mittelpunkt. So steht eine Gestalt, die Wasser aus einem Krug gießt, für die Großzügigkeit Luzias, von der auch die Legende berichtet.

Über dem Altar hängt eine Kopie des spätgotischen Luzia-Messingleuchters, der in den 1920er Jahren verkauft wurde. In seiner Mitte erstrahlt die Figur der Heiligen an Festtagen in der Fülle des Kerzenlichts und macht somit ihrem Namen (von lat. lux = Licht) alle Ehre.

Von der Kapelle führen einige Stufen, vorbei an der Statue des hl. Nikolaus, der Luzia als Patronin verdrängte, zur Pfarrkirche hinauf. Der Kirchenbau des 16. Jh. bezieht einen Großteil seiner Wirkung aus der künstlerischen Gestaltung der neuen Fenster, die wie die der Kapelle von Joachim Klos geschaffen wurden. Die Seitenfenster thematisieren den Weg des pilgernden Gottesvolkes zum himmlischen Jerusalem. In einem der nördlichen Fenster entdecken wir auch die Jakobsmuschel als Zeichen der Pilgerschaft.

Das „Weiße Haus", Walbeck

Jenseits des Kirchplatzes steht das gotische „Weiße Haus“ von 1625, das ehemalige Pastorat, das als Pilgerherberge und später als Pfarrhaus genutzt wurde. Heute erfüllt es seinen Zweck als Bücherei und Pfarrzentrum.

Teilstrecke

4B Walbeck – Straelen

Karte Kindskreuz (Ausschnitt), Stadtarchiv Straelen

Wegbeschreibung und Hinweise

Wegstrecke zu Fuß und per Rad sind identisch.
Schwierigkeitsgrad zu Fuß und per Rad: leicht, überwiegend auf befestigten, zum Teil asphaltierten Wirtschaftswegen

11 km

11 km

Ausgangspunkt Walbeck, St. Nikolaus: Von der Kirche aus weiter dem X 13 folgen **(9)**, dabei die Fossa Eugeniana **(10)** queren und an zahlreichen Hoflagen und der Windmühle am Gieselberg **(11)** vorbei nach Straelen, dort am Mühlentor rechts ein kurzes Stück auf der Klosterstraße und links auf der Mühlenstraße zum Markt mit der dahinter liegenden Pfarrkirche St. Peter und Paul **(12)**.

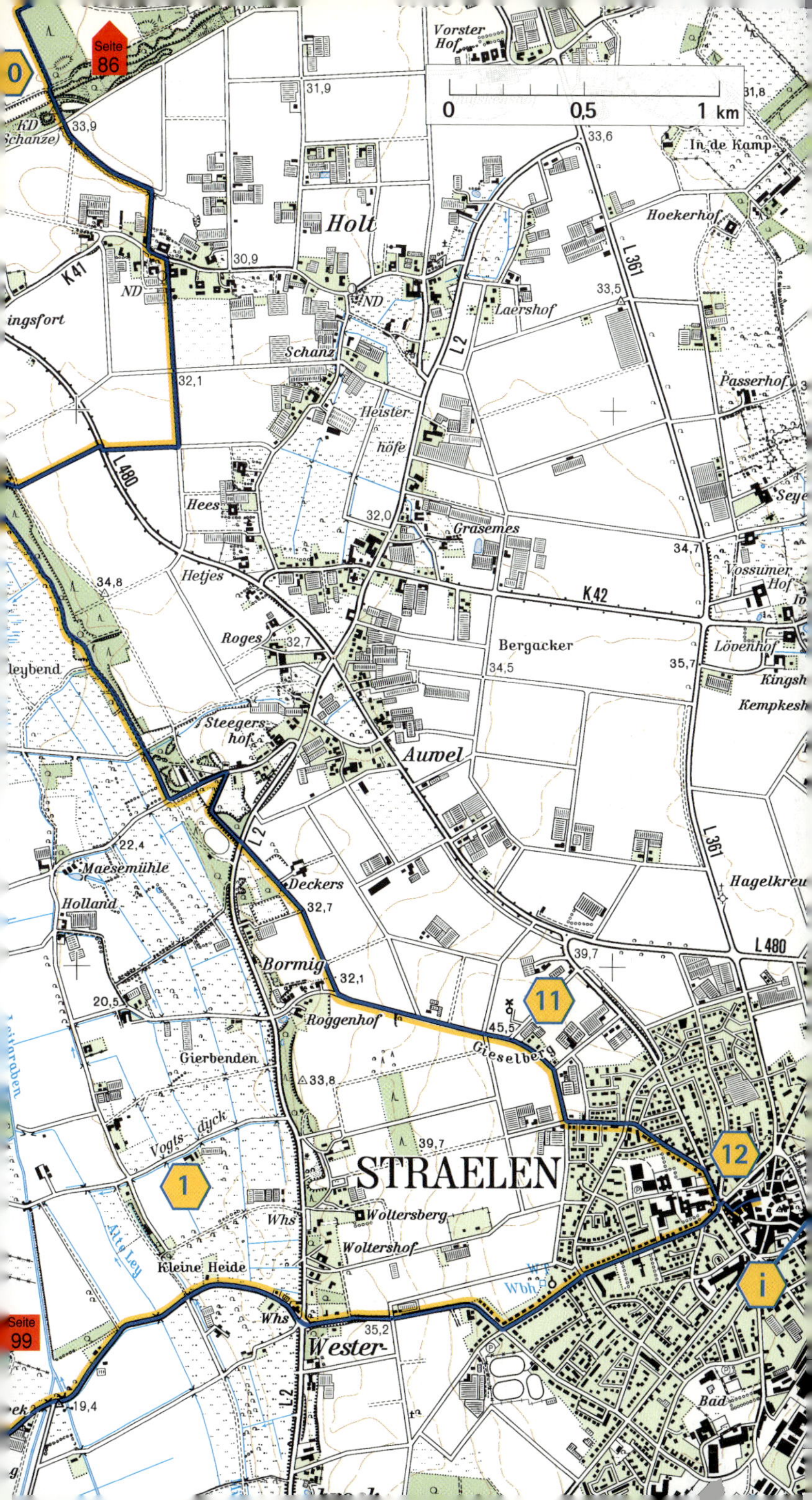

Seite 86
Seite 99
0
0,5
1 km
Vorster Hof
Holt
In de Kamp
Hoekerhof
L361
Laershof
Schanz
Heister-höfe
Passerhof
L480
K41
ingsfort
Hees
Grasemes
Hetjes
K42
Vossumer Hof
Roges
Bergacker
Lövenhof
leybend
Kingsh
Kempkesh
Steegers-hof
Auwel
L2
Maesemühle
Holland
Deckers
Hagelkreu
Bormig
Roggenhof
Gieselberg
11
Gierbenden
Vogts-dyck
12
STRAELEN
1
Woltersberg
Woltershof
Alte Ley
Kleine Heide
Whs
Wbh
i
Wester-
Bad
ND
33,9
31,9
33,6
31,8
30,9
33,5
32,1
32,0
34,8
34,7
32,7
34,5
35,7
22,4
39,7
20,5
45,5
33,8
35,2
19,4

9 *Gemüse- und Blumenanbau im Straelener Raum*

Erwerbs-
gartenbau
bei Straelen

Was in der Provinz Limburg schon etwa seit 1860 mit Erfolg betrieben wurde, nämlich eine Spezialisierung auf den Gemüseanbau, das entstand 1914 in Straelen mit dem Zusammenschluss zu einer Absatzgenossenschaft für Gemüse und Obst. Im Jahre 1950 kam mit dem erwerbsmäßigen Blumenanbau ein weiterer und schnell expandierender Wirtschaftszweig des Straelener Gartenbaugewerbes hinzu. Auf dem Weg von Lüllingen über Walbeck nach Straelen erhalten wir einen Eindruck von der Dimension dieser erfolgreichen Produktionszweige: Eriken- und Callunenfelder (Heidekräuter) um das Heidedorf Lüllingen bieten im Herbst ein rotes Blütenmeer, ausgedehnte Freilandgemüsefelder, Folien- und Unterglaskulturen für Früh- und Spätgemüse sowie Sommerschnittblumenfluren konzentrieren sich um Walbeck und Straelen. Wie für den Spargel im Walbecker Raum (s. S. 87) sind auch die Voraussetzungen für diese Kulturen hier ideal: leichte, sandig-lehmige Böden, ein günstiges Klima, gekennzeichnet durch milde, maritime Winter und gemäßigte warme Sommer mit einer Jahrestemperatur von knapp 10° C und 750 mm Niederschlag. Damit der intensive Anbau die sensible Grundwasserlandschaft des Niederrheins als wichtiges Wasserreservoire für die Versorgung der Bevölkerung möglichst wenig beeinträchtigt, werden vom Gartenbauzentrum Straelen, der Landwirtschaftskammer Rheinland u. a. Versuche zur umweltschonenden Anwendung von Dünger, Wasser und Pflanzenschutzmittel durchgeführt und in enger Zusammenarbeit mit den niederrheinischen Betrieben in die Praxis umgesetzt.

10 *Fossa Eugeniana*

Seit der Römerzeit bis ins 20. Jh. gab es fast 20 Versuche, die beiden mächtigen Ströme des niederrheinischen Tieflandes, Rhein und Maas, an ihrem Unterlauf zu verbinden. Bis auf den Maas-Waal-Kanal in den Niederlanden erlangte kein weiteres Projekt Bedeutung.

Die Idee zum Bau der Fossa Eugeniana war politischer Natur und sollte bezwecken, die 1581 von den Spanischen Niederlanden abgefallenen Sieben Vereinigten Provinzen der Utrechter Union, die so genannten Generalstaaten, vom einträchtigen Rheinhandel abzuschneiden und diesen in die Spanische Niederlande umzuleiten. Hierdurch wollte die spanische Regierung eine Wiedervereinigung aller vormals spanischen Gebiete erzwingen. Der Bau erfolgte unter Isabella Clara Eugenia, der als Tochter des damaligen Herrschers der Spanischen Niederlande, König Phillipp II., das Gebiet 1598 als Brautgeschenk übertragen wurde. Die Arbeiten an dem von Rheinberg über Geldern nach Venlo geplanten Kanals begannen 1626, kamen aber bereits 1628 wegen der unsicheren Finanzierung und der Angriffe der Generalstaaten, die dieses Projekt vereiteln wollten, ins Stocken. Als dann 1632 in dem von den Generalstaaten geführten Maasfeldzug Straelen, Venlo, Roermond und Maastricht erobert wurden, war die Fertigstellung der Fossa gescheitert.

Der Verlauf der Fossa Eugeniana und Teile ihrer Anlage sind heute noch fast überall im Gelände zu verfolgen und mit zahlreichen Hinweistafeln versehen. Als Kulturgut repräsentiert sie in eindrucksvoller Weise die Wasserbautechnik des 17. Jh.; seit Anfang der 1980er Jahre steht sie unter Denkmalschutz.

Fossa Eugeniana

11 *Windmühle am Gieselberg in Straelen*

Die von Blumen- und Gemüsefeldern umgebene, 1851 gebaute Windmühle ist eine Variante der Turmwindmühle, eine so genannte Achtkantmühle. Auch als Holländermühle bezeichnet, repräsentiert sie mit dem von schwarzen hölzernen Schindeln verkleideten Aufbau und dem Untergeschoss aus gekälktem Backstein den typischen Stil ihres Ursprungslandes. Dieser im 16. Jh. entstandene leichtere Mühlentyp wurde zur Entwässerung der feuchten Poldergebiete in Nord- und Südholland entwickelt. Die Windmühle am Gieselberg war bis 1952, als sie vom Blitz getroffen abbrannte, in Betrieb. Obwohl wieder instand gesetzt, brach sie – durch Wurmfraß marode geworden – 1970 zusammen. Nachdem sie mit Hilfe der Denkmalpflege 1971/72 wieder aufgebaut wurde, befindet sie sich heute in Privatbesitz.

12 *Straelen*

Die regelmäßige Anlage der Stadt mit ihrem Achsenkreuz, dem zentralen Marktplatz und der abseits gelegenen Pfarrkirche folgt den Prinzipien des gotischen Stadttyps, den wir bereits in Goch kennen gelernt haben.

Im Stadtkern der „Blumenstadt" Straelen hat sich eine beachtliche Zahl von Bürgerhäusern aus dem 16.-18. Jh. erhalten. Viele von ihnen, die in Fachwerkbauweise errichtet

Jakobus und Hochaltar, St. Peter und Paul, Straelen

wurden, erhielten im Laufe der Zeit eine repräsentative Backsteinfassade, die dann um 1900 wiederum dem zeitgenössischen Geschmack des Jugendstils angepasst wurde.

Taufbecken, St. Peter und Paul, Straelen

Schon von fern dient der Turm der St. Peter und Paul-Kirche dem Wanderer als Orientierung. Beim Betreten der dreischiffigen Hallenkirche fällt besonders ihr Ostteil auf, der nach einem Brand Anfang des 16. Jh. sehr viel höher als zuvor wieder aufgebaut wurde. In seinen Deckengewölben wurden in den 1980er Jahren gut erhaltene, spätgotische Gemälde freigelegt, in deren Zentrum Christus als Schmerzensmann steht. Da die Peter und Paul-Kirche vom Bildersturm des 17. Jh. verschont geblieben ist, enthält sie noch eine reiche Ausstattung. Das älteste Kunstwerk ist das romanische Taufbecken in Namurer Blaustein, das aus dem Vorgängerbau von 1200 stammt. Zwischen vier Masken, die das Böse abweisen sollen, zeigen expressive Reliefs die Geburt Jesu, die Anbetung der Könige und die Evangelistensymbole. Findet sich auch keine Spur mehr von dem ehemals im Kirchenraum aufgestellten Jakobusaltar, so sind doch noch zwei Antwerpener Schnitzaltäre zu bewundern, der Marienaltar im nördlichen Nebenchor und der Kreuzaltar im Hochchor. Von ganz speziellem Unterhaltungswert ist das Chorgestühl aus dem Jahr 1503, das – in hochgeklapptem Zustand – den Chorherren bei längeren Gesängen im Stehen als unauffällige Sitzstütze diente und daher auch den Namen Misericordien (lat. misericordia = Mitleid) hatte: An der Unterseite werden die Sitze von Tier- und Fabelwesen geziert. Und als Handlauf konnten teuflische Gestalten und solche, die sich als Tiere tarnen – wie z. B. der Drache – auch von den frommen Herren „in den Griff" genommen werden.

Eine Jakobsmuschel, diesmal als Gewandschließe, fand sich bei der Freilegung der Deckengemälde in den 1980er Jahren; um sie ausfindig zu machen, bedarf es allerdings eines Blicks durch ein Fernglas in das Chorgewölbe.

Fort St. Michel
Blerick
Venlo
Understemaasfeld
Klingenberg
Beuwerst-maasfeld
Winkel-in-Eckmith
Holt-Blerick
Tegelen
Maasfeld
Linterfeld
Linterhof
Tegelen-kuhl
De pot-kuhl
Stevll
Hahner Veld
Holtmoelen
Thinnen
Neerings Veld
Loer Feld
aan Gelor
Teglerheid
Maas Feld
Enger-feld
Berckt-feld
am Greutz
am Cruk
Poste
hause et Auberge
Cabaret
Chaussee de Ruremonde
Steele Veld

Straelen – Venlo – Steijl

Etappe 5

Der Weg führt vom Straelener Markt in westlicher Richtung den Mittelterrassenhang hinab in die Maasniederung. Hier befinden wir uns im Straelener Veen, einem ehemaligen Moor- und Bruchwaldgebiet, das heute von Grünland, Gräben und kleinen Wäldern geprägt ist. Wir queren noch einmal die Fossa Eugeniana und überschreiten an der „Jagersrust" (Jägersrast) die deutsch-niederländische Grenze. An der Venkoelen vorbei, einem Moorsee im alten Maasbett des Naturgebiets Zwart Water, geht es nach Venlo, geschäftiger Mittelpunkt eines großen Gemüse- und Blumenanbaugebietes. Von dort aus führt der Weg zum Klosterdorf Steijl.

19 km

19 km

Die Etappe ist unterteilt in zwei Teilstrecken: 5 A von Straelen bis Venlo und 5 B von Venlo bis Steijl.

Links: Tranchot-Karte 1803-1820

Pilgerspuren ...

Dank der günstigen Lage an einem natürlichen Maashafen konnte sich Venlo zu einem bedeutenden Handelsort entwickeln, dem im Jahre 1343 die Stadtrechte verliehen wurden. Der Handel hatte die Stadt zu einem wichtigen Verkehrsknotenpunkt gemacht, durch den auch die Pilger zogen. Sie erhielten ein Gasthaus, das im 16. Jh. durch einen Neubau ersetzt und 1533 um eine Jakobuskapelle erweitert wurde. Nach 1580 diente die Kapelle jedoch nicht mehr als Gotteshaus, und 1702 erlitt sie während einer Belagerung starke Beschädigungen. 1932 wurde der verbliebene Westteil des Bauwerks restauriert und in den Eingangsbereich eines Bürokomplexes integriert.

Arnold Janssen (1837–1909)

Im letzten Drittel des 19. Jh. entstanden in Limburg entlang der Grenze nach Deutschland zahlreiche neue Klöster, die in vielen Fällen von Deutschen gestiftet wurden. Dies hatte seine Ursache in den Auseinandersetzungen zwischen Staat und katholischer Kirche, dem so genannten Kulturkampf, der von dem damaligen Reichskanzler Otto von Bismarck entfesselt worden war. In Folge des sich zwischen 1873 und 1875 zuspitzenden Konflikts wurden unter anderem eine Reihe von antikatholischen Gesetzen erlassen, etliche Bischöfe und andere Geistliche abgesetzt, verhaftet oder ausgewiesen und die Aufhebung fast aller Orden und ordensähnlichen Gemeinschaften angeordnet. Derart religiös verfolgt, sahen viele Geistliche, die sich gegen die Bismarcksche Politik zur Wehr setzten, schließlich keine andere Möglichkeit mehr, als auszuwandern. Obwohl in Deutschland der Streit zwischen Staat und Kirche ab 1880 beigelegt wurde, blieben viele der Mönche und Nonnen weiterhin in den Niederlanden. Das Dorf Steijl erhielt durch die Gründung mehrerer Klöster und Kongregationen von Arnold Janssen (1837-1909) ein völlig neues Gesicht (s. S. 109). Nach dem Tod des 2003 heilig gesprochenen Paters entwickelte sich Steijl zu einem Wallfahrtsort. Sein Grab ist wie das der seligen Helena Stollenwerk (1852-1900), die ebenfalls aus Deutschland stammende Mitbegründerin des Ordens der Missionsschwestern, alljährlich das Ziel vieler gläubiger Menschen.

Wegbeschreibung und Hinweise

13 km (zu Fuß)

13 km (per Rad)

Wegstrecken zu Fuß und per Rad sind identisch.

Schwierigkeitsgrad zu Fuß und per Rad: leicht, auf befestigten, zum Teil asphaltierten Wirtschaftswegen und Stadtstraßen

Ausgangspunkt Straelen, Markt mit St. Peter und Paul: Auf Mühlenstraße zurück, Westwall queren und Marienstraße folgen, rechts Römerstraße, Maasstraße queren **(1)** und auf Grenzweg über deutsch-niederländische Grenze **(2, 3)** bei Jagersrust, weiter geradeaus bis Ossenberg, dort links, Boschweg rechts, nach ca. 200 m rechts halten, vorbei an der Venkoelen **(4)** und nach Unterqueren der Autobahn ersten Weg rechts. Am Ende links – Abstecher: ca. 100 m rechts vom Pfad liegt die Kapelle von Genooy **(5)** – und über Wilhelminapark, Parkstraat – Mgr. Nolensplein überqueren – Geldersepoort und Lomstraat zum Markt von Venlo **(6)**.

Witte Berg
21.6
3
ndelosche Heide
21.9
20.4
Vree
Veldweg
Valkenhorstveldweg
18.2
18.1
23.2
Gpn 479 b
Gpn 479 a
Steindyck
Bennebro
Seite
91
Jagersrust
2
Visvijver
Vreewater
water
19.7
Gpn 478 n
1
Fossa
Gpn 478 m
Leikoelsweg
22.2
21.2
Vliegekamp
19.8
Gpn 478 l
Gpn 478 k
Anna Hoeve
19.2
dijk
Lingsen
nnevanck
Schandelo
Kastanienburg
't Böske
20.8
19.4
20.6
Gpn 478 j
Gpn 478 h
Zur Spinn
19.2
Scheidsgraaf
osche
17.8
18.1
Muldersweg
Gpn 478 g
Meergraben
Gpn 478 f
20.6
21.3
18.0
Broek
Gpn 478 e
19.7
Boschweg
De Brem
18.5
Gpn 478 d
20.4
Ossenberg
21.7
Schaapsbroek
Paddeweg
Veenweg
Gpn 478 c
19.0
Diepbroek
20.6
4
Gpn 478 b
19.9
Mühlendyck
20.7
Venkoelen
Gpn 478 a
20.3
rt. Water
Seite
104
Veen en
20.7
0
0,5
1 km
© Topografische Dienst, Emmen

Sehenswürdigkeiten entlang der Strecke

1 *Straelener Veen und die Siedlung Kastanienburg*

Siedlung Kastanienburg an der Fossa Eugeniana

Westlich von Straelen führt der Weg die markante Geländekante von der Mittel- zur Niederterrasse der Maas hinab. Hier haben sich in der Nacheiszeit zwischen der Mittelterrassenkante und dem der Maas ostwärts vorgelagerten Dünengürtel zahlreiche Veen (= Moore und Bruchwaldgebiete) gebildet. Die Ursache für ihre Entstehung liegt in der Riegelwirkung der Dünen, die den der Maas zufließenden Bächen den Weg versperrten und sie aufstauten. Das Straelener Veen im deutsch-niederländischen Grenzraum diente im 13. und 14. Jh. der Gewinnung von Holz und Torf als Brennmaterial. Maßnahmen Mitte des 19. Jh., das Veen zu entwässern und urbar zu machen, blieben erfolglos, sodass viele Grundeigentümer ihr Land verkauften. Einen erheblichen Anteil davon erwarb die Familie Underberg.

In den Jahren 1932/33 erfolgte schließlich in Verbindung mit der Rodung der Wälder und dem Bau von Straßen eine radikale Entwässerung als Voraussetzung für die Besiedlung und die landwirtschaftliche Nutzung. Unter großer propagandistischer Begleitung des nationalsozialistischen Regimes entstand zur Verbesserung der landwirtschaftlichen Struktur und zur Schaffung neuer Stellen die Plansiedlung Kastanienburg. Von den anfänglich 23 Höfen wirtschaften heute wegen der damals zu knapp bemessenen Nutzflächenzuteilung von 15 ha und der fehlenden Hofnachfolge nur noch sechs als Vollerwerbsbetriebe. Diesen wurde der Großteil der Betriebsflächen der ehemaligen Höfe zugeteilt. Der Name Kastanienburg nimmt vermutlich Bezug auf die auch heute noch von einzelnen Esskastanien umgebene Hofanlage, das Gut Kastanienburg, des Unternehmers und ehemaligen Hauptgrundbesitzers der Siedlungsflächen Underberg.

2 *Gut Kastanienburg*

Portal Gut Kastanienburg

Das 1872 angelegte Gut, die letzte Hofanlage vor der Grenze, ist in mehrfacher Hinsicht interessant. Das zweigeschossige Backsteinwohnhaus mit Mansarddach und schönem Sandsteinportal mit Rokoko-Ornamenten war das Jagddomizil von Hubert Underberg-Albrecht aus Rheinberg. Bekannt geworden ist der Kaufmann durch seinen aus edlen Kräutern hergestellten Magenbitter. Anfangs bot er ihn unter der niederländischen Bezeichnung „Boonekamp of Maagbitter" an. Doch als die Bezeichnung „Boonekamp" im Laufe der Zeit zum Sammelbegriff für vielerlei Kräuterbitter wurde und somit die Unverwechselbarkeit seines Erzeugnisses verloren zu gehen drohte, ließ er ihn 1894 durch das Gesetz zum Schutz der Warenbezeichnungen unter dem Namen „Underberg" eintragen.

Nach dem Zweiten Weltkrieg übernahm Emil Underberg, der Enkel des Gründers, die Geschäfte und machte mit der Einführung der 2-cl-Fläschchen und dem Wahlspruch des Hauses „Semper idem" (= immer dasselbe) die nach wohlgehütetem Familiengeheimnis erstellte Rezeptur zum Renner unter den Magenbittern.

Der Zufall will es, dass gerade dieser Hof als letzte deutsche Station am Jakobsweg heute von einer Familie bewirtschaftet wird, die Jacobs heißt und deren Bauerncafé die richtige Empfehlung für eine willkommene Einkehr ist.

3 *Sandgebiete im deutsch-niederländischen Grenzraum und Dünen an der Maas*

Beiderseits der deutsch-niederländischen Grenze, etwa zwischen Mook (südlich von Nimwegen) und Echt (südlich von Roermond), erstreckt sich ein Landschaftsstreifen aus Sanden, dessen Breite zwischen 1 und 15 km variiert. Diese Sande wurden in den Übergangszeiten von Kalt- und Warmzeiten des ausgehenden Pleistozäns und im Holozän von

Westwinden aus den trocken liegenden Schotterfluren des verwilderten Maastals ausgeblasen. Auf deutscher Seite ist heute ein Großteil dieser Flächen von Wäldern, meist Kiefern- und Eichen-Birken-Wäldern bedeckt; auf niederländischer Seite dagegen trifft man darüber hinaus noch auf eine Vielzahl von Biotopen wie Heideflächen, Moore und Stillgewässer.

Eine Besonderheit stellen die Dünen am Ostufer der Maas dar. Ihre am Ende sichelartig ausgezogene Form hat ihnen den Namen Parabeldünen eingebracht. Auf den ersten Blick erscheint ihre Ausrichtung nach Westen rätselhaft, denn die Westwinde, die zu ihrer Entstehung führten, hätten physikalischen Gesetzen zufolge Dünen mit ostwärts ausgerichteten Sicheln entstehen lassen müssen. Das Gegenteil ist aber der Fall. Die Ursache liegt in der Dünenbefestigung durch Bewuchs. Mit dem Ansteigen des Grundwassers vor ca. 8000 Jahren hatte sich auf den flachen Seitenhängen der Dünen Vegetation ansiedeln und sie festhalten können. Die höher gelegenen Teile unterlagen weiterhin der Windverfrachtung in Westrichtung, und so bildeten sich die gegenläufigen Formen. Durch die heutige Bedeckung mit Kiefernforsten wird ihre Sichelform markant hervorgehoben. Eine der höchsten Parabeldünen des Dünenwalls, der Witte Berg, liegt westlich der Grenzstelle Jagersrust in der Schandeloschen Heide.

4 *Zwart Water (Schwarzes Wasser)*

Der Name dieses 252 ha großen Naturgebiets geht auf eine Sumpflandschaft zurück, die bis in die 1950er Jahre existierte. Durch Trocken-

Zwart Water

legung, anschließende Bebauung und Trassierung der Autobahn A 67/E 34 wurden große Flächen zerstört. Verblieben ist der Teil nördlich der A 67, der durch feuchte und trockene Waldtypen, kleine Heidereste und vor allem durch mehrere alte Flussbette der Maas geprägt ist. In einer dieser Altarmrinnen liegt die Venkoelen. Dieser ehemals verlandete Moorsee wurde 2001 entschlammt, damit sich wieder Tier- und Pflanzenarten ansiedeln können, die offene Gewässer als Lebensraum benötigen. Inzwischen brüten hier Zwergtaucher, Wasserralle und Reiherente. Die Sumpfzonen sind Biotope zahlreicher Wasserfrösche und verschiedener Libellenarten wie der Heidelibelle, der Großen Pechlibelle und dem Plattbauch.

Blässralle und Große Pechlibelle

5 Die Kapelle von Genooy

Diese Wallfahrtskapelle ist der hl. Mutter Gottes von Genooy geweiht, deren Bildnis aus der Zeit um 1630 den Altar krönt. Die Kapelle wurde im Jahre 1631 von Annunziatennonnen als Kopie der Kapelle von Loreto errichtet (s. S. 124). Zuvor hatte sich hier ein Nonnenkloster befunden, das 1582 zerstört worden war. Nach verschiedenen Erweiterungen und Umbauten wurde die Kapelle schließlich 1917 von dem Architekten Pierre Cuypers ausgebaut und mit einem Chorumgang versehen, sodass die ursprüngliche Loretokapelle heute kaum noch zu erkennen ist. Die Wallfahrer, die diese Kapelle besuchen, stammen nicht nur aus Venlo, sondern auch aus dem gesamten limburgischen Umland und dem niederländisch-deutschen Grenzgebiet.

Zum reichhaltigen Inventar gehören u. a. ein hölzernes Altarretabel im Louis-XV-Stil, ein Kruzifix aus dem 15. Jh. und Bildnisse aus dem 16. und 17. Jh., darunter Darstellungen der Heiligen Luzia, Johanna von Valois, Elisabeth von Thüringen, einer Madonna und der Heiligen Quirinus und Rochus. Außerdem befindet sich in der Kapelle eine Kopie des Grabsteins von Agnes Maria Huyn, einer im Jahre 1641 verstorbenen Nonne, die wie eine Heilige verehrt wurde.

Kapelle von Genooy

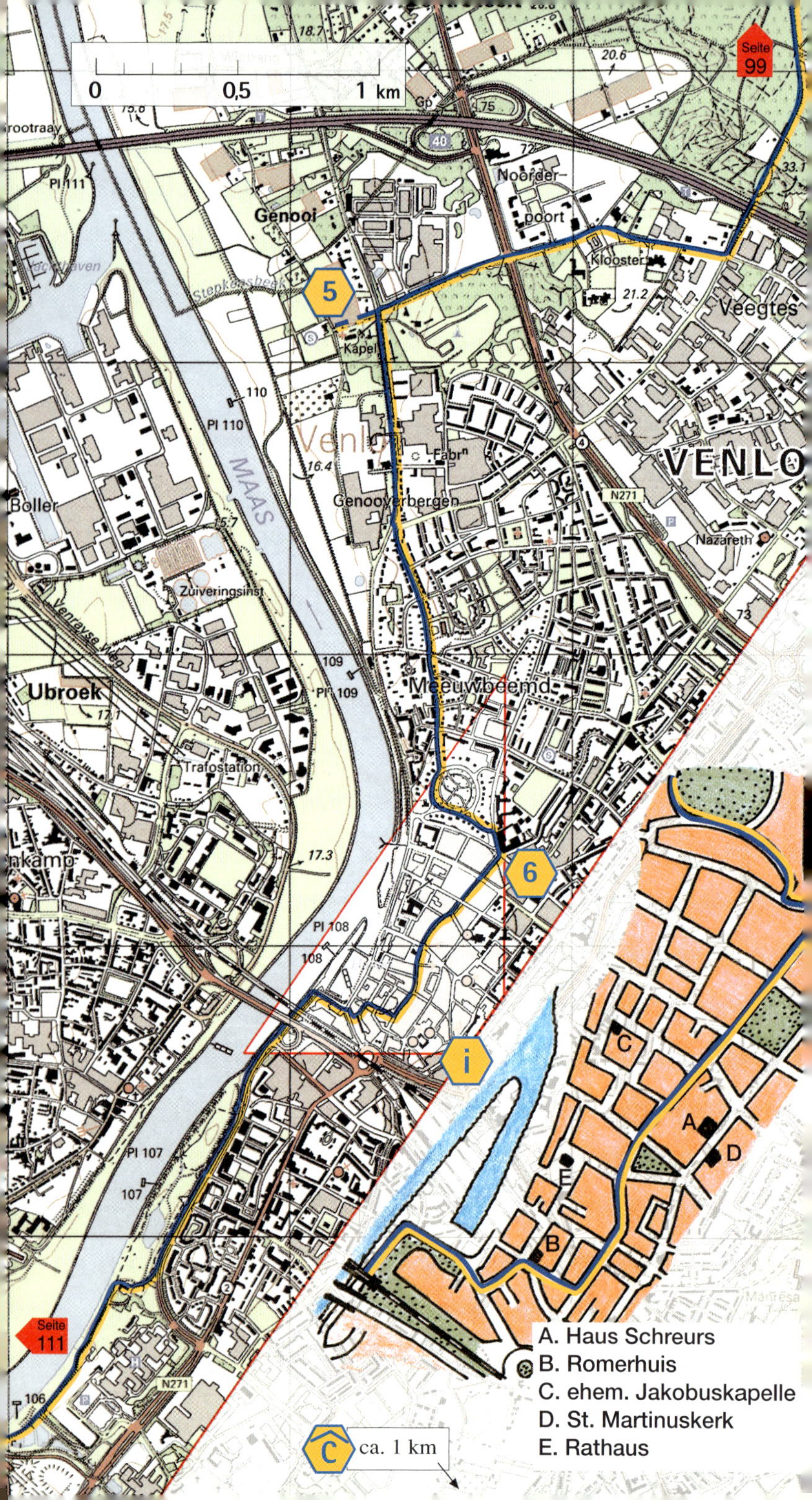

0
0,5
1 km
Seite 99
Genooi
Noorder-
poort
Kloosters
Veegtes
5
Kapel
VENLO
Venlo
Genooverbergen
N271
Nazareth
Boller
MAAS
Zuiveringsinst.
Ubroek
Meeuwbeemd
Trafostation
6
i
A
B
C
D
E
Seite 111
ca. 1 km
A. Haus Schreurs
B. Romerhuis
C. ehem. Jakobuskapelle
D. St. Martinuskerk
E. Rathaus

6 *Venlo*

Bereits im 1. Jh. n. Chr. befand sich an dieser Stelle ein befestigter römischer Militärstützpunkt; der Name Venlo wird erstmals um das Jahr 1000 erwähnt. Der Ort wuchs aus den beiden Siedlungen um die St. Martinskirche und den befestigten Hof des Grafen von Geldern zusammen und entwickelte sich dank des natürlichen Hafens zu einer florierenden Stadt, die 1481 dem Hansebund beitrat. Im Zuge der politischen und kriegerischen Auseinandersetzungen des 16. und 17. Jh. war es jedoch zunächst mit der Blütezeit Venlos vorbei. Zahlreiche Belagerungen und Besetzungen ließen ausgedehnte Befestigungsanlagen entstehen, die verhinderten, dass sich die Stadt bei wachsender Bevölkerung ausbreiten konnte. Erst die Schleifung der Festungswerke (Reste der Stadtmauer sind noch am Hafenkai erhalten) sowie die industrielle Revolution und die Erfindung der Eisenbahn im 19. Jh. führten wieder zu Aufschwung und neuem Wachstum.

Im Zweiten Weltkrieg wurde das Zentrum Venlos stark beschädigt, einige historisch bedeutsame Bauwerke sind jedoch erhalten geblieben.

Die **Hoofd- oder St. Martinuskerk** wurde um 1410 errichtet, später erweitert und um einen hohen Turm ergänzt, von dem heute ein Glockenspiel mit 48 Glocken ertönt. Nach der Zerstörung 1944 wurde die

Rathaus von Venlo

Mariendarstellungen

Die frühesten rhein-maasländischen Mariendarstellungen zeigen meist eine frontal auf den Betrachter ausgerichtete, sitzende Gottesmutter mit Jesus auf dem Schoß: Maria als thronende Himmelskönigin. Diese „Sedes sapientiae“ (Thron der Weisheit) genannte Darstellungsform, ursprünglich zumeist in goldfarbener Fassung, entstand in Anlehnung an den goldenen Thron Salomons und fand unter dem Einfluss des byzantinischen Madonnentyps im 11.-14. Jh. Verbreitung.

Mit einer sich wandelnden Marienfrömmigkeit gewinnt am Übergang zur Gotik ein neues Marienbild an Popularität. In ihm wird die – jetzt stehend abgebildete – Mutter Maria mit Kind auf dem Arm in den Mittelpunkt gestellt. Dies kommt durch die Wiedergabe der innigen Beziehung zwischen der lieblichen, jungen Frau und ihrem heiteren, göttlichen Sohn zum Ausdruck. Jesus, zuvor als erwachsener Herrscher im Kleinformat dargestellt, wird nun zum spielenden Kind. Die Darstellung der Madonna mit Kind wird in der Zeit um 1500 vielfach durch Anna zu der so genannten „Anna selbdritt“ erweitert.

Während des Barocks kam vielerorts nach südeuropäischem Vorbild die Schutzmantelmadonna auf, die unter einem glockenförmigen Umfang Zufluchtsuchenden Trost und Hilfe spendet (Kevelaer, Aachen, Maastricht).

Der Typus „Marianum“, der Muttergottes im Strahlenkranz, erfreut sich im Rhein-Maas-Raum besonderer Beliebtheit. Er geht auf die Beschreibung des apokalyptischen Weibes in der Offenbarung des Johannes zurück: „Und es erscheint ein großes Zeichen am Himmel; ein Weib, mit der Sonne bekleidet, und der Mond unter ihren Füßen und auf ihrem Haupt eine Krone von zwölf Sternen.“ Entsprechend wurde Maria auf einer Mondsichel stehend im Strahlenkranz der Sonne wie eine Erscheinung im Kirchengewölbe dargestellt (Aachener Dom, St. Servaaskerk in Maastricht, St. Martin in Venlo, Munsterkerk in Roermond, St. Peter und Paul in Kranenburg, Kapelle von Schloss Wissen/Straelen).

Im Zuge des Frömmigkeitswandels des Mittelalters entstanden Bildgruppen, die die Gläubigen zum Mitfühlen anregen sollten. Hierzu zählte das Vesperbild, auch Pietà (ital. = Mitgefühl) genannt. Es zeigt den verstorbenen Jesus auf dem Schoß seiner Mutter liegend. Der Begriff Vesperbild bezieht sich auf die entsprechende Gebetszeit, in der am Karfreitag zwischen Kreuzverehrung und Grablegung eine geistliche Betrachtung der fünf Wunden Christi stattfand.

Kirche unter der Leitung von J. H. J. Kaijser wieder aufgebaut und nach Westen erweitert. Zur reichen Innenausstattung zählen ein gotisches Chorgestühl, eine Kommunionbank aus der Zeit um 1700 und eine mit üppigem Schnitzwerk versehene Kanzel aus dem Jahre 1707. Beachtenswert ist auch das kupferne, um 1621 angefertigte Taufbecken, auf dessen Deckel eine Bildgruppe die Taufe Jesu im Jordan zeigt, sowie die aus dem späten 14. Jh. stammende „Schwarze Muttergottes von Venlo".

Taufbecken, St. Martin, Venlo

Das dreistöckige **Haus Schreurs** in der Grote Kerkstraat, mit einer schmuckreichen Fassade und Schweifgiebel, ist ein Beispiel für die Backsteingotik des 16. Jh., die mit dem Gelderner Renaissancestil vermischt ist.

Das prächtige **Rathaus** am Markt wurde in seiner heutigen Form zwischen 1597 und 1600 von Willem van Bommel aus rotem Backstein im Renaissancestil erbaut. Die beiden achteckigen Ecktürme sind von unterschiedlicher Höhe. Das barocke Vordach wurde 1736 hinzugefügt. 1883 erneuerte Johan Kaijser, der Vater des oben erwähnten J. H. J. Kaijser, die südliche und die östliche Außenwand im Neo-Renaissance-Stil.

An der Ecke Lichtenberg-Helschriksel befinden sich die Überreste der ehemaligen St. Jakobuskapelle (s. S. 97).

Rathaus Venlo (Detail)

Venlo – Steijl

Wegbeschreibung und Hinweise

6 km

6 km

Wegstrecken zu Fuß und per Rad sind identisch.
Schwierigkeitsgrad zu Fuß und per Rad: leicht
Ausgangspunkt Venlo, Markt: Über die Fußgängerpromenade geradeaus bis zur Hoogstraat, dort rechts bis zur Maas und über Tegelen **(7)** nach Steijl **(8)**.

Spargel – das „weiße Gold"

Wie am Niederrhein liegen auch in Nordlimburg geeignete Standortbedingungen für den Spargelanbau vor. Die Züchtung von Spargelsorten und der gewerbliche Anbau in den Niederlanden erfolgten kurz nach dem Ersten Weltkrieg. Der außerordentlich gut geeignete Sandboden war aber nicht der einzige Grund für das Anlegen von Spargelfeldern in dieser Region: Die hier lebenden kinderreichen Familien erfüllten als Arbeitskräfte genau die Voraussetzungen, die für die Spargelzeit von Ende April bis zum 24. Juni, dem Johannistag, erforderlich waren, denn für die Ernte werden pro Hektar fünf Personen benötigt.

Vor einem halben Jahrhundert stellte dies kein Problem dar, aber durch den Rückgang der Geburten und die Landflucht steht inzwischen nicht mehr ausreichend heimisches Personal zur Verfügung. Stattdessen erledigen heute polnische Saisonarbeiter diese Arbeit. Aus diesem Grunde ist in den vergangenen Jahren auch die Zahl der Hektar an Ackerland, auf dem Spargel angebaut wird, etwas zurückgegangen. Dennoch ist der Spargel nach wie vor ein wichtiger Wirtschaftszweig, in dem alles in allem 16.000 Menschen vom Anbau über Verarbeitung bis zum Verkauf beschäftigt sind. Limburg kommt auch auf dem Gebiet der Spargelveredelung weltweit große Bedeutung zu. Wie am Niederrhein befasst man sich in Horst nordwestlich von Venlo fortwährend mit der Züchtung neuer Spargelsorten.

Sobald die Erntezeit beginnt, strömen unzählige Touristen nach Limburg. Überall sind die Schilder „Spargel zu verkaufen" zu sehen. Neunzig Prozent des in Limburg angebauten Spargels, annähernd 12,5 Millionen Kilo, gelangen in deutsche Kochtöpfe. Das Spargelgericht mit der größten Tradition ist Spargel mit „holländischer Sauce", gekochtem Schinken und einem vortrefflichen, trockenen Riesling – am besten aus Limburg selbst, denn im Süden der Provinz werden ausgezeichnete trockene Weine produziert (s. S. 164).

7 *Tegelen*

„Die Last des Pastors" (Sjer Jacobs). in Tegelen

Das Dorf Tegelen entstand im frühen Mittelalter. Doch vorher hatten hier bereits die Römer gesiedelt, die den hiesigen Ton zur Herstellung von Keramik verwendeten. Aus diesem Grunde wird der Name „Tegelen" mit dem lateinischen Wort „tegula", (dt.: Dachziegel) in Verbindung gebracht. Im 18. Jh. hatte die Produktion von Tonwaren hier ihre Blütezeit. In der Tiendschuur, der Zehntscheune, die im Park des Schlosshotels Holtmühle im Osten Tegelens liegt, kann man sich über die Geschichte des Töpferdorfes informieren.

Während des 19. Jh. entstanden hier Fabriken zur Herstellung von Backsteinen und Dachpfannen sowie Metall verarbeitende Betriebe und ließen Tegelen zu einem wirtschaftlich prosperierenden Industrieort werden, was bis heute im Stadtbild zu erkennen ist.

Berühmt wurde Tegelen durch seine Passionsspiele, die alle fünf Jahre – das nächste Mal 2005 – um Karfreitag im Freilichttheater „De Doolhof" (Der Irrgarten) von professionellen Schauspielern gemeinsam mit Einwohnern von Tegelen aufgeführt werden.

8 *Steijl*

Im Jahre 1635 wurde an dieser Stelle des Flusses eine Fährverbindung eingerichtet, die auch heute noch besteht. Da das daraufhin entstandene Dorf als einziger Ort in der früheren Grafschaft Jülich einen Hafen an der Maas besaß, war es Handels- und Umschlagplatz für Salz und Fisch aus Holland sowie Mergel, Kalk und Steinkohle aus Lüttich. Mit dem Siegeszug des Transportmittels Eisenbahn im 19. Jh. begann für Steijl jedoch eine Zeit des wirtschaftlichen Niedergangs. Dies änderte sich, als Arnold Janssen (1837-1909) während des „Kulturkampfes" (s. S. 97) Deutschland verließ und 1875 in Steijl eine alte Herberge erwarb, um in ihr ein Studienhaus für Missionare einzurichten. Damit wurde

der Grundstein für das Steyler Missionswerk gelegt. Am 8. September desselben Jahres stiftete Arnold Janssen seine erste Kongregation, die „Gesellschaft des göttlichen Wortes". 1876 wurde mit dem Bau des Missionshauses begonnen. Der bemerkenswerteste Teil dieses 100 m langen, neogotischen Gebäudes ist die Klosterkirche, eine Doppelkirche, deren gedrungene Unterkirche mit ihren schweren Pfeilern den Charakter einer Krypta besitzt. Hier befindet sich das Grab des 2003 heilig gesprochenen Arnold Janssen.

Ebenfalls im Stil der Neogotik entstand zwischen 1901 und 1904 ein U-förmiges Gebäude, in dem die 1889 begründete Kongregation der Steyler Missionsschwestern, die „Missionsschwestern des Heiligen Geistes", untergebracht wurde.

Arnold-Janssen-Grab, Klosterkirche Steijl

Die dritte von Janssen ins Leben gerufene Ordensgemeinschaft (1896) ist die der „Klausurschwestern des Heiligen Geistes von der ewigen Anbetung". Diese Anbetungsschwestern, die im niederländischen Volksmund aufgrund der Farbe ihrer Tracht auch die „rosa Nonnen" genannt werden, kamen in dem 1912-14 erbauten Heilige Geestklooster unter, einem vierflügeligen Schlosskloster mit Innenhof.

Neben diesen Konventen befinden sich noch eine Anzahl von Dienstgebäuden und eine klostereigene Druckerei im Ort – sowie das Missionsmuseum mit einer umfangreichen Sammlung von Erinnerungsstücken aus den Missionsgebieten.

Das Besondere des Klosterdorfs Steijl besteht darin, dass alle großen Bauwerke innerhalb weniger Jahrzehnte errichtet wurden und sich somit zu einem architektonisch harmonischen Bild zusammenfügen.

0
0,5
1 km
Seite
104
Tegelen
7
PH
Missiehuis
8
Steijl
1
Botanische Tuin
Klooster
Nabben
Kasteel Holtmühle
Leemhorst
De Snelle Sprong
Steenfabr
Openlucht theater
Heide
2
Kapelweg
Geloo
Trafostation
Kozakkenberg
Belfeld
Smittyfarm
Venweg
Molenbeekweg
Vossendal
Seite
116
Aalsbeek
De Watermeule
Pl 105
Romeinen weg
MAAS
De Berktweg
Legioen weg
Berckt (Klooster)
N 567
N271
Stuw
Pl 102
Roermondse weg
Holtmühle

S. Jacobi Ap.

Steijl – Roermond

21 km

21 km

Vom Klosterort Steijl aus quert der Weg die ebene Niederterrassenlandschaft der Maas und führt zum Witte Steen, einer mittelalterlichen Gerichtsstätte. Entlang der von Wald bedeckten Terrassenkante geht es auf dem Prinsendijk, der teilweise auf der ehemaligen Römerstraße Roermond-Xanten verläuft, nach Swalmen. Wir nähern uns wieder der Maas, tangieren die Maasplassen (Maas-Seen) und kommen über das idyllisch gelegene Örtchen Asselt mit seinen gepflegten Höfen nach Roermond, dem geschichtsträchtigen Etappenziel.

Pilgerspuren ...

Ebenso wie Venlo war auch Roermond im Mittelalter ein Verkehrsknotenpunkt, durch den viele Fernreisende, darunter zahlreiche Jakobspilger, kamen. Die Stadtheiligen von Roermond – Jakobus, Christophorus und Rochus – sind gleichzeitig auch Schutzpatrone der Reisenden. Von 1357-1786 (vermutlich sogar schon früher) existierte in Roermond eine Jakobusbruderschaft, über die jedoch nicht viel bekannt ist. Allerdings befindet sich in der St. Christoffelkerk, der heutigen Kathedrale von Roermond, seit 1480 eine St. Jacobskapel. In ihr wird die größte Reliquie des hl. Jakobus außerhalb von Santiago de Compostela aufbewahrt. Der Behälter, ein so genanntes Sprechendes Reliquiar, ist als Arm geformt, dessen Hand ein Beil hält. In ihm befindet sich ein „os magnum bracchi S. Jacobi Zebedaei Aposteli", d. h. ein Knochen des rechten Unterarms des Apostels und hl. Jakobus Zebedäus. Und genau dieser Knochen fehlt in der Reliquiensammlung der Kathedrale von Santiago de Compostela.

Links: Jakobus-Armreliquiar, Kathedrale Roermond

Die heutige Jakobusbruderschaft von Roermond hat 2003 unter der Sakristei ein Refugio, eine Unterkunft für Pilger eingerichtet.

Die bekannteste Wallfahrtsstätte von Roermond ist die 1,5 km südlich der Altstadt gelegene Kapel in 't Zand bzw. Kapel Onze Lieve Vrouw in ´t Zand. Ursprünglich befand sich an diesem Ort nur ein Brunnen, aus dem Vieh

Kapel Onze Liewe Vrouw in ´t Zand, Roermond

getränkt wurde. Doch um 1435 entdeckte ein Hirte, als er Wasser aus ihm schöpfen wollte, dort ein Marienbild, das er in eine Nische an einem Baum stellte. Bereits sehr früh begann an diesem Ort die Marienverehrung, und seit dem 17. Jh. ist die Kapel in 't Zand bis heute Ziel vieler Wallfahrer. Davon zeugen auch die zahlreichen Danksagungen auf den Wandkacheln des Prozessionswegs.

Wegbeschreibung und Hinweise

21 km

Wegstrecke zu Fuß und per Rad sind weitgehend identisch.
Schwierigkeitsgrad zu Fuß und per Rad: leicht, überwiegend auf Wirtschaftswegen und verkehrsarmen Straßen

22 km

Ausgangspunkt Missionshaus Steijl: Über die St. Michaelstraat zum Botanischen Garten **(1)**, rechts Maasstraat, links Waterloostraat, rechts Rijksweg Noord, nach Kreisverkehr links in Kaaloor, hinter Kapelle **(2)** Bahn unterqueren und weiter auf Kapel- und Venweg. Die Autostraße queren (Achtung!!) und nach ca. 400 m weiter rechts in Molenbeekweg einbiegen, geradeaus Bosheideweg, an Kreuzung links am Waldrand entlang und rechts über Bovenste Schorfweg zum Witte Steen **(3, 4)**.

Bildstock am Maasufer bei Asselt

Der rot-weißen Markierung (Pieterspad) ca. 3 km über den Prinsendijk bis zum Grenzpfahl 425 folgen, danach halbrechts Heydweg, an den Wirtschaftsgebäuden rechts und nach ca. 200 m links. Die N 271 überqueren (Achtung). Weiter links, an der Infotafel zum Pilgerweg über den Oudeweg zur Heierkapel und geradeaus nach Swalmen. Links Veldpoort, geradeaus über Hoogstraat, Boutestraat, Schoolberg, an der Schwalm **(5)** durch Bahnunterführung bis Asseltse Plassen. Hier links nach Asselt **(6)**. Zwischen dem Kirchlein und dem Museum den Weg über Broekhin nehmen. Auf dem Venloseweg – Wilhelminasingel queren – in die Venlosepoort. Rechts Steegstraat, im Bogen links in die Swalmerstraat bis zum Markt von Roermond **(7)**.

1 *Botanischer Garten „Jochum-Hof", Steijl*

Im 19. Jh. erwarben die Steyler Missionare das an der Maas gelegene Landgut der Familie de Rijk. 1933 begann Pater Jochum, auf diesem Terrain einen botanischen Garten mit Pflanzen aus den Missionsgebieten anzulegen. Im Laufe der Zeit wurde die Anlage um einen mediterranen, einen Stein- und einen Kräutergarten sowie einen nordlimburgischen Heimatgarten ergänzt.

2 *Kapel van O. L. Vrouw Hulp in alle Nood, Geloo*

Im 17. Jh. ließ ein Priester als Dank für die Hilfe der hl. Maria eine kleine Kapelle in dem Weiler Geloo errichten, die er Unserer Lieben Frau, Helferin in jeder Not, widmete. Sie fiel jedoch dem Bau der Bahnlinie Roermond – Venlo zum Opfer und wurde 1863 abgerissen. Aber in den folgenden Jahren brachten Lokomotivführer manchmal ihre Züge an diesem Ort zum Stehen, weil sie dort seltsame Lichter gesehen haben wollten. Erst nach dem Bau einer neuen Kapelle im Jahre 1868 hörten diese Erscheinungen auf. Die heutige Kapelle wurde 1946 errichtet, nachdem das Gebäude von einem umstürzenden Baum zerstört worden war.

Kapelle von Geloo

3 *Brachter Wald*

Der Weg am Westrand des Brachter Waldes verläuft streckenweise entlang des markanten Terrassenrandes vom Maastal zur Hauptterrasse und der deutsch-niederländischen Grenze. Das Waldgebiet erstreckt sich als großflächiger, ca. 3 bis 6 km breiter Streifen auf den sandigen Böden der Flussterrassen, deren Sande in der letzten Eiszeit aus den Schotterfluren des Maastals ausgeblasen wurden und sich oberhalb des bis zu 25 m hohen Talrandes absetzten. Durch Rodung und Beweidung wurde insbesondere im Mittelalter und Ende des 18. Jh. der heimische Eichen-Birkenwald so in Mitleidenschaft gezogen, dass vielerorts nur noch Heide wuchs. Um 1850 erfolgte schließlich die Auffors-

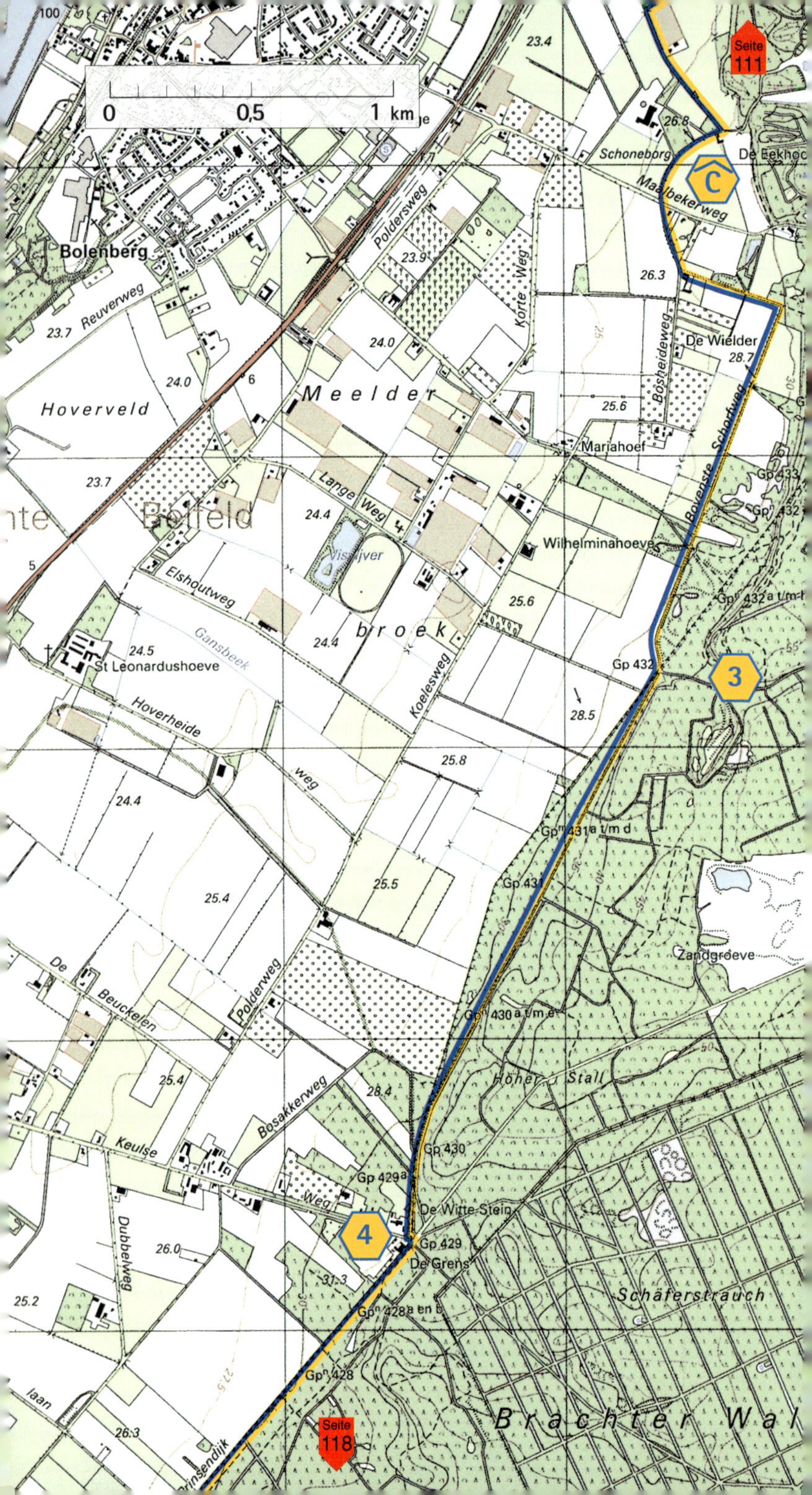

0
0,5
1 km
Seite
111
Seite
118
C
3
4
Bolenberg
Reuverweg
Hoverveld
Meelder
Lange Weg
Visvijver
Elshoutweg
Gansbeek
broek
Koelesweg
St Leonardushoeve
Hoverheide
weg
Poldersweg
Korte Weg
Schoneborg
De Eekhoo
Maalbekerweg
Bosheideweg
De Wielder
Bovenste Schorfweg
Mariahoef
Wilhelminahoeve
Gp 433
Gp 432
Gpn 432 a t/m h
Gp 432
Gpn 431 a t/m d
Gp 431
Zandgroeve
Gpn 430 a t/m e
Höher Stall
Gp 430
Gp 429a
De Witte Stein
Gp 429
De Grens
Gpn 428 a en b
Gpn 428
Schäferstrauch
Brachter Wal
De Beuckelen
Polderweg
Bosakkerweg
Keulse
Weg
Dubbelweg
laan
Prinsendijk
23.4
26.8
26.3
23.9
24.0
28.7
25.6
23.7
24.0
23.7
24.4
25.6
24.5
24.4
28.5
25.8
24.4
25.5
25.4
28.4
25.4
26.0
31.3
25.2
26.3

tung mit der anspruchslosen Kiefer, die heute nach und nach wieder durch Laubgehölze ersetzt wird. Unter den Sanden lagern Tonvorkommen, so z. B. der hellgraue Tegelen- und der Reuver-Ton (s. S. 109), die bereits von den Römern abgebaut wurden und auch heute noch diesseits und jenseits der Grenze zu Steinzeug und Dachpfannen verarbeitet werden.

4 *De Witte Steen und das Meerlebroek*

Witte Steen

Beim Grenzübergang steht ein sehr alter Markierungsstein, der als „de Witte Steen" bekannt ist. Er markiert eine frühfränkische und mittelalterliche Gerichtsstätte. Von dort brachte man für schuldig befundene Täter zum ca. 5 km entfernten Galgenvenn im Brachter Wald. Unmittelbar dahinter erstreckt sich westlich des Waldes auf der Maasniederterrasse das Meerlebroek, ein ehemaliges von Heiden und Sümpfen geprägtes Gebiet. Seine Entstehung verdankt es den tonigen, undurchlässigen Böden, die ein Abfließen des von der Hauptterrasse kommenden Wassers verhinderten und es aufstauten. In dieser unwirtlichen Gegend wurde kurz nach 1855 das erste Haus errichtet. Es trug den Namen Sebastopol (Sewastopol), nach der auf der russischen Halbinsel Krim gelegenen Stadt, um die in jenem Jahr während des Krim-Kriegs eine heftige Schlacht tobte. 1890 war das Haus immer noch das einzige Gebäude in dieser Gegend. Erst im 20. Jh. wurde das Gebiet systematisch kultiviert und in landwirtschaftliche Nutzung überführt. Dabei erhielten alle Wege und Bauernhöfe die Namen von Heiligen.

5 *Swalmen an der Swalm*

Swalmen entstand im Mittelalter als Straßendorf am Weg über die Swalm (Schwalm). Auf der Brücke steht eine Statue des Nepomuk, des Schutzheiligen der Brücken – es ist die einzige Brücke in den Niederlanden, die ihm gewidmet ist.

Neben dem ehemaligen Rathaus liegt die St. Lambertuskerk, in der sich ein aus Blaustein gefertigtes Taufbecken und ein Weihwasserfass aus dem 17. Jh. befinden.

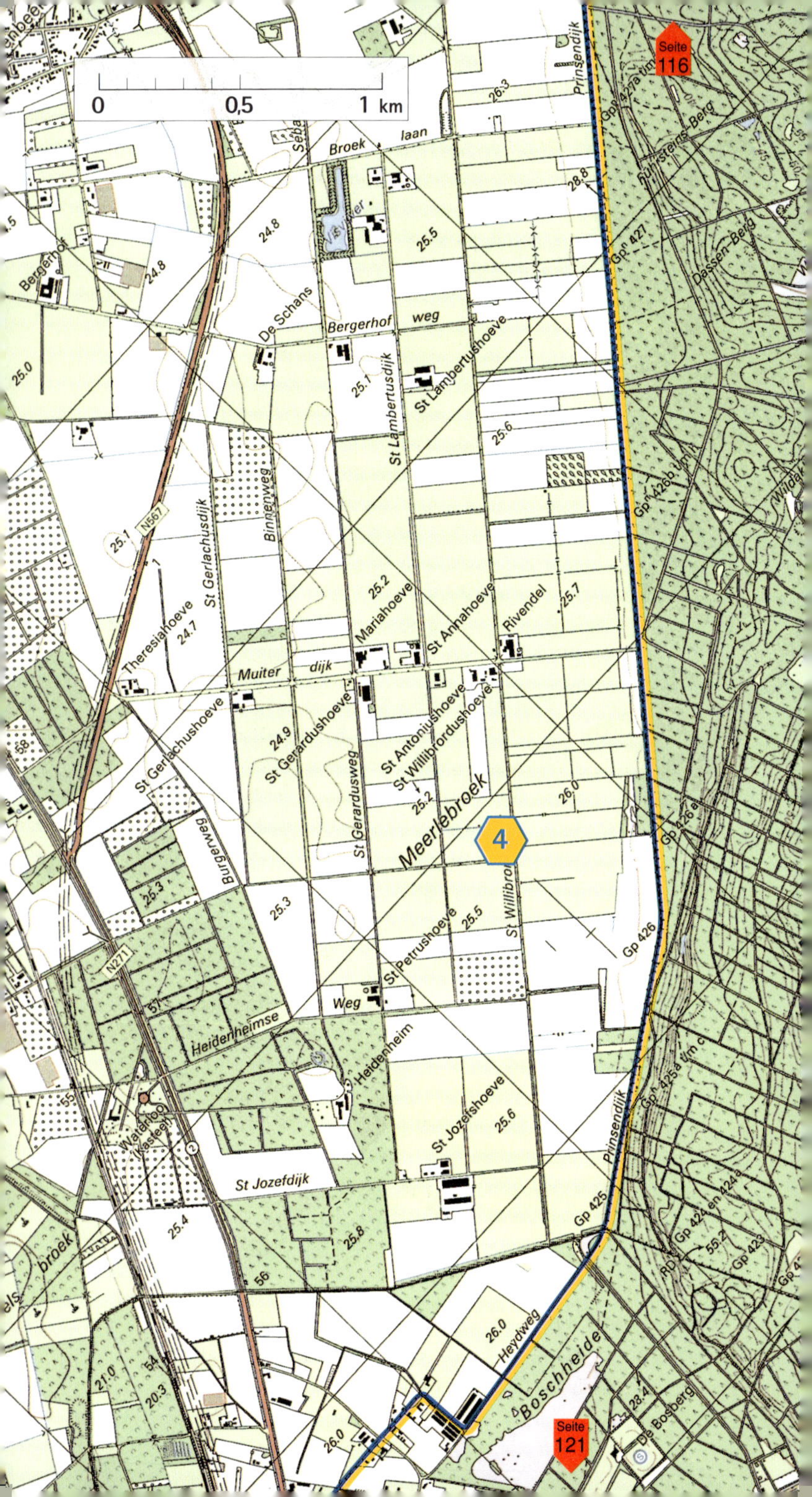

0
0,5
1 km
Seite 116
Seite 121
4
Broek laan
Bergerhof
Bergerhof weg
De Schans
St Lambertusdijk
St Lambertushoeve
St Gerlachusdijk
Binnenweg
N567
N271
Theresiahoeve
Muiter dijk
Mariahoeve
St Annahoeve
Rivendel
St Gerlachushoeve
St Gerardushoeve
St Antoniushoeve
St Willibrordushoeve
Meerlebroek
St Gerardusweg
Burgerweg
St Petrushoeve
Heidenheimse Weg
Heidenheim
Waterop Kasteel
St Jozefshoeve
St Jozefdijk
Prinsendijk
Heydweg
Boschheide
De Bosberg
Dassen-Berg
Gp 426
Gp 425

Schwalmtal

Die Schwalm ist ein typischer kleiner Flachlandfluss, der südlich von Wegberg entspringt und nach ca. 45 km nördlich von Swalmen in die Maas mündet. Während sie die letzten Kilometer auf niederländischer Seite noch natürlich mäandert, ist sie auf deutscher Seite – mit Ausnahme einzelner Abschnitte in den Naturschutzgebieten südöstlich von Niederkrüchten – größtenteils begradigt und ausgebaut. Vor allem in den naturbelassenen Teilen ist die Schwalm besonders fischreich, hier konnten 25 verschiedene Arten nachgewiesen werden, darunter die Bachforelle und die Äsche. Noch bis um 1900 besaß der kleine Fluss eine große wirtschaftliche Bedeutung: Auf den angrenzenden sandiglehmigen Feldfluren wurden überwiegend Flachs und Roggen angebaut, deren Samen/Körner in über 30 Mühlen an der Schwalm zu Öl bzw. Mehl verarbeitet wurden.

6 *Asselt*

An einem besonders malerisch gelegenen Punkt der Etappe steht die St. Dionysiuskerk von Asselt. Hier befand sich bereits im Jahre 881 eine fränkische Festung, die von den Normannen zerstört wurde. Von dem Bauwerk aus dem 12. Jh. steht heute noch der Chor aus Maasgeröll und Kohlensandsteinblöcken. Für den Bau der Ostmauer verwendete man Kacheln aus der Römerzeit. Der Turm wurde 1550 errichtet, nachdem der frühere von den Wassern der Maas zum Einsturz gebracht worden war. Bei der Restaurierung 1916-17 baute Pierre Cuypers die Kirche in westlicher Richtung aus.

Heimatmuseum Asselt

Gegenüber der Kirche befindet sich das Heimatmuseum. Neben einer Sammlung von archäologischen Funden, historischen Waffen und Hausrat bietet es einen kurzen Überblick über die Geschichte des Judentums und der Freimaurer.

7 *Roermond*

Fahne der Jakobusbruderschaft Roermond

Aus welcher Richtung man sich auch Roermond nähert – die goldene Statue des Stadtheiligen Christophorus auf dem Turm der Kathedrale weist jedem den Weg. Der Name Roermond leitet sich von den lateinischen Begriffen „mundium“ und „Rura“ ab und bedeutet „befestigter Ort an der Roer“. Die Annahme, der Name gehe darauf zurück, dass bei dieser Stadt die Roer in die Maas mündet, ist ein Irrtum. Die Maas floss früher einige Kilometer weiter westlich und wurde zwischen 1338 und 1342 Richtung Stadt umgeleitet. Der Lauf der Roer wurde ebenfalls künstlich verändert, damit der Fluss besser als städtischer Transportkanal genutzt werden konnte. Im 14. und 15. Jh. entwickelte sich Roermond zu einem blühenden Handelszentrum, wozu auch die Aufnahme in den Hansebund im Jahre 1441 beitrug. Da sich die Stadt im Laufe ihrer Geschichte in den Händen verschiedener Herrscher befunden hat, war Roermond auch einige Male Hauptstadt des so genannten „Oberquartiers“ (Gebietsteil) des Herzogtums Geldern. Seit ihrer Er-

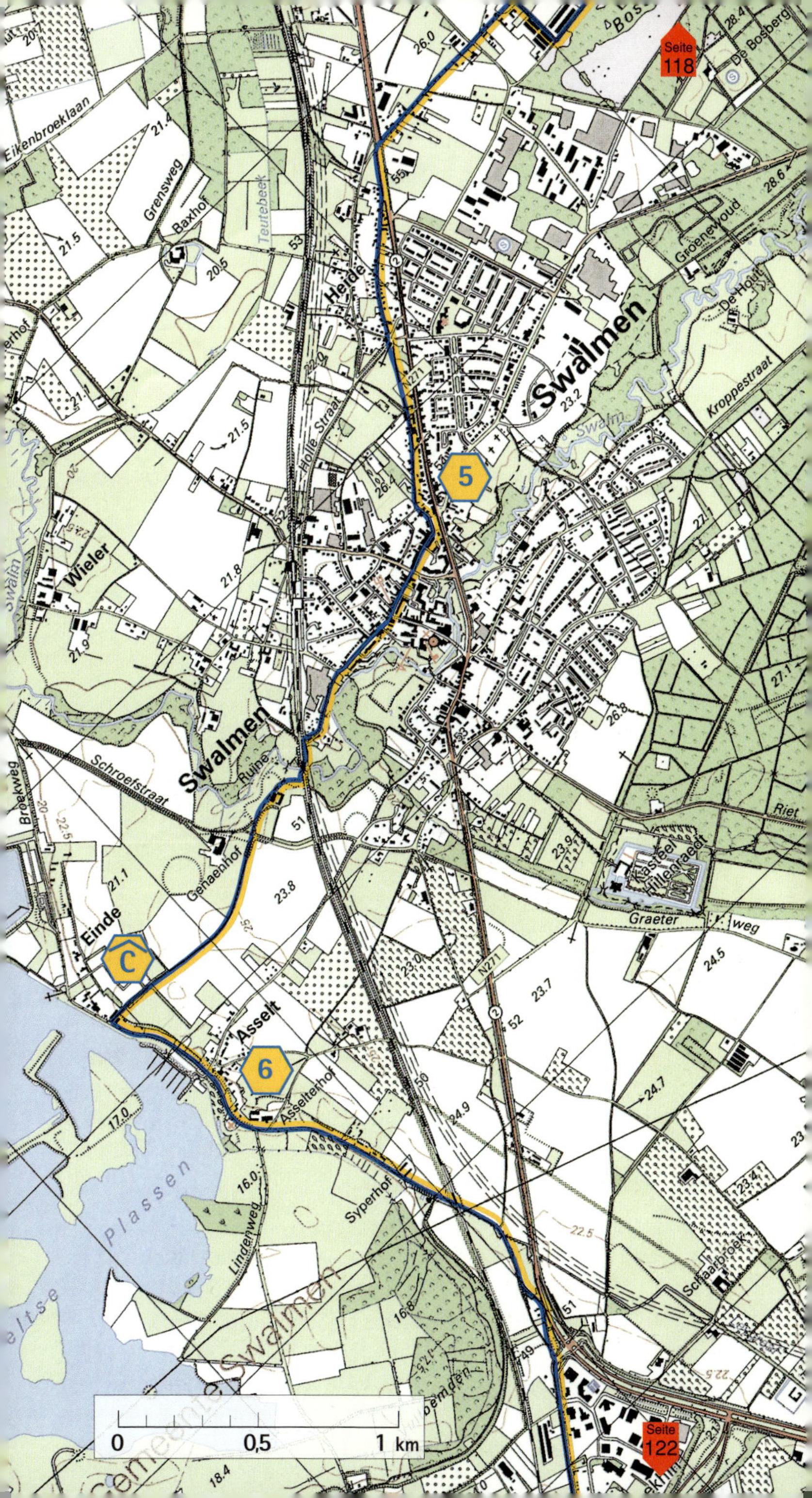

Seite 118
De Bosberg
Eikenbroeklaan
Grensweg
Baxhof
Teutebeek
Heide
Groenewoud
De Hout
Swalmen
Kroppestraat
Swalm
Holle Straat
5
Wieler
Swalmen
Ruïne
Schroefstraat
Broekweg
Genaenhof
Einde
C
Kasteel Hillenraedt
Graeter weg
Riet
N271
Asselt
6
Asselterhof
Plassen
Syperhof
Lindenweg
Schaarbroek
Gemeente Swalmen
Seite 122
0
0,5
1 km

Seite 121
ROERMOND
MAAS
Leeuwen
Willem-Alexander
Papierfabr
Broekhin
Roer
Roerweg
Groote Stadsweide
Schippershaven
Donkernack
Maaswaard
Jachthaven
Roodebrug
Roodververij
7
PH
i
1
C
A. Caroluskapel
B. St. Christoffelkerk
C. Munsterkerk
d. ehem. Ursulinenklooster
e. ehem. Bischofspalais 1666
f. Godshuis 1681-1700
g. Haus „De Stenen Trappen" 166
h. Rathaus
i. Kraanpoort
j. Stenen- oder Maria Theresiabrug
k. Voorstad St. Jacob
0
0,5
1 km
Seite 131

nennung zum Bischofssitz im Jahre 1559 ist Roermond das religiöse Zentrum der überwiegend katholischen Provinz.

An den Fassaden mehrerer Gebäude kann man Nischen entdecken, in denen sich Marienbilder bzw. Bildnisse anderer Heiliger befinden, beispielsweise Rochus oder Franziskus. Diese werden als „Putbeelden", d. h. als Darstellungen von Brunnenheiligen, bezeichnet. Das niederländische Wort „Put" (= Brunnen) stand ursprünglich für eine Vereinigung oder Ansammlung von benachbarten Gebäuden, die um einen Brunnen herum errichtet worden waren. Innerhalb einer solchen Vereinigung kümmerte man sich um die Belange der dazugehörenden Bewohner und um alle Angelegenheiten der Wasserversorgung. Hierzu gehörten auch Aspekte wie der Brandschutz. Jede Gemeinschaft besaß ihren eigenen Schutzpatron, dessen Bild oder Statue sich in der Nähe des Brunnens befand oder, in späteren Zeiten, mitunter auch auf der Wasserpumpe befestigt wurde. Um 1750 zählte Roermond etwa 35 dieser Brunnengemeinschaften.

Wer durch die Swalmerstraat geht, erblickt an deren Südseite, beim Gebäude mit der Nummer 52, eine Unterführung. Dahinter verbirgt sich die im spätgotischen Stil erbaute **Caroluskapel**, die früher zu dem 1376 gestifteten Kartäuserkloster gehörte. Nach einem Brand im Jahre 1750 erhielt die Caroluskapel ihr heutiges Tonnengewölbe mit Rokokostuckwerk.

Die **St. Christoffelkerk** wurde im 15. Jh. als Pfarrkirche erbaut und diente als Ersatz für ein älteres Gotteshaus. Ursprünglich hatte sie den Grundriss eines griechischen Kreuzes (Kreuz mit vier gleichen Balken)

Marktplatz von Roermond mit Christoffelkerk

Wegekreuze - Vom Gedenkstein zur Kapelle

Die limburgische Landschaft ist reich an christlichen Kleindenkmälern wie Kreuze und Kapellen, die sich häufig am Kreuzungspunkt von Wegen befinden. Bereits bei den Römern war es Sitte, an solchen Stellen Gedenksteine aufzustellen; sie glaubten, dass sich dort die Geister der Ahnen träfen. Andere Kulturen hatten ähnliche Bräuche, und so knüpften die Christen an eine bereits bestehende Tradition an, als sie an diesen Orten später ihre Kreuze aufstellten.

Das älteste erhaltene Kreuz in Limburg ist das Mordkreuz an der Van Tienhoven-Mühle in Wolfshuis, das an die Ermordung des benachbarten Gastwirtes erinnert (s. S. 213). Manche der Kreuze erinnern an Wunder, die sich an der betreffenden Stelle ereignet haben sollen, bei vielen handelt es sich um reine Andachts- oder Bittkreuze, die vor Unheil schützen sollen. Zu ihnen zählen auch die Hagelkreuze, die am Niederrhein ebenfalls vielerorts in der Feldflur zu sehen sind.

In derselben Tradition stehen Kapellen in der offenen Landschaft. Die ersten wurden wahrscheinlich als Schutzhäuschen für ein Kreuz errichtet, aber im Lauf der Jahrhunderte entwickelten sich daraus Kapellen für Marien- oder andere Heiligenfiguren. Die Kleindenkmäler stehen oft im Schutz eines Baumes oder einer Baumgruppe, meistens Linden.

Im 17. Jh. wurden in ganz Europa die Loreto-Kapellen gebaut. Sie gehen auf eine Legende zurück, nach der die letzten Kreuzritter, die 1291 das Heilige Land verließen, alle Reliquien mitnahmen, außer einer, die zu groß war: das Geburtshaus von Maria. Doch Engel trugen das Haus daraufhin nach Dalmatien. Weil die dortigen Bewohner sich aber über das Geschenk nicht erfreut zeigten, versetzten die Himmelsgeister es erneut, diesmal nach Loreto in Italien. Hier entwickelte es sich schon bald zu einer beliebten Wallfahrtsstätte, die zum Nachbau des Marienhauses an unzähligen Orten führte. Auf unserer Pilgerstrecke können wir mit der Thorner Kapel onder de linden eine solche Loreto-Kapelle besichtigen, und auch das kleine Kirchlein in Genooy (s. S. 103) war ursprünglich nach diesem Muster gebaut.

mit einem Turm davor. Im Laufe der Jahrhunderte ist sie jedoch so oft erweitert und umgebaut worden, dass schließlich eine dreischiffige Kirche mit einem eingebauten Westturm entstanden ist. Der Sakramentsaltar aus dem Jahre 1595 ist, was Größe, Aufbau und Dekoration anbetrifft, einzigartig. Das älteste Kunstwerk der Kirche ist das aus dem 13. Jh. stammende Gabelkreuz aus der alten Zisterzienserinnenabtei von Dalheim in Deutschland.

Munsterkerk in Roermond, davor Denkmal für P. J. H. Cuypers

An der Marktseite der Kathedrale kann man durch ein Fenster das Jakobusreliquiar (Abb. S. 112) auch von außen betrachten. Das Fenster gehört zu der Jakobuskapelle, die das Zentrum der Jakobusgesellschaft von Roermond ist (s. S. 113).

Die **Munsterkerk** aus dem 13. Jh. war die Klosterkirche einer Zisterzienserinnenabtei. Typische Merkmale des rhein-maasländischen Baustils lässt sie äußerlich St. Aposteln in Köln sehr ähnlich erscheinen. Vor dem Chor liegen auf einem Hochgrab aus der Zeit um 1240 die Skulpturen der Kirchenstifter Graf Gerhard IV. von Geldern und Margaretha von Brabant. Die Munsterkerk besitzt ein um 1525 in Antwerpen angefertigtes Passionsretabel, das mit der Marienerscheinung des hl. Bernhard und der Marienkrönung auf der Außenseite typische Zisterzienserthemen zeigt.

Apostelleuchter, Munsterkerk, Roermond

St Jacobus

ETAPPE 7

Roermond – Maaseik

28 km

25 km
A
Alternativstrecke

Auf dieser Etappe lassen sich die Veränderungen, die an dem Flusslauf der Maas in der jüngeren Vergangenheit vorgenommen wurden, gut erkennen. Die Maas war zu allen Zeiten ein bedeutender Handelsweg, doch konnte sie als niederschlagsabhängiges Fließgewässer nur dann genutzt werden, wenn sie genügend Wasser führte. Im 20. Jh. wurden daher Stauwerke und Schleusen angelegt, um die Schiffbarkeit zu verbessern. Darüber hinaus sind durch den Kiesabbau entlang der Maas große Seen entstanden, die heute als Erholungs- und Naturentwicklungsgebiete dienen.

Pilgerspuren ...

Von der umwehrten Stadt Roermond führte bereits im 14. Jh. eine Brücke über die Roer in die Voorstad St. Jacob, deren Brunnen und Brunnengemeinschaft (s. S. 123) unter dem Patronat des hl. Jakobus standen. Hier befand sich auch eine Herberge für Pilger. Die 1456 errichtete Jacobuskapel fiel um 1580 Zerstörungen durch den Krieg zum Opfer und wurde nicht neu aufgebaut. Erst 1940 entstand eine kleine Pfarrkirche, die wieder dem Heiligen geweiht wurde.

In der Ortschaft Ool südlich von Roermond wurde im 13. Jh. eine Fähre in Betrieb genommen, mit deren Hilfe die Pilger das andere Ufer der Maas erreichen konnten. Hier steht seit dem Jahre 1783 eine Kapelle mit der Statue des hl. Johannes Nepomuk. Es heißt, dass dieses Bildnis gegen den Strom im Wasser treibend genau bei der Fähranlegestelle von der Maas ans Ufer gespült worden sei.

In der kleinen Stadt Wessem am anderen Ufer des Flusses befand sich in der Zeit vor 1800 ein Refugio, eine Pilgerunterkunft; doch leider existieren hierüber keine weiteren Informationen.

Hinter Thorn, in Kessenich, stößt der Weg der Jakobspilger, die aus den nördlichen Niederlanden kommen, auf den unsrigen. Kurz zuvor führt er an der neoromanischen

Links:
Jakobus, Voorstad St. Jacob, Roermond

Jakobusfigur und -kirche, Hunsel

Jakobus in St. Antoniuskerk, Hunsel-Ell

Jakobuskirche von Hunsel vorbei. In ihrer Umgebung sind für die Willibrorduskirche von Stramproy (1523), für die Severinuskirche in Grathem (um 1560) und für die Lambertuskirche in Neeritter (1400) Altäre zu Ehren des hl. Jakobus bezeugt *(Museumsschriften des Kreises Heinsberg, 16)*.

Heute sucht man in diesen Kirchen vergeblich nach Jakobusspuren, aber in der St. Antoniuskerk des Hunseler Ortsteils Ell kann man einen prächtigen mittelalterlichen Jakobus im Pilgerornat bewundern.

In Maaseik wurden die Pilger einst von der dortigen St. Jakobusbruderschaft empfangen, die eine eigene Jakobuskapelle besaß. 1462 machte die Bruderschaft dem Orden vom Heiligen Kreuz den Vorschlag, sich in Maaseik niederzulassen und ihre in der Bosstraat gelegene Kapelle als neues Domizil zu nutzen. Doch erst zehn Jahre später nahmen die Kreuzherren die Aufgabe an, sich um die Pilger zu kümmern. Nachdem die spätgotische St. Jacobskapel wegen Baufälligkeit abgerissen worden war, wurde 1767 die heutige St. Jacops-Kercke errichtet. Im Verlauf der französischen Herrschaft in den Niederlanden fiel auch dieses Gotteshaus der Säkularisation anheim. Erst 1855 kamen die Kreuzherren wieder zurück an die Kirche.

Von Maaseik aus ist ein Abstecher zu der wenige Kilometer westlich gelegenen St. Lambertuskerk in Neeroeteren für Pilger sehr interessant. Zu ihren herausragenden Kunstwerken zählen lebensgroße Holzskulpturen der Pilgerheiligen Christophorus, Rochus, Renildis und Jakobus, die der maasländische Meister von Elsloo im 16. Jh. schuf. Die Darstellung der hl. Renildis mit eng anliegender Mütze, Pilgerstab, Rosenkranz, Reisetasche und Trinkbecher auf dem Rücken, ist einmalig. Von demselben Schnitzer stammt auch die Apostelreihe auf dem Triumphbalken (s. a. S. 179), in der uns Jakobus der Ältere in Pilgerkleidung erstaunlicherweise gleich zweimal begegnet. Bei einem Rundgang lassen sich darüber hinaus noch zwei neogotische Jakobusfenster ausfindig machen – eine wirklich ungewöhnliche Häufung für eine Kirche, die nicht unter dem Patronat des Apostels steht!

Wegbeschreibung und Hinweise

Strecke bis Thorn mit Alternativroute bei Hochwasser (A)

28 km

28 km

25 km

A

Wegstrecken zu Fuß und per Rad sind weitgehend identisch.
Schwierigkeitsgrad zu Fuß und per Rad: leicht, überwiegend auf verkehrsarmen Straßen und Wirtschaftswegen, teilweise auf Pfaden

Ausgangspunkt Roermond, Markt: Bei der VVV darüber informieren, ob die Fähre von Ool in Betrieb ist, sonst nur Hauptroute benutzen.

Hauptroute: Beim Verlassen des VVV rechts Luifelstraat, die 3. Straße rechts Brugstraat und geradeaus über die Steenen Brug, links durch die „Voorstad St. Jacob" **(1)**. Am Maasufer entlang über die Rode Brug bis nach Merum. Im Ort links bis Gabelung Ortsausgang, rechts bis zur Maas, Uferweg nach links folgen, links bis Maastrichterweg, diesem rechts folgen und 1. Weg rechts zur Maas. Entlang der Maas, an Bahntrasse links Eikenstraat, rechts Veestraat, 1. rechts Groenstraat bis Ende, links Oeveren, an der Kirche rechts und durch das Naturgebiet Linnerweerd **(2)** zur Schleuse Osen. Nach Überqueren links und nach ca. 300 m vor Bauernhof rechts. Bei der Hochspannung geradeaus bis Ortsrand Heel **(3)** und links nach Pol. Dort rechts über zwei Brücken bis zur Autobahn, davor links und am Maasufer Straße unterqueren. Nach ca. 250 m halbrechts zum Markt von Wessem **(4)**. Auf der Waagenaag, rechts über den Verbindungsweg, links auf Thornerweg, nach ca. 200 m rechts Wessemerweg bis zur Kapelle, Panheelderweg links, am Sportplatz links Weijersweg, am Ende rechts – Parkplatz überqueren und auf Fußweg ins Zentrum von Thorn **(5)**. Weiter entlang der Daal- und Beekstraat, dann rechts Kessenicherweg über Kessenich, Geistingen und Ophoven nach Aldeneik **(6)**. Über „Napoleonsbaan" zum Markt von Maaseik **(7)**.

Alternativroute: Hinter der Rode Brug links und nach ca. 300 m im Rechtsbogen über den „Hondsbergje". Rosslag an der Kreuzung rechts dem Weg zur Fähre von Ool folgen. Nach Übersetzen links über Parkplatz zum Kanalweg; dort links zur Schleuse von Osen. Weiter siehe Hauptroute.

Weg im Maastal

1 *Voorstad St. Jacob*

Nachdem 1342 die Maas umgeleitet worden war, entstand auf dem zwischen ihr und der Roer gelegenen Gelände die Voorstad St. Jacob. Entlang der Hauptstraße stehen eine Anzahl schmucker Häuser, an denen die typischen Elemente der maasländischen Baukunst zu erkennen sind (s. S. 150). Im Jahre 1940 wurde hier die neue St. Jacobuskerk errichtet (s. S. 127), die wegen ihrer Farbe auch „het Witte Kerkje", das weiße Kirchlein, genannt wird. Da die Pfarrgemeinde nicht viel Geld zur Verfügung hatte, ist der Bau sehr bescheiden ausgefallen. Quer über der Kirche, die 1998 geschlossen wurde und seitdem als Nachbarschaftszentrum genutzt wird, befindet sich ein Theatersaal. Auf der gegenüberliegenden Straßenseite steht ein von Dolf Wong geschaffenes Jakobusbildnis (Abb. S. 126).

2 *Naturgebiet Linnerweerd*

Die Linnerweerd ist das Relikt einer noch natürlich überschwemmten und von Auskiesungen verschonten Flussauenlandschaft der Maas. Einzelne kleinere Altarmrinnen und ein vom Vlootbeek durchflossener alter Maasmäander lassen bis heute die Dynamik des Flusses in früherer Zeit erahnen.

Ein besonderer Blickfang in dem von Grünland, Ackerland und Pappelplantagen geprägten, ca. 130 ha großen Schutzgebiet sind die Seerosenbestände, die ab Juni in den Altwassern blühen.

Schleusenanlage, Linnerweerd

Gemeente Roerm
Plas Hatenboer
Marina Oolderhuuske
Lateraalkanaal
Beegden
Ool
MAAS
Oolderplas
Herten
Drusushoeve
Isabellegreend
Merum
Hoeve St Joseph
Gerelingsplas
Spoorplas
Aan de Rijksw
Chem.fabr.
Trafostation
Heysterum
Seite 122
Seite 132
Moerstraat
Beegderveld
Ruïne
0
0,5
1 km

0
0,5
1 km
Gemeente Heel
Langven
Beegden
Seite 131
Heldeweg
Beegderveld
Molen
Reutsberg
N566
Pannenhof
Nederhoven
Sleijebeek
Heel
St Joseph
3
Osen
Jagerslust
Huize St Anna
Seite 134
Pol
Stuw
Waterkracht centrale
Ravenburg
Weerd
Heysterum
MAAS
Gemeente Maasbracht
Molengreend

Die Linnerweerd ist auch wegen ihrer technischen Wasserbauwerke von Interesse. Dazu gehören ein Stauwerk, ein großer Schleusenkomplex bei Osen aus den 1920er Jahren, mit dessen Hilfe man versuchte, die kanalisierte Maas schiffbar zu machen, sowie eine Wasserkraftzentrale. Darüber hinaus befinden sich hier das Kasteel Heysterum und das Haus Ravenburg. Beide Bauwerke stammen aus dem 18. Jh.. Ein weiteres, das Kasteel Osen, musste im Jahre 1918 abgerissen werden, damit an der Maas das Stauwerk errichtet werden konnte.

Margeriten

3 *Heel*

Die Einwohnerzahl des Dorfes Heel, das bereits im 13. Jh. erwähnt wird, wuchs nach 1880 durch die Ankunft der Kongregation „Kleine Broeders en Zusters van de H. Jozeph" (Kleine Brüder und Schwestern des hl. Joseph). Sie erwarb das aus dem 17. Jh. stammende Schloss Heel und erweiterte es um eine Kirche im neoromanischen Stil und einen 1908 gestifteten Neubau im Neorenaissance-Stil. In dem weitläufigen Komplex werden heute geistig Behinderte betreut.

Pfarrkirche St. Stefan, Heel

4 *Wessem*

Obwohl Wessem bereits 1118 die Stadtrechte verliehen bekam, ist diese frühmittelalterliche Handelsniederlassung ein kleiner Ort geblieben. Die St. Medarduskerk aus dem 11. Jh. war nach dem Krieg nur noch eine Ruine und wurde zwischen 1949 und 1951 neu aufgebaut. Der Architekt Frits Peutz orientierte sich dabei allerdings stark am Aussehen des Vorgängerbaus, der einen kleeblattförmigen Chor besaß.

Vor der Kirche steht eine aus Bronze geschaffene Kuhherde – ein Denkmal, das von Dolf Wong gestaltet und anlässlich der 1991 durchgeführten Kommunalreform aufgestellt wurde. Die Kühe sollen an die Zeit vor dem großen Kiesabbau in Limburg erinnern, als in der Heckenlandschaft an der Maas noch Rinder grasten.

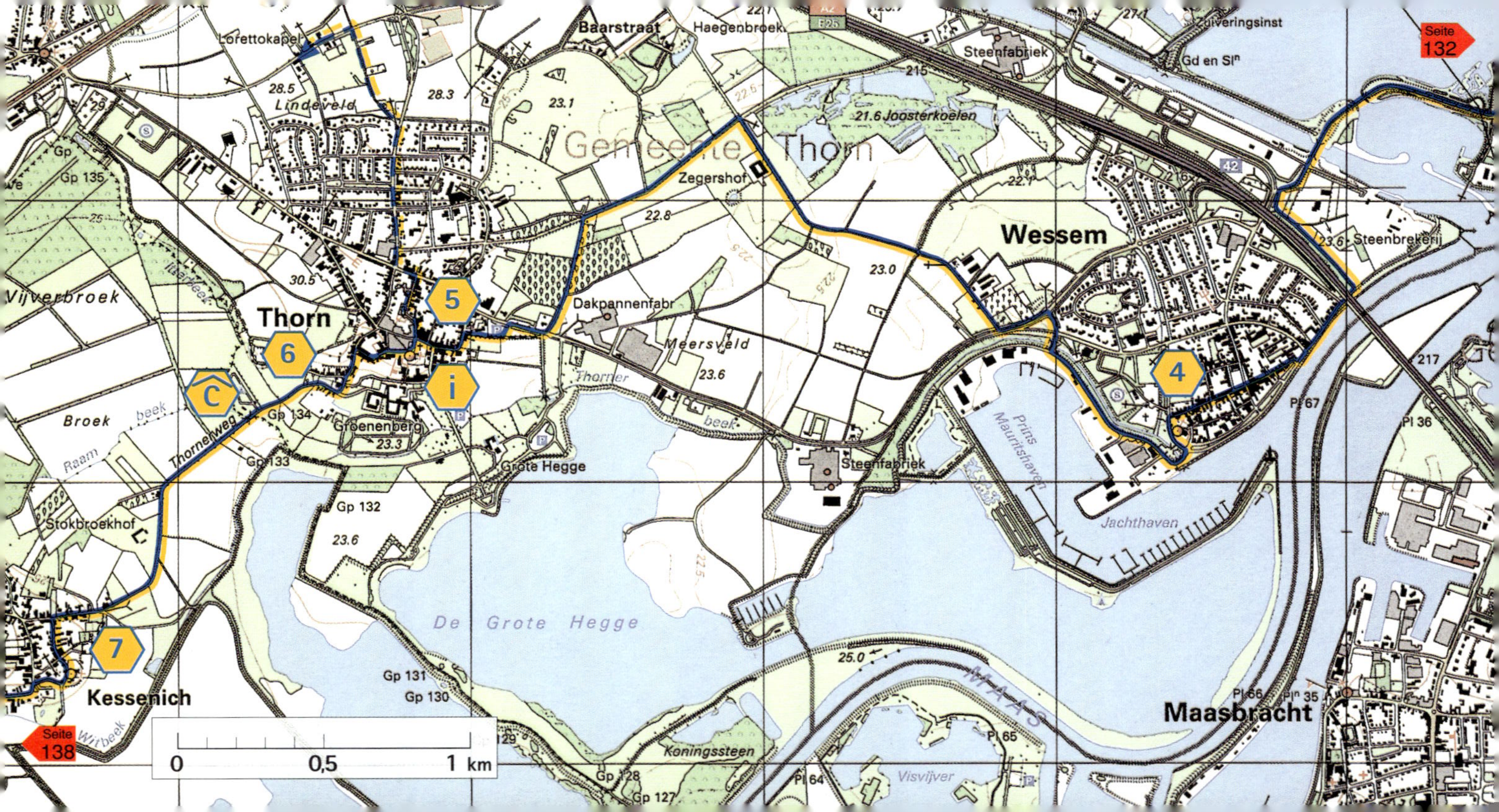
Seite 132
Seite 138
Thorn
Wessem
Maasbracht
Kessenich
Baarstraat
Haegenbroek
Lorettokapel
Lindeveld
Zegershof
Gemeente Thorn
Joosterkoelen
Steenfabriek
Zuiveringsinst
Steenbrekerij
Dakpannenfabr
Meersveld
Thorner beek
Groenenberg
Grote Hegge
De Grote Hegge
Vijverbroek
Broek
Thornerweg
Stokbroekhof
Prins Mauritshaven
Jachthaven
Maas
Koningssteen
Visvijver
Witbeek
0
0,5
1 km

5 *Thorn*

Thorn

Wegen seiner weiß getünchten Häuser wird Thorn auch „het Witte Stadje", das weiße Städtchen, genannt. Im Jahre 965 wurde in dem Ort ein Doppelkloster des Benediktinerordens erbaut, das sich kurz nach 1200 zu einem Stift für Damen aus dem Hochadel entwickelte. Mit Ausnahme der Fürstin-Äbtissin waren die Stiftsdamen jedoch durch kein Klostergelübde gebunden. Von 1320 an war die Äbtissin gleichzeitig souveräne Fürstin von Thorn und den umliegenden Gebieten, bis das Stift im Zuge der Besetzung der Niederlande durch französische Revolutionstruppen 1794 aufgelöst wurde.

Die Stiftskirche, die der hl. Muttergottes geweiht war, besitzt einen im romanischen Stil gestalteten Westbau aus dem 11. Jh. und einen Chor aus dem 13. Jh. mit einer Krypta. Das Langhaus der Kirche datiert aus dem 15. Jh. Unter der Leitung des Lütticher Architekten François Duckers kam es ab 1780 zu einer Neugestaltung des Gotteshauses: Die Wände wurden geweißt und die gotischen Sockel und Kapitelle von den Säulen entfernt. Darüber hinaus wurde in dem neoklassizistischen Innenraum der Kirche ein Altar im Rokokostil aufgestellt, der aus dem Kartäuserkloster von Roermond stammte. Bei den von Pierre Cuypers gegen Ende des 19. Jh. durchgeführten Restaurierungen wurden alle neoklassizistischen Fensterumrahmungen entfernt, der südliche Nebenchor erhielt ein großes Spitzbogenfenster und auf dem Westbau wurde ein neogotischer Turm errichtet.

Die Bebauung Thorns, auch diejenige des bürgerlichen und des landwirtschaftlich genutzten Ortsteils neben dem Stift, stammt größtenteils aus der Zeit nach 1645, als ein Brand den Ort heimgesucht hatte.

Stadtmodell, Museum Thorn

6 *Das Jakobushäuschen von Thorn*

Kurz bevor wir den Ort verlassen, führt der Weg an einem schmucken, aus Backstein errichteten Bildstock vorbei, der dem hl. Jakobus geweiht ist. Er wurde im Jahr 2000 von einem Thorner Bürger aus Dankbarkeit errichtet, der damit an eine Jahrhunderte alte Tradition anknüpft.

Der Blick ins Innere des Häuschens fällt auf eine Jakobusfigur, verschiedene Devotionalien sowie den Hinweis, dass sich der vorbeiziehende Jakobspilger seinen Besuch in Thorn nebenan durch einen Stempel im Pilgerpass bestätigen lassen kann.

Jakobusbildstock, Thorn, und Pilgerstempel

7 *Kessenich*

Im Ortszentrum Kessenichs erhebt sich gegenüber der Kirche ein großer Erdhügel mit einer neogotischen Grabkapelle, in deren Gruft die Mitglieder der Familie Michiels aus Kessenich ruhen. Ursprünglich befand sich an dieser Stelle eine kleine, zur Verteidigung aufgeschüttete Erhebung, auf der ein achteckiger Wohnturm aus dem Jahre 1136 stand. Kessenich soll seinerzeit recht wohlhabend gewesen sein. Sowohl der Ort selbst als auch die Burg waren typisch für die „kleinen Dynastien" jener Zeit. Der Landesherr wohnte mitten in seinem überschaubaren Herrschaftsgebiet und verwaltete es von seiner Wohnstatt aus. Im Laufe der Zeit verfiel die Burg und wurde im 19. Jh. mit Erde bedeckt. Später errichtete man dann auf dem Hügel die heutige Kapelle.

8 *Aldeneik*

Zu Beginn des 8. Jh. stifteten zwei fränkische Edelleute, Adelhard und Grinuara, an diesem Ort eine Benediktinerabtei, offenbar in der Nähe einer an der Maas gelegenen Siedlung. Dies entsprach der von den Franken verfolgten Politik, die Verbreitung des christlichen Glaubens mit der Festigung der eigenen Macht zu verbinden, bei der sie sich der Unterstützung durch irische und englische Mönche bedienten. Die angelsächsischen Missionare Willibrord und Bonifatius besuchten die Abtei von „Eycke" (Eiche), und möglicherweise weihte Willibrord die beiden Schwestern Harlindis und Relindis zu den ersten Äbtissinnen. Da Re-

lindis im 7. Jh. eine Pilgerfahrt nach Jerusalem unternommen hat, wird sie oft auch als Pilgerin mit einem Rosenkranz dargestellt.

Nach ihrem Tod wurden die beiden Äbtissinnen in Sarkophagen, die sich noch heute in der Kirche befinden, beigesetzt und später heilig gesprochen. Im 10. Jh. übernahmen Kanoniker das Kloster und blieben dort bis zum Jahre 1570; dann verlegten sie ihren Sitz nach Maaseik. Der Kern der dreischiffigen Kirche ohne Querschiff wurde in der zweiten Hälfte des 12. Jh. errichtet, Ende des 13. Jh. der gotische Chor. Nach dem Fortgang der Kanoniker verfiel das Kloster, die Seitenschiffe wurden abgerissen und die Bögen des Mittelschiffes zugemauert. Im Rahmen einer gründlichen Erneuerung des Gotteshauses um 1852 erfolgte der Anbau des mächtigen neoromanischen Westbaus mit Glockenturm. Nach der Restaurierung der Außenmauern in den letzten Jahren wird nun der Kirchenraum renoviert.

St. Anna, Aldeneik, und die ersten Äbtissinnen

Südlich des Gotteshauses befindet sich eine Kapelle. Hier soll der Überlieferung nach Willibrord bei einer Quelle, die dem germanischen Gott Wotan geweiht war, einen Brunnen gegraben und gemeinsam mit einigen Gefolgsleuten ein Gotteshaus errichtet haben. Dies war eine gebräuchliche Vorgehensweise, um heidnische Orte zu christianisieren.

9 *Maaseik*

In dieser Stadt sind viele Beispiele für den nüchternen, aber eleganten maasländischen Baustil des 17. Jh. zu sehen (s. S. 150). Häuser wie die Stadtapotheke „De Blauwe Leeuw“ und „De Bonten Os“ am Marktplatz gehören sicherlich zu den schönsten Gebäuden des Ortes. Die meisten Häuser stammen aus der Zeit nach dem Stadtbrand von 1684, bei dem viele Bauten aus Holz und Fachwerk Opfer der Flammen wurden.

Der von Norden zum Markt verlaufende Weg führt an der St. Jacops-Kercke vorbei (s. a. S. 128). Sie wurde wahrscheinlich von dem

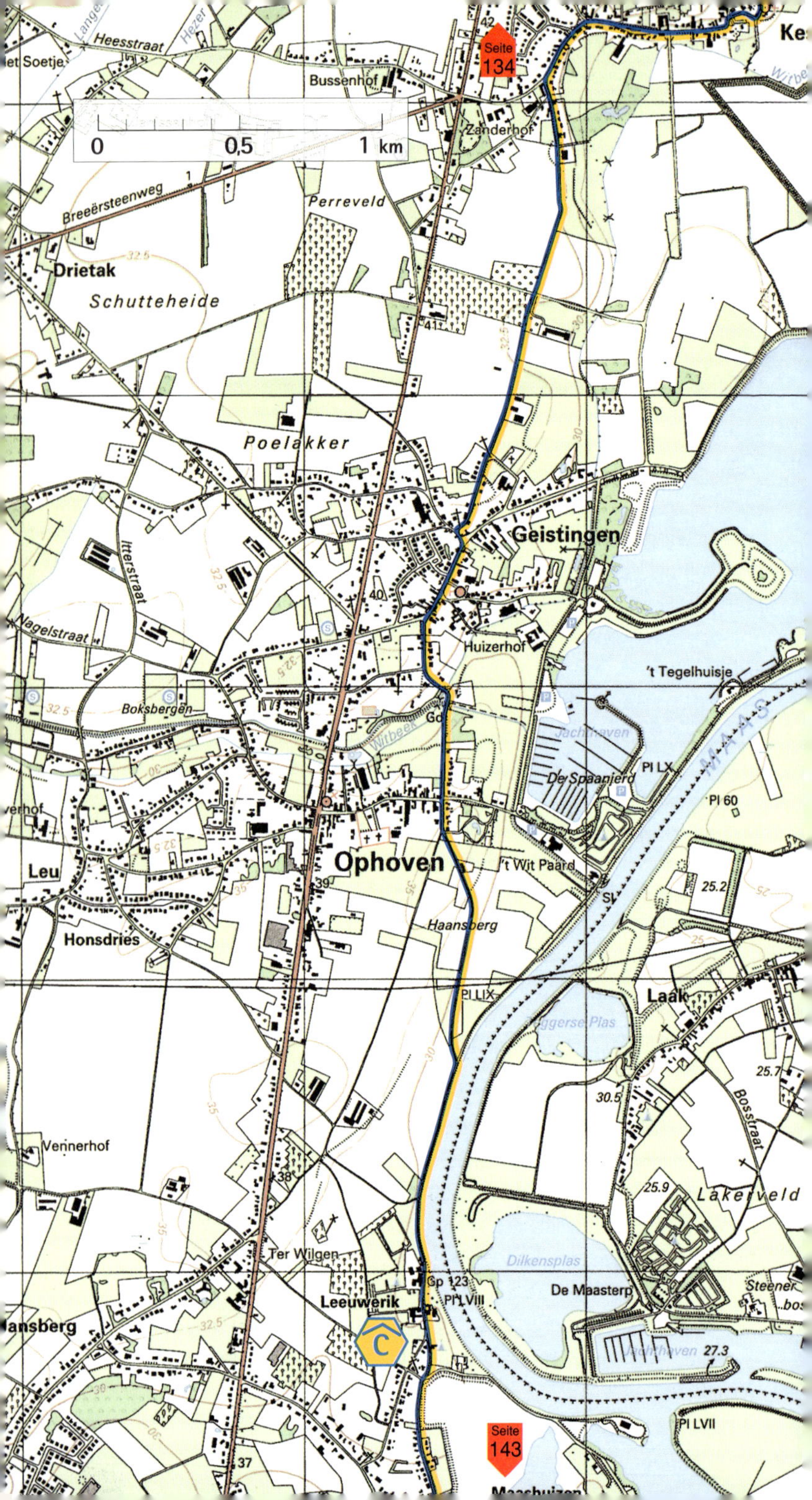

Seite 134
0
0,5
1 km
Heesstraat
Bussenhof
Zanderhof
Breeërsteenweg
Perreveld
Drietak
Schutteheide
Poelakker
Geistingen
Itterstraat
Nagelstraat
Huizerhof
't Tegelhuisje
Boksbergen
Witbeek
Jachthaven
De Spaanjerd
MAAS
Pl LX
Pl 60
Ophoven
't Wit Paard
Leu
Honsdries
Haansberg
25.2
Laak
Pl LIX
25.7
30.5
Bosstraat
Vennerhof
25.9
Lakerveld
Ter Wilgen
Dilkensplas
Gp 123
Pl LVIII
De Maasterp
Leeuwerik
C
27.3
Pl LVII
Seite 143

Aachener Architekten Johann Joseph Couven erbaut. Das schlichte Äußere des Bauwerks aus dem Jahre 1767 steht in starkem Kontrast zum prachtvollen Interieur mit schönem Stuckwerk und Verputz im Louis-XV- oder Rokokostil. Während das benachbarte Kloster durch die französische Besatzung beschlagnahmt und später abgerissen wurde, blieb der Kirche der Kreuzherren, die 1855 nach Maaseik zurückkehrten, dieses Schicksal erspart. Im Stuckwerk zwischen den Bögen finden sich die Devotionalien der Kreuzherren: im fünften Gewölbe der Wanderstab des hl. Jakobus, des Schutzpatrons der Kirche, und die Fahne der hl. Odilia, Weggefährtin der hl. Ursula von Köln und Schutzpatronin der Kreuzherren. Der Schnitzaltar im Barockstil stammt aus der alten St. Jacobskapel. Das großartige Altargemälde wurde vermutlich von Antoon van Dijck geschaffen.

St Jacops-Kercke, die Kirche der Kreuzherren, Maaseik

Die in der Nachbarschaft liegende, im neoklassizistischen Stil erbaute St. Catharinakerk besitzt neogotische Apostelfenster, darunter eines mit der Darstellung des hl. Jakobus. In der Schatzkammer der Kirche wird der aus der ersten Hälfte des 8. Jh. stammende Codex Eyckensis, das älteste Evangelienbuch der Benelux-Staaten, aufbewahrt. Unverkennbar haben bei der Niederschrift dieses Werkes irische und englische Einflüsse eine große Rolle gespielt. Außerdem befinden sich in der St. Catharinakerk die ältesten erhalten gebliebenen angelsächsischen Gewebe Europas, prachtvolle Reliquienbehälter, Meisterwerke der Silberschmiedekunst sowie die Reliquienschreine der Heiligen Harlindis und Relindis, die alle 25 Jahre in einer Prozession von Maaseik zur Kirche von Aldeneik getragen werden.

ETAPPE 8

Maaseik – Sittard

16,5 km

16,5 km

Auf dieser Etappe durchqueren wir den schmalsten Teil der Niederlande, der zwischen der Grenze nach Deutschland und der nach Belgien an seiner engsten Stelle nur fünf Kilometer breit ist. Das Gebiet ist daher auch als die „Taille Limburgs“ bekannt. Zugleich stellt diese Region die Grenze zwischen Nord- und Südlimburg dar. Der Norden hat sich schon immer stärker an Brabant und Geldern orientiert, während das südliche Gebiet eher in Kontakt mit den deutschen Nachbarn und dem Bistum Lüttich stand – eine Entwicklung, bei der staatsrechtliche Verhältnisse eine wesentliche Rolle spielten und die noch heute an den unterschiedlichen Dialekten zu erkennen ist.

Das Landschaftsbild ändert sich hier ebenfalls, der Süden wird langsam hügeliger und kündigt das Heuvelland an. Ebenso unterscheiden sich die Baustile deutlich voneinander. Waren bisher Gelderner Einflüsse zu beobachten, macht sich nun in allen Bereichen der Kunst immer mehr die Nähe Lüttichs bemerkbar.

Links: St. Amelberga, Susteren

Pilgerspuren ...

Der erste Ort dieser Etappe ist Roosteren, für das bereits 1281 eine Jakobusgemeinde erwähnt wird. In der heutigen Kirche befinden sich zwei Bildnisse des Heiligen, die aus dem mittelalterlichen Vorgängerbau stammen, sowie ein Jakobusfenster. In dieser Kirche wurde im 19. Jh. eine Wallfahrt zu Ehren des Limburger Pilgerheiligen Gerlach begründet (s. S. 220): Als 1872 hier eine verheerende Viehseuche ausbrach und die Bauern zunehmend in heidnischen Bräuchen Zuflucht suchten, beschloss der Pastor, eine christliche Alternative anzubieten und ließ eine Figur des Heiligen für seine Kirche anfertigen. Als Schutzpatron gegen Viehkrankheiten gewann Gerlach in der Folgezeit bei den Menschen in der Region große Popularität.

In Susteren werden die Ortsheiligen Vastrada, ihr Sohn Gregor und dessen Neffe Alberich sowie die Äbtissin Amelberga verehrt, die hier begraben sind. Alle sieben Jahre, zur Zeit der Aachener und Maastrichter Heiligtumsfahrt, wurden ihre Reliquien für die vorbeikommenden Gläubigen ausgestellt, die auf ihrem Hin- oder Rückweg die Stiftskirche besuchten. Damals ent-

Willibrordfenster, Susteren

standen auch die tiefen Rillen, die Wallfahrer in die Mittelschiffssäulen der Kirche kratzten. Das abgeschabte Steinmehl diente als wundertätiges Heilmittel – so wie heutzutage noch der „heilige Sand“ am Grab des hl. Gerlach in Houthem.

Kratzspuren in St. Amelberga, Susteren

Im 17. und 18. Jh. unternahmen jedoch immer weniger Menschen eine Fahrt nach Aachen oder Maastricht, sodass die Wallfahrt nach Susteren nahezu versiegte. Erst seit 1888 wird hier wieder im selben Jahr wie in Aachen, Kornelimünster und Mönchengladbach die Heiligtumsfahrt begangen – in Maastricht drei Jahre später. Im Rahmen dieser Festwoche im September wird seit 1937 auf dem Stiftsplatz das Spiel „Weerlicht der Eeuwen“ (Spiegel der Zeiten) aufgeführt, das die Anfänge des Christentums im Maasland in Szene setzt.

Wegbeschreibung und Hinweise

16,5 km

16,5 km

Wegstrecke zu Fuß und per Rad sind identisch.

Schwierigkeitsgrad zu Fuß und per Rad: leicht, mit Ausnahme eines kurzen Teilstücks am Vloedgraaf (Flutgraben) bei besonders schlechtem Wetter.

Ausgangspunkt Maaseik, Markt: Bleumerstraat/Bleumerpoort über die Maasbrücke **(1)**, ca. 175 m nach Brücke links durch das Naturgebiet De Rug **(2)**, Deich überqueren, geradeaus, am Ende rechts, Paasstraat links, Drs. J. Lebensstraat links bis zur Kirche von Roosteren **(3)**. Links, an Kapelle rechts Modenstraat, über Oude Sluis auf die Brücke, Julianakanal und Autobahn überqueren und geradeaus weiter auf dem Maaseikerweg, bei Rechtskurve links auf Roosterderweg zu St. Stephanus in Dieteren, dort links Vleutstraat/Louerstraat bis Oude Rijksweg in Susteren, hier rechts über Marktstraat und links Salvatorstraat zur St. Amelberga Kirche **(4)**. Rechts Relindisstraat, rechts Bach überqueren, danach links über Elzen- und Amelbergaweg in den Wald, an Gabelung links über Topskoulweg, nach Bahngleisen rechts über Funkelweideweg/Delweidestraat zu St. Johannes der Täufer **(5)** in Nieuwstadt. Auf Millenerweg bis Kirche in Millen folgen **(6)**. Rechts Kirchstraße, links Johann-Grein-Straße über Rothenbach Richtung Sittard. An Hochschule dem Geleenbeek folgen bis Odasingel, geradeaus Haspelsestraat, links Deken Tijssenstraat, und nach ca. 150 m links auf dem Dominikanerwall, am Ende die Paardestraat überqueren, weiter auf dem Wall bis Putstraat und danach rechts zum Marktplatz von Sittard **(7)**.

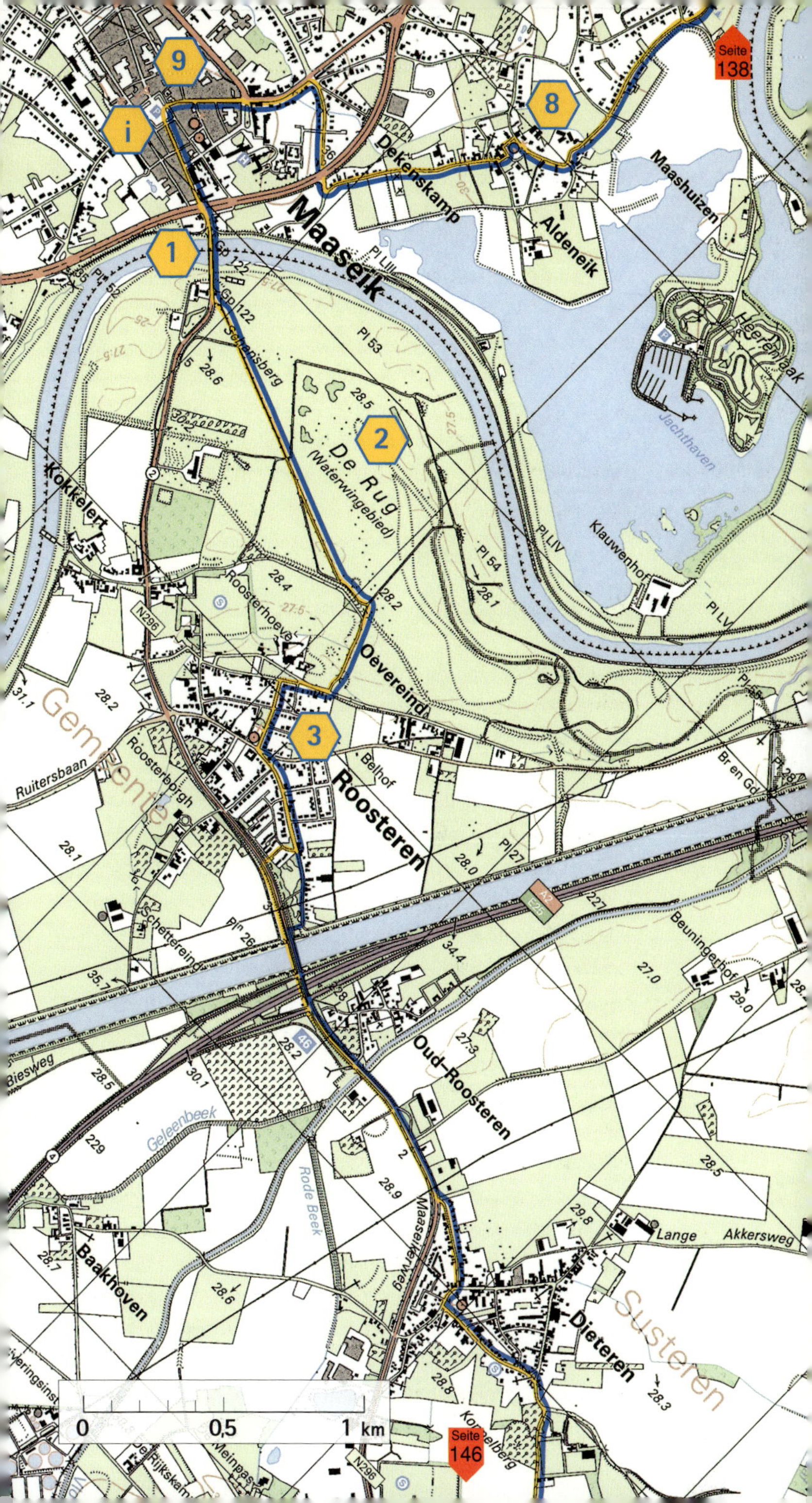

Maaseik
Dekenskamp
Aldeneik
Maashuizen
Heerenlaak
Jachthaven
Klauwenhof
Schansberg
De Rug
(Waterwingebied)
Kokkelert
Roosterhoeve
Oevereind
Roosteren
Belhof
Roosterborgh
Ruitersbaan
Schettereind
Gemeente
Beuningerhof
Oud-Roosteren
Geleenbeek
Rode Beek
Biesweg
Baakhoven
Maaseikerweg
Lange Akkersweg
Dieteren
Susteren
Kolenberg
Meinpas
N296
A2
E25
Seite 138
Seite 146
0
0,5
1 km

Sehenswürdigkeiten entlang der Strecke

1 *Die Maasbrücke von Maaseik – eine Nabelschnur*

Maasbrücke bei Maaseik

Die Fähre, die hier Belgien und die Niederlande miteinander verband, wurde erst 1889 durch eine feste Brücke ersetzt. Auf der heutigen, die aus dem Jahr 1952 stammt, wurde 1999 ein Kunstwerk von Peter Seegers enthüllt: Taue, die durch einen Kreuzknoten miteinander verknüpft sind und an denen bronzene Hände ziehen. Das Kunstwerk ist ein Symbol für die Verbundenheit zwischen Belgisch- und Niederländisch-Limburg. Anlässlich dieser Feier erhielt die Brücke den Namen des Kreuzherren Pater Sangers, der im Rahmen seiner Tätigkeit oft auf die Verbindung zwischen beiden Teilen hingewiesen hatte.

Sie war nicht immer selbstverständlich. Jahrhunderte lang war die Region, die heute unter dem Namen Limburg bekannt ist, ein Flickenteppich aus zahlreichen Gebieten, die verschiedenen Herren unterstanden. Im 18. Jh. beherrschten die Generalstaaten der Sieben Vereinigten Provinzen der Niederlande einen Teil Limburgs, andere Teile wiederum gehörten zu Preußen, zum Fürstbistum Lüttich, zu Österreich oder zum Herzogtum Kleve. Thorn dagegen war beispielsweise souverän, während Maastricht gleich zwei Herren besaß: Die Stadt gehörte sowohl zu den Niederlanden als auch zu Lüttich. Mit dem Beginn der französischen Herrschaft in den Niederlanden 1794 kam es zu einer Neugliederung der Region; sie wurde in die Departements (Verwaltungsbezirke) Nedermaas und Roer aufgeteilt und unter französische Verwaltung gestellt. 1815 fiel das Gebiet aufgrund der Entscheidungen des Wiener Kongresses dann an das Königreich der Niederlande und erhielt den neuen Namen Limburg. Die Provinz bestand aus den heutigen belgischen und niederländischen Teilen Limburgs. Während des belgischen Aufstands gegen die niederländische Staatsmacht zwischen 1830 und 1839 stellten sich die Verwaltungsorgane der Provinz Limburg auf die Seite der Belgier, doch im Zuge der Verhandlungen über die Unabhängigkeit Belgiens kam es zur Spaltung in zwei Teile.

Auf diese Weise wurden die auch heute noch bestehenden politischen und geographischen Verhältnisse in Limburg geschaffen.

2 *Natur- und Wassergewinnungsgebiet „De Rug“*

Infolge der wasserbaulichen Veränderung der Maas in der Vergangenheit, insbesondere durch Ausbau, Begradigung und Eindeichung, kommt es nach lang anhaltenden Regenfällen immer wieder zu Hochwassern. Aus diesem Grund begann man im Jahre 2000 mit der Realisierung des so genannten „Grensmaasproject“ (Grenzmaasprojekt), dessen Ziel es ist, durch Verbreiterung und Vertiefung der derzeitigen Überschwemmungsgebiete die Hochwassergefahr zu mindern. Hierdurch werden Teile der ursprünglichen Auenlandschaft dem Fluss zurückgegeben, die sich jedoch – sofern der Mensch nicht eingreift – von Natur aus über kurz oder lang wieder vollständig bewalden würden. Um diesem natürlichen Prozess entgegenzuwirken, wurden Konikpferde angesiedelt, die durch Verbiss den Aufwuchs von Bäumen und Sträuchern in Grenzen halten. Auf diese Weise ist ein Mosaik aus kleinen Wäldern und Wiesen als Grundlage für eine Vielzahl von Pflanzen und Tieren entstanden. Um den Grundwasserspiegel nicht abzusenken und somit den auetypischen Charakter des Gebietes zu erhalten, wird das für die Trinkwasserversorgung erforderliche Flusswasser der Maas durch Uferfiltrat gewonnen.

Konikpferde im Naturgebiet „De Rug“

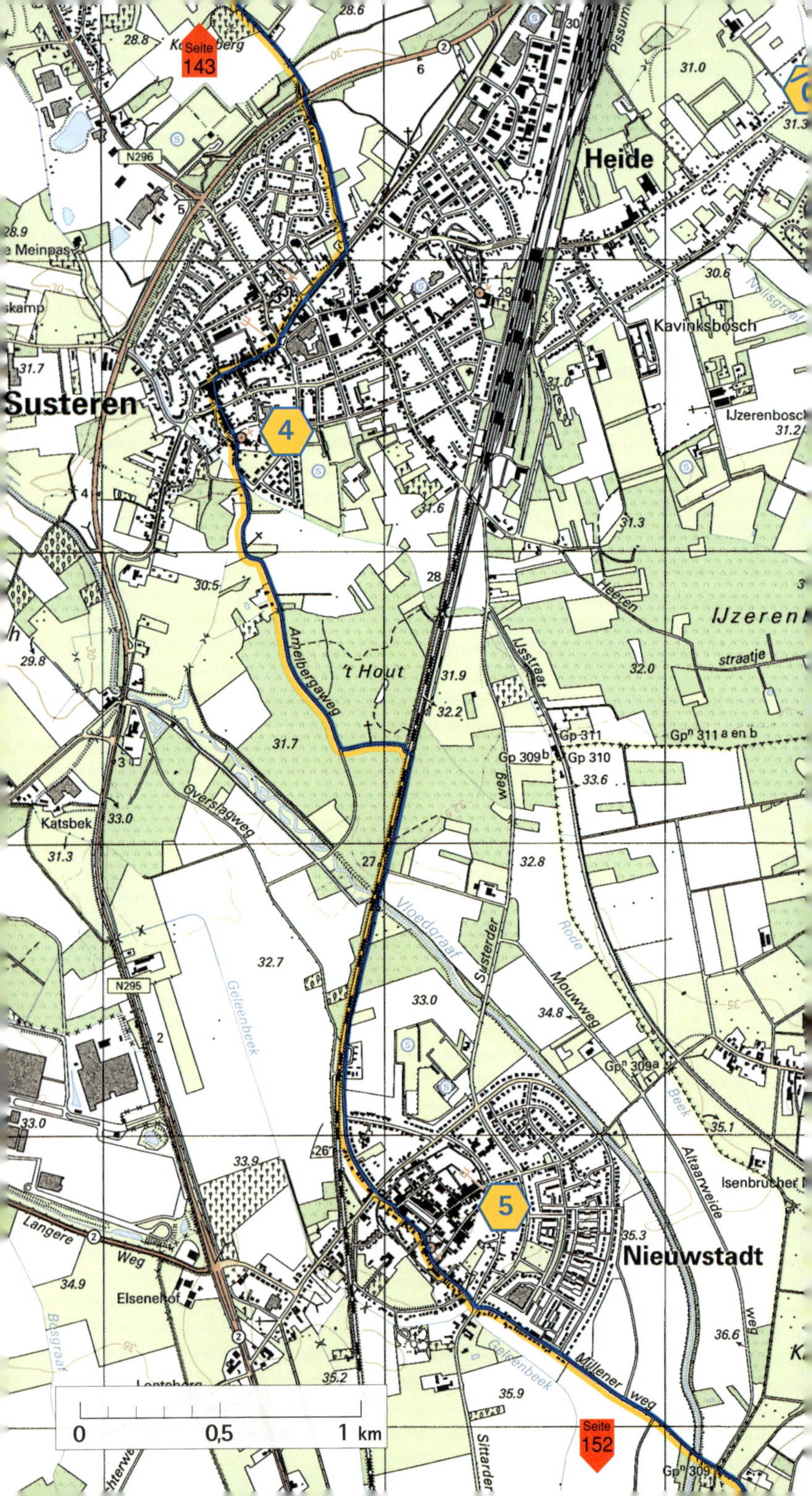
Seite 143
Heide
Susteren
4
Kavinksbosch
IJzerenbosch
'Rode
IJzeren
't Hout
Arnelbergaweg
Overslagweg
Vloedgraaf
Katsbek
Gp 311
Gpn 311 a en b
Gp 309b
Gp 310
N296
N295
Geleenbeek
Mouwweg
Susterder
Altaarweide
Isenbrucher
5
Nieuwstadt
Millener weg
Langere Weg
Elsenehof
0
0,5
1 km
Seite 152
Sittarder

3 *Roosteren*

Der Bau des Julianakanaals in den 1930er Jahren trennte das ursprüngliche Straßendorf Roosteren in zwei Teile. Die mittelalterliche, im 19. Jh. abgerissene St. Jacobuskerk stand in dem Teil, der sich heute jenseits des Kanals befindet. Die von J. H. J. Dumoulin entworfene St. Jacobuskerk im heutigen Ortszentrum wurde 1843 im neoklassizistischen Stil erbaut. Ihr schlichter, weiß verputzter Innenraum ist ein gutes Beispiel für den Kirchenbau im so genannten „Waterstaatstijl" (Wasseramtsstil), der auf ein Gesetz von 1824 zurückgeht: Vom Staat bezuschusste Kirchenneubauten mussten unter Aufsicht der Ingenieure des Wasserbauministeriums errichtet werden. Die mittelalterlichen Jakobusbildnisse zu beiden Seiten des Chors stammen aus der alten Kirche (Abb. rechts und Umschlag vorne).

Die Fortsetzung des Weges führt an einem originellen Bauwerk vorbei, bei dem es sich um eine Kombination aus einer Antoniuskapelle und einem Transformatorenhäuschen handelt.

St. Jakobus, Roosteren

4 *Susteren*

Im Jahre 714 erhielt Willibrord von dem fränkischen Hausmeier (oberster Hofbeamter) Pippin von Herstal das Landgut Suëstra, wie Susteren damals hieß. Auf ihm entstand das kleine, dem hl. Erlöser geweihte Kloster, dessen Abt er später wurde. Es lag am Weg von der Bischofsstadt Utrecht nach Echternach, der Klostergründung Willibrords, und empfing und betreute insbesondere Wandermönche.

Auch die Kontakte zum Rheinland waren eng, wie aus der Lebensbeschreibung des hl. Alberich hervorgeht. Der in Köln geborene Priester war 778 in Köln zum Bischof von Utrecht geweiht und nach seinem Tod 784 in Susteren beigesetzt worden, wo sein Büstenreliquiar zum Kirchenschatz gehört.

Ein weiteres Büstenreliquiar, das der Künstler Jan van Steffeswert anfertigte, zeigt die hl. Amelberga, die König Zwentibold 895 zur Äbtissin der Klostergemeinschaft ernannt hatte.

Im Jahre 1312 wurde das Kloster von Susteren nach dem Vorbild von Thorn in ein Stift für adlige Damen umgewandelt. Nach deren Vertreibung 1794 durch die französischen Revolutionstruppen verfielen die

Gebäude und wurden im 19. Jh. abgerissen. Die Stiftskirche, die nach dem Abriss der Pfarrkirche St. Amelberga im Jahre 1780 deren Funktion und Namen übernommen hatte, ist hingegen erhalten geblieben.

Im 11. Jh. gebaut, ist sie eine der wenigen Kirchen aus dieser Zeit im Rhein-Maas-Gebiet, die ganz erhalten geblieben sind. Was Aufbau und Baustil anbetrifft, hat die Amelbergakerk große Ähnlichkeit mit den Kirchen von Essen und Essen-Werden im Ruhrgebiet: das Nischentriforium im Chor, der Stützenwechsel von Säulen und Pfeilern im Langhaus – der uns schon in Zyfflich am Niederrhein begegnete – und namentlich die Außenkrypta, die der des Essener Münsters bis in Einzelheiten gleicht. Zwischen 1887 und 1891 erhielt der Westbau der Kirche im Zuge einer Restaurierung durch L. von Fisenne und Pieter Cuypers zwei neue Türme und damit dasselbe Erscheinungsbild wie die Klosterkirche von Echternach. Aus dieser Zeit stammt auch der Triumphbalken (s. a. S. 179), der die Kölner Kalvarienberggruppe des 14. Jh. trägt. Die Apostelbildnisse auf dem Balken, darunter auch das des Jakobus, wurden von dem Künstler Arnold Engelbert nach dem Vorbild des Amelbergaschreins geschaffen. Eingerahmt werden sie von den Ortsheiligen Willibrord und Amelberga.

Jenseits des Salvatorplein befindet sich die moderne Schatzkammer, die neben den genannten Büstenreliquiaren und dem Schrein noch weitere Kunstwerke birgt.

Oben: St. Amelberga, Susteren

Unten: Amelberga- und Alberich-Büste, Kirchenschatz, Susteren

5 *Nieuwstadt*

Als der Ort Mitte des 13. Jh. eine Grenzfestung des Herzogtums Geldern wurde, war damit die Verleihung der Stadtrechte und die Errichtung einer Stadtmauer verbunden. Nach ihrer Zerstörung 1398 wurde Nieuwstadt in kleinerem Umfang wieder aufgebaut. Die Pfarrkirche, die Johannes dem Täufer geweiht ist, besteht aus drei deutlich zu unterscheidenden Teilen: dem dreischiffigen Langhaus des 13. Jh., das den Übergang von der Romanik zur Gotik markiert, dem gotischen Chor aus dem 14. Jh. und dem 1927 erbauten Turm.

Nieuwstadt war seit dem 18. Jh. das Ziel von Wallfahrern, die hier den hl. Johannes den Täufer verehrten. Eine so genannte Johannesschüssel mit dem Haupt des Heiligen aus dem 15. Jh. ist heute in die Front des rechten Seitenaltars eingebaut. Sie veranschaulicht in drastischer Weise das Martyrium des Wegbereiters und Zeugen Jesu: König Herodes, dem Johannes öffentlich die unrechtmäßige Verbindung mit seiner Schwägerin Herodias vorgeworfen hatte, stellte Salome – der Tochter aus dieser Verbindung – nach einer Tanzvorführung einen Wunsch frei. Die hasserfüllte Mutter überredete sie, sich das Haupt Johannes des Täufers zu wünschen, das Salome daraufhin auf einer Schüssel gereicht wurde. Die im Mittelalter verbreitete Form des „Johannes-in-Disco“ (niederl. Fachbegriff für Johannesschüssel) konnten wir auf diesem Weg schon im Museum von Kranenburg und in St. Cyriakus in Weeze betrachten, und sie wird uns auch in Maastricht in der Servatiusschatzkammer sowie im Bonnefantenmuseum begegnen. Früher drückte der Priester am Festtag des hl. Johannes, dem 24. Juni, den Gläubigen die Schüssel gegen die Stirn, um sie vor Kopfschmerzen zu bewahren oder davon zu heilen. Der letzte bekannt gewordene Fall, bei dem hier eine Kopferkrankung geheilt worden sein soll, ereignete sich im Jahre 1949.

Johannesfigur und -schüssel, Kirche Nieuwstadt

6 *Millen*

Das kleine Dorf Millen an der deutsch-niederländischen Grenze gehört zur Region Selfkant, deren Name auf die Bezeichnung Safelkant für die Gegend um den Saeffeler Bach zurückgeht. Hier verläuft auch die Grenze zwischen der Verehrung des Pferdepatrons Eligius auf der maasländischen und der des Quirinus auf der rheinischen Seite. Auch die heutige Nikolauskirche stand früher unter dem Patronat des hl. Quirinus von Neuss. Zu seinen Ehren findet alljährlich am ersten Maisonntag eine Prozession statt, die mit der Segnung der Pferde auf dem Millener Kirchplatz abschließt. Dabei wird die Figur eines Ritters mit Lanze, Banner und Schild mit den kennzeichnenden neun Kugeln mitgeführt, die aus

Das Maasland und sein Baustil

Wer nach 1700 von Norden nach Roermond kam, muss das Gefühl gehabt haben, bei Swalmen eine kulturelle Grenze überschritten zu haben. Hier und da waren in der Stadt, seit Jahrhunderten Hauptstadt von Ober-Geldern, typisch geldrisch geschweifte Backsteingiebel zu sehen, gleichzeitig verriet aber das Stadtbild, dass Roermond an das Fürstbistum Lüttich grenzte. Dies lag an den Gebäuden im Stil der maasländischen Renaissance, als deren Ausgangspunkt das bischöfliche Palais in Lüttich (1528-1536) galt. Das auffälligste Kennzeichen dieses Baustils, das Kreuzstockfenster, stammt jedoch aus der Gotik. Seine Konstruktion geht auf den mittelalterlichen Fachwerkbau zurück, wobei das Holz durch Belgischen Granit aus Namur ersetzt wurde – eine steinerne Version des Fachwerks. Da der graue Stein poliert bläulich glänzt, wird er auch Blaustein genannt. Meist wurde er in Kombination mit rotbraunem Backstein verwandt, wodurch die charakteristischen Specklagen entstanden. In Südlimburg wurde der Namurer Blaustein manchmal durch Mergelstein ersetzt.

Die maasländischen Kreuzfenster sind in der Horizontalen durch die Natursteine in Specklagen und vertikal durch die senkrecht darauf stehenden Blöcke desselben Steins gefasst.

Oft sind sie in vier kleine bleiverglaste Fenster unterteilt: unten zwei innen liegende, die mit Läden verschlossen werden können, darüber zwei mit der Giebelvorderseite bündig abschließende. Fenster mit zwei Öffnungen übereinander heißen Klosterfenster, solche mit zwei Öffnungen nebeneinander Doppelfenster. Bei sehr eleganten Stadthäusern besteht manchmal der ganze Giebel aus Blaustein.

Der Stil der maasländischen Renaissance hielt sich bis ins 18. Jh. Nach 1700 wurden zunehmend Fenster gebaut, die die Vertikale betonten. Später veränderte sich auch die Form der horizontalen Elemente: Die Fensteröffnungen schließen oben mit einem Stützbogen in gedrückt halbrunder Form mit keilförmigem Schlussstein in der Mitte ab. Da durch den technischen Fortschritt größere Fensterscheiben möglich wurden, konnte auf die steinerne Mittelsäule verzichtet werden und der Stützbogen übernahm deren statisch-konstruktive Funktion. So entstand das typisch maasländische Rokoko.

Damit auch in die alten Häuser mehr Licht fallen konnte, wurden die Unterteilungen der Kreuzstockfenster entfernt und die Enden zweier alter Querbalken mit eisernen Klammern verbunden, damit die Rahmen nicht einstürzten.

der Quirinuskapelle stammt. Diese Kapelle wurde im 12. Jh. an die Saalkirche von 1008 angebaut und beherbergt neben weiteren Kunstwerken auch eine von Jan van Steffeswert um 1500 geschaffene Holzplastik der hl. Balbina, der Tochter des Quirinus. Das Innere der Kirche, die aus Maaskieseln, Hausteinen und Resten einer Römersiedlung errichtet ist, hatte Probst Heinrich von Bylandt (1636-1668) mit reichen Stuckarbeiten ausschmücken lassen.

Quirinuskapelle, St. Nikolaus, Millen

7 *Sittard*

Sittard entstand im 11. Jh. um einen Burghügel am Geleenbach. Der Ort war schon mit Befestigungswällen umgeben, bevor ihm 1245 die Stadtrechte verliehen wurden. Der Grundriss der Befestigungsanlagen ist im heutigen Straßenbild noch gut zu erkennen.

Trotz eines großen Brandes und Kriegsverwüstungen sind in Sittard noch zahlreiche Fachwerkhäuser erhalten geblieben.

Die **Grote oder St. Petruskerk** existierte bereits um das Jahr 1000. Zwischen 1299 und 1802 diente sie nicht nur als Pfarr-, sondern auch als Kapitelkirche, was das prachtvolle Chorgestühl aus der Zeit um 1380 erklärt. 1380 wurde der Neubau des Gotteshauses begonnen, der – mit Ausnahme der neogotischen Turmspitze – ein gutes Beispiel für die maasländische Gotik ist. An der Südseite des Turms zeigt ein kleines Sandsteinrelief aus dem 13./14. Jh. den Kirchenpatron. Die Kirche war das Ziel von zwei bedeutenden Wallfahrten: der zum hl. Bernhard von Clairvaux, dessen Kultbildnis unter dem Turm steht, und der zur hl. Muttergottes, Beschützerin der Kranken. Ihr Bildnis befindet sich heute in der Marienkapelle. Es war von Dominikanerinnen aus Brügge nach Sittard gebracht und ursprünglich im hiesigen Kloster verehrt worden. Nach dessen Auflö-

Markt, Sittard

A. St. Petruskerk
B. St. Michielskerk
C. Basilika O. L. Vrouw
D. Ev. Kirche
Seite 146
Seite 158
SITTARD
Overhoven
Limbrichterveld
Gevangenis
Bergerweg
Stadbroek
De Baandert
Ophoven
Kollenberg
Sanderbout
Slachthuis
Recreatiegebied RD
Geleenbeek
Roode Beek
Millen
0
0,5
1 km

sung durch die Franzosen im Jahre 1804 gelangte es dann in diese Kapelle.

Basilika, Sittard

Maria wird auch in der **Basilika Onze Lieve Vrouw van het Heilig Hart** (Unsere liebe Frau vom hl. Herzen) verehrt. Nachdem die Ursulinen im Jahre 1866 in ihrer Kapelle ein Marienbild aufgestellt hatten, kamen bald so viele Gläubige, dass der Bau einer Wallfahrtskirche beschlossen wurde. Das Innere dieses neoromanisch-gotischen Bauwerks von Johan Kayser ist mit ungefähr 1500 Votivkacheln verziert. Tribünen nach dem Vorbild der Munsterkerk von Roermond schufen noch weiteren Platz für Wallfahrer. Aufgrund der unvorstellbar großen Zahl von Besuchern wurde im Jahre 1891 gegenüber der Kirche – ebenfalls von Johan Kayser – ein Gebäude errichtet, das man als Mariapark bezeichnete und in dem Wallfahrer betreut wurden.

Auf den Dominikanerorden, der seit 1668 in Sittard ein Kloster besaß, geht die Verehrung der hl. Rosa von Lima, der Stadtpatronin, zurück. Zu Ehren der ersten südamerikanischen Heiligen, die die Bewohner der Stadt bei einer Seuche im 17. Jh. erfolgreich anriefen, wird jedes Jahr am letzten Sonntag im August eine große Prozession zu ihrer Kapelle veranstaltet. Sie beginnt an der barocken Dominikanerkirche, der **Michielskerk** am Marktplatz. Ein Relief an ihrer Fassade zeigt, wie Dominikus aus den Händen Marias einen Rosenkranz entgegennimmt. Im Jahre 1938 kam es bei den Feierlichkeiten zu Ehren der Stadtheiligen zu einem besonderen Ereignis: Eine Löwin entkam aus einem Zirkus und lief in die überfüllte Kirche. Zur Erinnerung an dieses Geschehnis, bei dem zum Glück niemand zu Schaden kam, wurde rechts vom Eingang der Kirche das Relief eines Löwen in der Mauer angebracht.

Relief Michielskerk, Sittard

Obwohl es den Anschein hat, dass ganz Limburg katholisch ist, gibt es seit der Reformationszeit auch eine protestantische Minderheit in der Provinz. Diese konnte ihre Religion jedoch erst nach den 1632 erzielten Eroberungserfolgen des Oranierprinzen Frederik Henrik öffentlich ausüben. Die neuen protestantischen Machthaber gestatteten auch den Bau von Gotteshäusern. Daraufhin wurde in Sittard an der Gruizenstraat eine einfache, 1637 fertig gestellte Kirche errichtet. Sie brannte jedoch 1677 ab, der heutige Bau – eine geschlossene Saalkirche mit einem Backsteinturm – stammt aus dem Jahre 1684.

Sittard – Meerssen – Maastricht

34 km

34 km

Die Pilger des Mittelalters folgten nicht der schönsten, sondern der kürzesten und schnellsten Strecke. Umwege wurden nur dann gemacht, wenn dort besondere Wallfahrtsorte lagen. Entsprechend diesen Bedingungen gehen wir zunächst parallel zum ursprünglichen Pilgerweg, der heutigen Autobahn. Nach Querung der A 2 führt der Weg dann in einem Bogen durch die südlimburgische Hügellandschaft an alten als auch neuen Wallfahrtsstätten vorbei.

Die Etappe ist unterteilt in zwei Teilstrecken: 9 A von Sittard bis Meerssen und 9 B von Meerssen bis Maastricht.

Pilgerspuren ...

Ein relativ junger Wallfahrtsort ist Munstergeleen. Hier wird der selige Pater Karel Houben (1821-1893) in seinem Geburtshaus verehrt. Er trat im Jahre 1845 der Kongregation der Passionisten in Belgien bei, arbeitete jedoch hauptsächlich in Irland unter den Ärmsten der Armen. Seinen Beinamen „der Mann mit den segnenden Händen" erhielt er, weil viele Menschen ihm ihre Genesung zuschrieben. 1935 richteten die Passionisten das Zimmer, in dem Pater Karel geboren sein soll, als Kapelle ein. Bis heute zieht es jedes Jahr Tausende von gläubigen Menschen hierher.

St. Odilia, Sweikhuizen

In Sweikhuizen befindet sich eine Wallfahrtsstätte der hl. Odilia. Ihre Verehrung begann 1851, als die Kreuzherren der Kirche eine Reliquie schenkten. Zunächst wurde hier, wie in der Kreuzherrenkirche von Maaseik (s. S. 139), Odilia von Köln verehrt, eine der Jungfrauen, die zum Gefolge der hl. Ursula gehörten. Doch weil Odilia von Köln oft mit Odilia aus dem Elsass verwechselt wurde, da die eine wie die andere seit dem Mittelalter bei Augenleiden angerufen wird, stehen die beiden heute gleichrangig nebeneinander. Jedes Jahr organisiert die „Nederlandse Vereniging van Blinden en Slechtzienden" eine Wallfahrt nach Sweikhuizen.

Links: Onze Lieve Vrouweplein, Maastricht

Teilstrecke

9 A SITTARD – MEERSSEN

Darstellung des Brandwunders, Meerssen

Ein alter Wallfahrtsort besonderer Prägung ist Meerssen, wo sich im Jahre 1222 ein Sakramentswunder ereignete. Während der Messe sah der Priester aus der geweihten Hostie Wasser und Blut fließen. Später konnte die seitdem verehrte Hostie bei einer Feuersbrunst unversehrt aus der brennenden Kirche gerettet werden. Der Altar zu Ehren der Heiligen Jakobus, Nikolaus, Benediktus und Katharina, der für das Jahr 1523 noch belegt ist, fiel wohl dem Bildersturm zum Opfer, der 1566 in den Niederlanden seinen Gipfel erreichte.

Wegbeschreibung und Hinweise

25km

25 km

Wegstrecke zu Fuß und per Rad sind weitgehend identisch.

Schwierigkeitsgrad zu Fuß und per Rad: mittel, einzelne stärkere Steigungen, überwiegend auf befestigten Wirtschaftswegen und verkehrsarmen Straßen

Ausgangspunkt Markt Sittard: Über Limbrichter- und Brandstraat zur Parklaan. Dieser links folgen bis zur Agricolastraat. Dort links und nach ca. 200 m rechts durch die Grünanlage (Tenniskomplex) dem Geleenbeek folgen. Nach Passieren der Schleuse rechts auf Pfad über die kleine Brücke, Molenweg queren, weiter auf der rechten Seite des Baches, ab Middenweg Bachseite wechseln und nach Munstergeleen. Rechts Sittarderweg, am Ende rechts Houbeneindstraat, rechts Groen-/Absbroekstraat und wieder rechts in die P. C. Houbenstraat **(1)**. Auf dem Pater Karelweg den Bach überqueren und hinter der Beekstraat der Markierung des Landschaftsparks De Graven folgen, vorbei am Bahnhof Geleen-Ost, Daniken links über Geleenbeek **(2)**, am Ende rechts und nach 50 m am Wegekreuz von 1823 links. Hier auf Hohlwegen **(3)** durch den Wald, zuerst den orangenen, dann den roten

Schildern folgen. An einer Bank oberhalb eines steilen Hanges links halten und an der T-Kreuzung am Waldende rechts. An dem befestigten Weg rechts ab zur Kirche in Sweikhuizen **(4)**. Hinter der Kirche rechts und nach ca. 200 m auf halber Höhe des Hanges links in den Oliemolenweg (mit grünen Schildern), vorbei an der ehemaligen Mühle durch den Wald, an Kreuzung rechts Oliemolenderweg und vor der Bahnstation links kleiner Abstecher zur Oude Kerk **(5)**. Weiter auf dem Oliemolenderweg, Bahngleise und Autobahn überqueren, geradeaus Op 't Veldje/Hoeve in die Ortsmitte von Spaubeek. Dort rechts Groene Kruis/Musschenberg, nach ca. 350 m links, nach ca. 1 km rechts und sofort wieder links unter der Hochspannungsleitung hindurch – Groot Genhouterstraat queren – und auf Printhagen durch Groot Genhout (an der Hubertusstraat rechts Abstecher zur St. Hubertuskerk **(6)**) weiter auf Valkenburgerweg – in Höhe Schimmert Abstecher zur Kirche – und auf Pepelwijenweg bis Hagensweg. Dort rechts und am Oranjeplein links nach Klein Haasdal **(7)**. Geradeaus und an der Rochuskapelle rechts Klein Haasdalerweg, rechts Lintjesweg, am Ende rechts, sofort links Kampersheideweg, links Hoolstraat und Raarslakweg zum Waterval **(8)**. Links Watervalweg/Molenweg und Damiaanberg bis zur Volderstraat, dort rechts und nach ca. 400 m links die Kruisstraat zum Markt von Meerssen **(9)**.

Weg nach Sweikhuizen

0
0,5
1 km
Slachthuis
Seite
152
N276
Munstergeleen
Lintjensweg
1
Lutterade
53.8
Abshoven
66.8
GELEEN
2
57.0
Stoeterij
Daniken
96.0
56.0
Manege
St.Jansklu is
(Kapel)
3
Danikerberg
RD
106.5
Koolweg
Begr.pl
Sweikhuizen
107.5
109.3
4
Panoramaweg
57.9
Stammenhof
Gemeente Schinnen
Verpleeghuis
St.Jansgeleen
Stammenderbos
Oude Kerk
Kasteel Terborg
62.2
5
Geleenbeek
Ten Dijken
Seite
162

Sehenswürdigkeiten entlang der Strecke

1 *Munstergeleen*

Vor allem im Süden Limburgs sehen wir die für die Region typischen Bauernhöfe, deren drei oder vier Gebäudeflügel um einen quadratischen Innenhof angeordnet sind. Ein solcher Hof ist auch der Chorushoeve an der Absbroekstraat von Munstergeleen. Das Wohnhaus stammt aus dem Jahre 1623. Im 18. Jh. wurde ein Flügel angebaut, und um 1800 ist die Hofanlage, die man durch ein Tor betritt, durch Zufügung weiterer Gebäude dann geschlossen worden.

Pater-Karel-Hof, Munstergeleen

Die doppelte Wassermühle an der Pater C. Houbenstraat datiert aus dem 13. Jh., die Fachwerkgebäude an der Straße stammen wahrscheinlich aus dem 17. Jh.

Das Geburtszimmer des seligen Pater Karel Houben im westlichen Wohnhaus ist zu einer Kapelle umgestaltet worden (s. S. 155). Da die Zahl der Wallfahrer, die Jahr für Jahr hierher kommen, jedoch so groß ist, wurde 1954 in der Scheune eine zusätzliche, größere Kapelle eingerichtet.

2 *Die Steinfabrik Plinthos von Geleen*

Um 1920 gründete man in Geleen die Steinfabrik Plinthos. Der Ton für die Steinherstellung wurde am benachbarten Geleenbach abgebaut und in Werkschuppen zu Steinen geformt. Diese wurden unter hölzernen Überdachungen getrocknet und anschließend im Ringofen gebacken. Nach der Schließung der Fabrik im Jahre 1975 verwahrloste das Werksgelände. Schließlich erwarb die Vereinigung „Natuurmonumenten" (Naturdenkmäler) das Grundstück zusammen mit weiteren Flächen, Gebäuden und Einrichtungen und integrierte es als Natur- und Umweltzentrum in den Landschaftspark De Graven, den sie zum Zweck der Naturentwicklung, der Erholung und der Bildung gegründet hat.

Oben: Große Sternmiere, *Unten:* Frucht und Blüte des Aronstabs

3 *Hohlwege*

Am Rand des Hügellands fallen die zahlreichen Hohlwege ins Auge. Sie entstanden im Zuge der Landnahme vor ungefähr 8000 Jahren durch das Zusammenwirken von menschlichen Einflüssen und natürlicher Erosion: Seit den Rodungen für den Ackerbau grub das abfließende Regenwasser Rinnen in die mit einer dicken Lößschicht bedeckten Böschungen. Der mitgeführte Löß lagerte sich am Fuß der Böschung ab, was auf die Dauer dazu führte, dass die Böschungen an diesen Stellen weniger steil anstiegen. Diese ausgewaschenen Rinnen wurden von Mensch und Vieh gern als Pfade genutzt. Da die Wegdecke nicht bewachsen war, konnten Wind und Regen die Wege noch weiter aushöhlen. Im Laufe der Zeit wurden die wichtigen Verbindungen zwischen Tal und Hochebene ausgebaut und zum Schutz vor weiteren Erosionen befestigt. Die steilen, oft meterhohen Böschungen an den Wegrändern sind meistens dicht bewachsen von Esche, Eiche, Haselstrauch, Holunder und Schneeball und können aus diesem Grund nicht weggespült werden. Unter ihrem Schirm breiten sich Frühlingsblüher wie Scharbockskraut, Aronstab oder Große Sternmiere aus.

Odiliakirche, Sweikhuizen

4 *Sweikhuizen*

Die St. Dionysius- und Odiliakerk von Sweikhuizen ist vor allem als Wallfahrtsziel von Blinden oder an Augenkrankheiten leidenden Gläubigen bekannt. Sie verehren hier nicht nur die hl. Odilia von Köln und die hl. Odilia aus dem Elsass (s. S. 155), sondern auch eine Reliquie der hl. Luitgard von Tongern. Sie gilt ebenfalls als Fürsprecherin der Sehbehinderten. Eine Steintafel an der Fassade zeigt Christus am Kreuz und das folgende Chronikon (Jahresinschrift): „sWeekhVIJsen CrUCIfIXUM aDorat", Sweikhuizen liebt das Kreuz. Werden die großgeschriebenen Buchstaben, die gleichzeitig römische Ziffern sind, zusammengezählt, erhält man als Summe 1739, das Jahr der Erbauung der Kirche. Im Seitenschiff des Gotteshauses befindet sich eine Figur der hl. Odilia aus dem Elsass.

Vor der Kirche steht das von J. Sondeyker geschaffene Odiliadenkmal aus dem Jahre 1957, das anlässlich der 25. Blindenwallfahrt aufgestellt wurde.

5 *Spaubeek*

Annakapelle, Spaubeek

Vor Spaubeek führt ein Weg zur Annakapelle. Hier stand offenbar schon 1148 an einem alten Römerweg außerhalb des Dorfs eine Laurentiuskirche, die jedoch 1837 zugunsten eines Gotteshauses im Ortszentrum abgebrochen wurde. Auf dem hiesigen alten Friedhof, der seit dem Bau der Bahnlinie Sittard-Heerlen 1896 vom Ort getrennt liegt, wurde stattdessen die einfache neogotische Annakapelle erbaut, die wegen ihres Standorts bei der Bevölkerung die Oude Kerk, die alte Kirche, heißt. Die Kirche im Ortszentrum wurde 1925 durch einen Neubau von E. E. Schoenmaekers ersetzt.

6 *Groot Genhout*

Hubertusbüste, Groot Genhout

Der limburgische Architekt Alphons Boosten (1893-1951) vertrat einen sehr eigenen Baustil, sodass sich die bischöfliche Baukommission vor Errichtung der St. Hubertuskerk von Genhout 1935 zu verschiedenen Änderungswünschen veranlasst sah. Ein Punkt der Kritik, der jedoch von Boosten nicht aufgenommen wurde, war die niedrige Position des Hubertusfensters. Die Segnung der Pferde am Hubertustag sollte durch dieses Fenster erfolgen.
Das Gotteshaus wird auch „die Kirche der Limburger Künstler" genannt, da viele namhafte Künstler aus der Provinz an ihr mitgewirkt haben.

7 *Wasserturm bei Schimmert*

Wasserturm, Schimmert

Das weithin sichtbare Wahrzeichen von Schimmert ist der 38 m hohe Wasserturm von Jos Wielders. Im expressionistischen Stil der so genannten Amsterdamer Schule gestaltet, errang Wielders' Entwurf 1927 den Hauptpreis eines Architektenwettbewerbs. Die flankierenden Treppentürme, die höher als der eigentliche Turm sind, führen zu einem Dachpavillon, der als Aussichtspunkt dient.

8 *Weingut Waterval*

Im Mittelalter wurde in Südlimburg lange Zeit Wein angebaut, aber die „kleine ijstijd“, eine im 16. Jh. herrschende Kälteperiode, und der Winter 1740 bedeuteten größtenteils das Ende für den hiesigen Weinbau. Erst seit einigen Jahrzehnten werden in der Region wieder Weingärten angelegt (s. S. 164), von denen der des Guts Waterval an unserem Weg liegt.

9 *Meerssen*

Jakobus im Portalbogen der Basilika

870 befand sich hier eine fränkische Königspfalz. In jenem Jahr wurde der Friedensvertrag von Meerssen unterzeichnet, in dem das so genannte „Mittelreich" Lothars II. nach dessen Tod 869 unter seinen Brüdern Karl dem Kahlen und Ludwig dem Deutschen aufgeteilt wurde. Königin Gerberga übertrug die Pfalz mit ihrem fruchtbaren Umland im 10. Jh. als Schenkung der St. Remigiusabtei von Reims. Die Wallfahrt, die nach dem Sakramentswunder von Meerssen einsetzte (s. S. 156), sowie die Rundreisen, auf denen die Reliquie ausgestellt wurde, brachten dem Ort hohe Einkünfte. Seit dem 17. Jh. galt das so genannte Simultaneum, das die Nutzung der Kirche durch Angehörige verschiedener Konfessionen ermöglichte, denn seit dem Sieg des Oranierprinzen Frederik Hendrik über die Spanier durften die Meerssener Protestanten ihre Religion ungehindert ausüben. 1938 erhielt die hohe, dreischiffige Kreuzbasilika aus Mergelgestein den Namen Basiliek van het Heilig Sacrament. Ihr Turm wurde vor langer Zeit wegen Baufälligkeit abgerissen und durch einen Dachreiter auf der Vierung ersetzt. Im Innenbereich ist der Sakramentsturm aus dem 16. Jh. besonders erwähnenswert.

Basilika, Meerssen

An der Gansbaan steht die Nederlands-hervormde Kerk, die im neoklassizistischen Stil errichtete heutige protestantische Kirche des Ortes. Sie ist ein gutes Beispiel für die so genannten Leopoldskerkjes, die während des Aufstands der Belgier gegen die niederländische Obrigkeit (1830-1839) erbaut wurden. Der belgische König Leopold erklärte damals die Zeit des Simultaneums für beendet und stellte den Protestanten Geldmittel für den Bau dieser kleinen Gotteshäuser zur Verfügung.

Limburg – ein wieder belebtes Weinanbaugebiet

Weinbau im Maastal ist keine moderne Entwicklung. Funde aus der Römerzeit beweisen, dass der Genuss von Wein schon damals üblich war. Ob allerdings auch der Anbau von Weinstöcken betrieben wurde, ist nicht nachgewiesen, aber wahrscheinlich. Der früheste Beweis für eine eigene Weinkultur ist eine Urkunde von 871, die von einem Weinberg bei der St. Salvatorkapelle in Aachen berichtet. Weingärten bei Maastricht werden zum ersten Mal in einem Bericht vom 12. Februar 968 erwähnt, den Königin Gerberga zur Übersicht ihrer Besitzungen anfertigen ließ. Zwischen 1300 und 1500 muss es insbesondere an den Hängen des Maas-, Jeker- und Gulptals viel Weinbau gegeben haben. Bis zum 15. Jh. konkurrierte der limburgische Wein mit dem Bier. Als das Bier jedoch durch die Zugabe von Hopfen haltbarer und würziger im Geschmack gemacht werden konnte, begann die Blütezeit des Brauerhandwerks. Eine „kleine Eiszeit", eine Kälteperiode, die in der zweiten Hälfte des 16. Jh. einsetzte, bedeutete jedoch neben dem achtzig Jahre andauernden niederländisch-spanischen Krieg das vorläufige Ende des Weinbaus in Limburg.

Es sollte bis 1970 dauern, als Hugo Hulst mit der Pflanzung von Rebstöcken auf De Apostelhoeve an den Hängen des Louwbergs bei Maastricht einen Neuanfang wagte. Dieser Teil des Jekertals besaß bereits Weinbaugeschichte, denn in Chroniken ist zu lesen, dass 1581 der Weinberg aufgegeben und die Stöcke gerodet wurden. Der Apostelhoeve ist nicht nur das älteste, sondern mit einer Fläche von 6 ha und einer jährlichen Abfüllung von 35.000 Flaschen auch das größte Weingut in Limburg. Aus den Trauben des Müller-Thurgau, Auxerrois, Riesling und Pinot-Gris wird ein trockener Weißwein gekeltert.

Inzwischen gibt es in Limburg 47 Weingärten. Die meisten von ihnen sind so klein, dass von gewerbsmäßigen Anlagen nicht die Rede sein kann. Aber das Interesse am Weinbau wächst. Sowohl das Feinschmecker-Restaurant „Chateau Neerkanne" am Jekertal als auch 't Klauwes in Wahlwiller können ihren Gästen einen eigenen Wein zum Essen anbieten.

Am Reichsweg in Cadier en Keer, etwas südlich von Bemelen , liegt am Rande des Maastals der Weinberg Domein Backerbosch, benannt nach der Römervilla, über deren Fundamenten er sich erhebt. In den benachbarten Mergelgrotten ist neben dem Weinverkauf ein Museum mit weitläufigem Weinkeller zu besichtigen.

0
0,5
1 km
Airport
Seite 162
Seite 168
Schimmert
C
7
8
Oensel
veld
Kling
Langs
Heufkensveld
Ulestraten
Ulerveld
Trichterveld
Trichterweg
Kruis
Gemeent
124.8
134.6
102.1
118.4
Schietecoven
Huize Vliek
Bron
Berghemmer
veld
Genzonweg
Lange Rein
Hermans
steeg
Kamp
Hoef
Klein
Haasdal
Hagensweg
6
N584
Bockhof
Billich
Pastoorsbosch
139.2
Kloosterberg
Heiland
Trichterstraat
Wijngaards
berg
Wijngaards
berghof
Manege
Waterval
124.6
D'n Uul
Raarslakweg
Lintjes
veld
Provinciale
Weg
136.5
Groot
Haasdal
128.8
Arensg
Ravensbosch
Raarveld
Visweg
104.6
Raar
Raarhof
Eikenveld
3
Voenjel
Raarberg
umcoven

Teilstrecke **9** B

MEERSSEN – MAASTRICHT

Der Weg ins Zentrum von Maastricht führt über Vororte, die früher eigenständige Dörfer außerhalb der Stadt waren. Auf der Strecke zur Maas passieren wir Limmel, dessen Schlösser und Landhäuser bis Mitte des 20. Jh. noch mitten im Grünen lagen. Ab hier geht es auf dem Uferweg in die bereits zur Römerzeit gegründete Vorstadt Wijk und von dort über die Servatiusbrücke in die älteste Stadt der Niederlande und zugleich Hauptstadt der Provinz.

Pilgerspuren ...

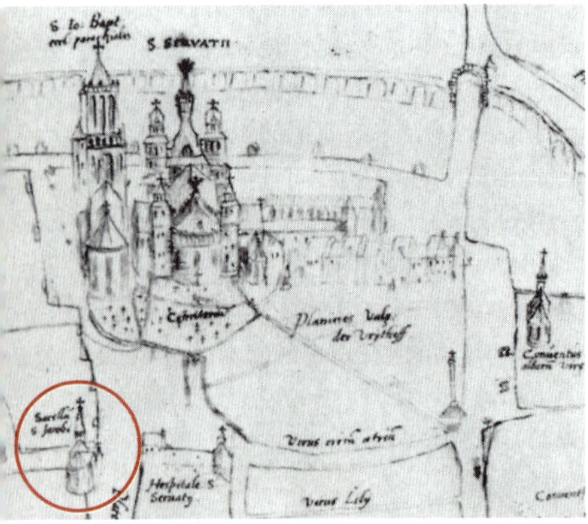

Ehemalige Jakobuskapelle von Maastricht (1803) und ihre Lage auf dem Plan von 1587

Im 15. Jh. existierten in Maastricht eine Jakobusbruderschaft und ein Jakobusgasthaus. Die Jakobuskapelle stand an der Ecke Jacobstraat/Bredestraat. Ihre Fassade änderte sich – den überlieferten Zeichnungen nach – mit dem Zeitgeist (s. a. Abb. S. 13). So schmückte im Barock eine große Muschel mit zwei gekreuzten Pilgerstäben die Front der Kirche. In dem Erläuterungstext zur Darstellung von 1803 ist von einer Herberge für Santiagopilger die Rede, die baulich mit dem Gotteshaus verbunden war. Darüber hinaus gab es noch eine weitere Herberge (Refugie) in der Papenstraat, einer Seitenstraße der Jacobstraat, die von der Lütticher Abtei St. Jacques geführt wurde. Leider sind die Archive aus jener Zeit nur teilweise erhalten, doch lässt sich feststellen, dass der Bruderschaft mehrere Häuser zur Verfügung standen und auch Kornzinsen an sie gezahlt wurden, damit sie die Auslagen für die Betreuung der Santiagopilger decken konnte. Wahrscheinlich hat sich die Bruderschaft nach einem allmählichen

Niedergang der Pilgerfahrten nach Santiago am Ende des 18. Jh. aufgelöst. Die Kapelle wurde um 1803 abgerissen.

In den Stadtarchiven von Maastricht sind auch Informationen aus dem Mittelalter zu finden, denen zufolge die Pilgerfahrt nach Spanien regelmäßig als Strafe verhängt wurde.

Pilgerstab, Servatiusschatz, Maastricht

Maastricht ist selbst ein bedeutender Wallfahrtsort. Die älteste Wallfahrt, die in diese Stadt führte, war die zum Grab des hl. Servatius (St. Servaas), der um 380 den Bischofssitz von Tongeren nach Maastricht verlegt hatte. Nach seinem Tod wurde Servatius auf dem Friedhof an der Westseite der Stadt beigesetzt, wo Gläubige eine hölzerne Kirche errichteten. Seit der Erhebung seiner Gebeine zu Reliquien im 6. Jh. zogen Pilger zu dieser Stätte, der Wunderkraft nachgesagt wurde; ab 1391 organisierte man nach dem Vorbild von Aachen alle sieben Jahre eine große Heiligtumsfahrt. Mit der Eingliederung Maastrichts in den niederländischen Staat endeten die Prozessionen, doch die Stadt blieb weiterhin Ziel zahlreicher Wallfahrer. 1874 wurde die Heiligtumsfahrt in Maastricht neu belebt. Seitdem findet sie alle sieben Jahre statt, zuletzt 2004, ausnahmsweise gleichzeitig mit dem Jubeljahr von Santiago de Compostela (s. S. 191).

Wegbeschreibung und Hinweise

Schwierigkeitsgrad zu Fuß und per Rad: leicht, das Maastal entlang

9 km (zu Fuß) *9 km* (per Rad)

Ausgangspunkt Markt Meerssen: Den Markt im NW auf der Kerkstraat verlassen, Beekstraat links, wieder links Stationstraat/Tussen de Bruggen, links in Geudalweg, die Autobahn A 79 unterqueren und rechts in Oliemolenweg. An der Kreuzung geradeaus (Oliebergweg), links Molenweg, am Daalhof rechts Loginastraat, weiter geradeaus Autobahn E 25 und Bahnlinie queren und geradeaus bis zum Julianakanaal. Hier links der Maas entlang bis zur St. Servaasbrug (St. Servatiusbrücke) ins Zentrum von Maastricht **(10)**.

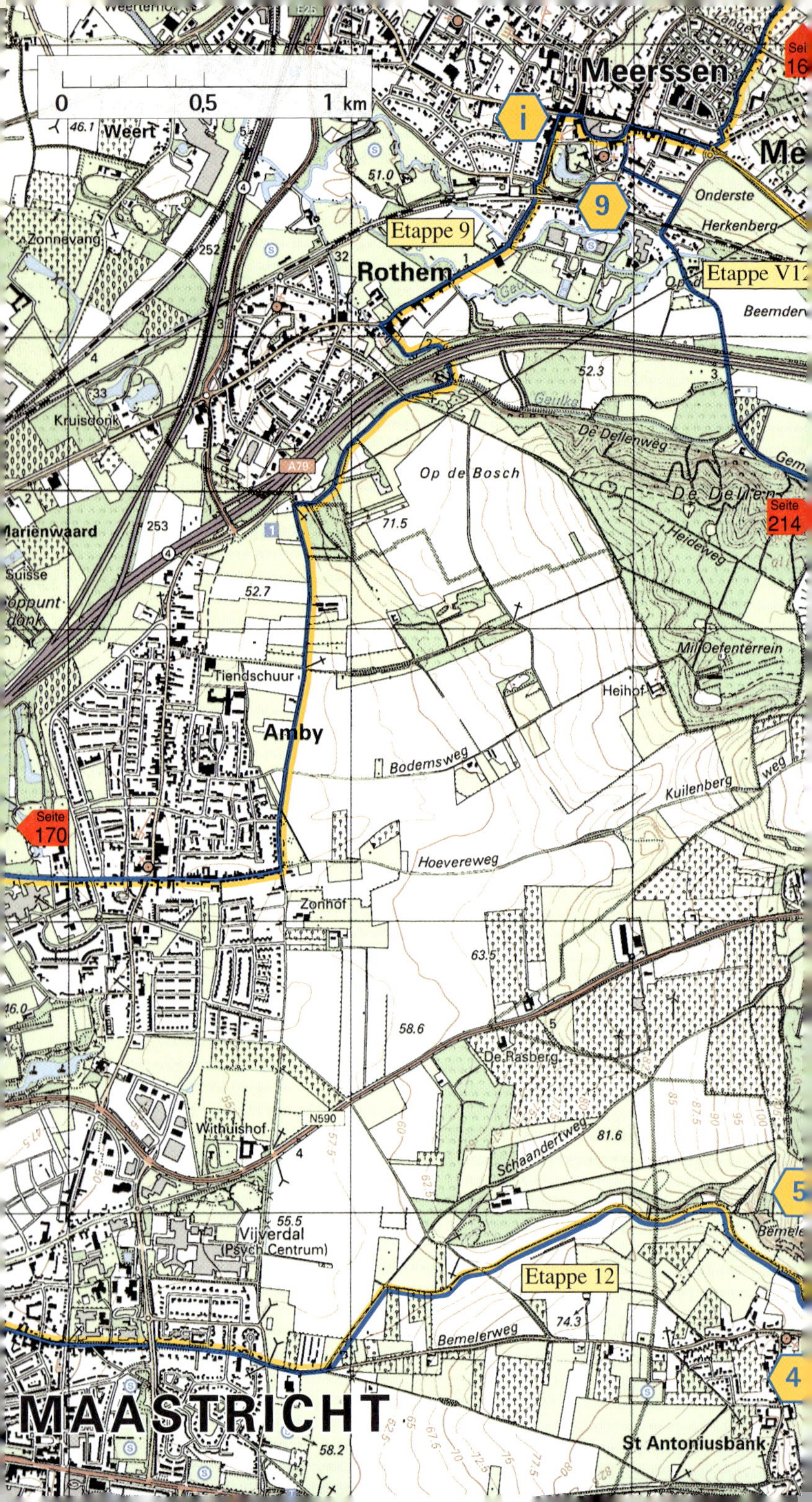

0
0,5
1 km
Meerssen
Seite 16
i
9
Etappe 9
Rothem
Onderste
Herkenberg
Etappe V12
Beemden
Weert
Zonnevang
Kruisdonk
Geul
Geulke
52.3
De Dellenweg
De Dellen
Seite 214
Op de Bosch
A79
71.5
Heideweg
Marienwaard
Suisse
52.7
Tiendschuur
Mil. Oefenterrein
Heihof
Amby
Bodemsweg
Kuilenberg
weg
Seite 170
Hoevereweg
Zonhof
63.5
58.6
De Rasberg
N590
Withuishof
Schaandertweg
81.6
5
Vijverdal
(Psych. Centrum)
55.5
Etappe 12
74.3
Bemelerweg
4
MAASTRICHT
58.2
St Antoniusbank

10 *Maastricht*

Servatius-brücke, Maastricht

Maastricht ist die älteste Stadt der Niederlande. An ihrem Ursprung stand eine Siedlung, die die Römer an der ersten Maas-Furt nördlich der Ardennen gründeten und die so im Kreuzungspunkt der Straße von Tongern nach Köln und der Nord-Süd-Verbindung Richtung Lüttich lag. Im 4. Jh. wurde der Ort durch den hl. Servatius zum Bischofssitz, der im 8. Jh. allerdings nach Lüttich verlegt wurde. Die Stadt entwickelte sich zu einem bedeutenden Handelszentrum. Eine weitere wichtige Einnahmequelle waren die Wallfahrten, die nach Maastricht unternommen wurden. Zu Beginn des 17. Jh. befanden sich innerhalb der Stadtmauern zwanzig Klöster.

Seit der Karolingerzeit unterstand Maastricht den deutschen Kaisern. Als im Jahre 1204 der Herzog von Brabant die Herrschaft über die Stadt übernahm, kam es zum Machtkonflikt zwischen ihm und dem Fürstbischof von Lüttich, der erst durch die Unterzeichnung der so genannten „Alde Caerte" im Jahre 1284 beendet wurde: Von nun an unterstand Maastricht zwei Herren. Auch nach der Eroberung der Stadt durch Frederik Hendrik, Prinz von Oranien, im Jahre 1632 blieb diese Gewaltenteilung bestehen. Allerdings erhielten die Reformierten die Möglichkeit, in Maastricht Fuß zu fassen. Zunächst wurden ihnen die St. Jacobskapel und die St. Hilariuskerk zugewiesen, letztendlich dann aber die St. Janskerk und die St. Matthiaskerk .

Bereits ab 1200 waren um Maastricht Wehrmauern errichtet worden. Doch schon im 13. Jh. engten sie die Stadt zu sehr ein, sodass mit der Errichtung einer neuen Mauer begonnen wurde, die später an ihrer Südseite noch erweitert werden musste. Hier liegen die Überreste der jeweiligen Mauern heute noch deutlich erkennbar hintereinander. Zwischen 1632 und 1645 entstanden außerhalb der alten Mauern weitere Befestigungswerke, da Maastricht als die südlichste Stadt der Generalstaaten große strategische Bedeutung besaß.

A
B
C
D
E
F

A. St. Servaasbrug
B. Dinghuis
C. Rathaus
D. Vrijthof/
St. Servaaskerk
E. ehem. Pilgerherberge
F. Basilika O. L. Vrouwe
0
0,5
1 km
MAASTRICHT
Limmel
Trafostat
Seite
168
A2
E25
254
Geusselt
N2
E25
Aardewerkfabr.
C
JH
ca. 3 km
Wilhelminabr.
9
7
St Servaasbr
Vrijthof
St.Servaas
Wyck
i
Etappe 12
10
Vrouwekerk
8
48.1
Wittel
Vrouwenveld
Scharn
Museum
Akerpoort
Jekerkwartier
Villapark
Seite
180
Knooppunt

Die Zweifürstenherrschaft über Maastricht endete 1794 mit der Ankunft der französischen Revolutionstruppen. Das Gebiet um die Stadt wurde als Departement Niedermaas dem französischen Staat einverleibt. Im Jahre 1815 fiel Maastricht an das Königreich der Niederlande und wurde erneut Hauptstadt, diesmal der Provinz Limburg.

Maastrichts Innenstadt hat ihre Form und ihr heutiges Gesicht vorwiegend im 17. und 18. Jh. erhalten, doch viele Bauwerke sind weitaus älter. Die **St. Servaasbrug** befindet sich noch an ihrem ursprünglichen Standort, doch in ihrer heutigen Form wurde die Brücke erst nach 1945 errichtet, da sie im Jahre 1940 beim Angriff der deutschen Truppen von den Niederländern gesprengt worden war. Der Maasboulevard ist sehr breit, weil an seiner Stelle früher der von Lüttich kommende Kanal zum Hafenbecken verlief. In der Grootestraat fällt besonders ein versteinertes Fachwerkhaus mit hohem, typisch maasländischem Dachgiebel auf. In diesem **Dinghuis** (Gerichtsgebäude) tagte der Gerichtshof bis zu seinem Umzug 1659 in das vom Nordniederländer Pieter Post (1608-1669) entworfene **Rathaus am Marktplatz**.

Am **Vrijthof** steht die **St. Servaaskerk**, von deren Zwerggalerie aus im Mittelalter die Reliquien gezeigt wurden. Der älteste Teil der Kirche – abgesehen von der Gruft des hl. Servatius – wird von den drei Schiffen des Langhauses gebildet, die alle vor dem Jahr 1000 errichtet wurden. Auf einem Säulenkapitell des Mittelschiffs sind auf eindrucksvolle Weise Krüppel und Blinde dargestellt, die als Wallfahrer zum Servatiusgrab kommen. Sowohl die platzseitige Apsis mit den beiden quadratischen Ecktürmen als auch das Westwerk mit den höheren flankierenden Türmen sind typisch für die Romanik des Rhein-Maas-Gebietes. Besonders bemerkenswert sind die Meisterwerke der Bildhauerkunst im südlichen „Bergportaal", das eine starke Ähnlichkeit mit

Kapitell in der St. Servaaskerk, Maastricht

Vrijthof, Maastricht

gotischen Portalen aus Nordfrankreich besitzt. Um die Bilder von Mariae Tod, Himmelfahrt und Krönung herum wird hier eine Verwandtschaft von Servatius mit Jesus aufgebaut. Diese Verbindung begegnet dem Besucher ein weiteres Mal in der westfälischen Sippendarstellung des Servatiusschatzes, wo Jakobus mit seinem Bruder Johannes als Spielkameraden von Servatius auftauchen. Heinrich van Veldeke, der im 12. Jh. eine Vita des Heiligen verfasste, ging sogar so weit, aus ihm einen Jakobspilger zu machen. Dies kann jedoch chronologisch nicht stimmen, da Santiago de Compostela im 4. Jh. noch kein Pilgerziel war. Die Erklärung hierfür liegt wohl darin, dass im Mittelalter die Fahrt nach Santiago von so großer Bedeutung war, dass Servatius, der Jerusalem und Rom aufgesucht hatte, dieser Weg ebenfalls zugetraut wurde. In der Schatzkammer kann man noch heute seinen Pilgerstab bewundern. Hier wird auch der „Himmelsschlüssel" aufbewahrt, den Petrus der Legende nach Servatius in Rom übergab und der Maastricht im Mittelalter den Rang eines „Rom des Nordens" verlieh. Prunkstück des Schatzes aber ist der Servatiusschrein. In dieser so genannten „Noodkist" wurden die Reliquien von Servatius, Martinus van Tongeren und der Maastrichter Bischöfe Candidus und Valentius in Notzeiten durch die Stadt getragen.

Oben: Bergportal, St. Servatius, Maastricht

Unten: Jakobus in der Darstellung der Hl. Sippe, Servatiusschatz, Maastricht

Im oberen Stockwerk der Schatzkammer hängt ein Apostelbalken, der aus der Maastrichter Jacobuskapel stammen soll (Abb. S. 179 m.).

Rechts vom Chor der Servatiuskirche erinnert die **Hoofdwacht** (Hauptwache) von 1736 an die Zeit, als Maastricht noch eine Garnisonsstadt war. Auf der anderen Seite steht die ehemalige Pfarrkirche **St. Jan**, die den Protestanten als Gotteshaus dient. Ihr Turm – eine Kopie des Utrechter Domturms – signalisierte mit seinem roten Anstrich die Zugehörigkeit zum Servatiusstift (s. S. 219, Abb. S. 210). 1912 holte man unter einer dicken Putzschicht die originalen Kragsteine im gotischen Innenchor hervor. Sie zeigen farbig gefasste Apostelbüsten mit Spruchbändern des Glaubensbekenntnisses. Auf dem Grabmonument der Margarite Cabeliaeu von 1658 fällt dem Pilger unter den 32 Wappen ihrer Vorfahren das der Familie van der Noot besonders ins Auge, auf dem vier Jakobsmuscheln in Kreuzform angeordnet sind.

Jakobus, St. Janskerk, Maastricht

Wappen des Refugio St. Jacob, Maastricht

An der Ecke Jacobstraat-Vrijthof steht ein Gebäude mit der Bezeichnung **„Spaans Gouvernement“** (spanische Regierung), das zeitweise vom Servatiusstift, zeitweise von der spanischen Militärregierung genutzt wurde. Seine Renaissancefassade erhielt es anlässlich eines Besuchs Karl V., als die südlichen Niederlanden unter spanischer Hoheit standen. Heute ist hier ein Museum untergebracht, in dem Prachträume aus dem 17./18. Jh. zu bewundern sind. In der Eingangshalle entdeckt man Jakobus inmitten einer Apostelreihe, die ehemals zu einem Apostelbalken des Maastrichter Apostelhofs gehörte (Abb. S. 200).

Dem Haus „Spaans Gouvernement“ gegenüber befand sich die Jacobskapel, die im 19. Jh. abgerissen wurde (s. S. 166). Sie stand auf der Ecke der Sint Jacobstraat, über die die Santiagopilger die Stadt in Richtung Süden verließen. Von ihr geht gleich rechts die Papenstraat ab, wo sich früher eine zweite Pilgerherberge befand. In der Front des dortigen Hauses Nr. 13 erinnert noch der Gründungsstein mit dem Wappen des Abts Ägidius Lambrecht (1611-1646) durch eine Jakobsmuschel daran, dass dieses Haus einst als Herberge der **Lütticher Abtei St. Jacques** diente. Die Jahreszahl 1629 weist es zugleich als eines der ältesten Steinhäuser der Stadt aus. 1612 hatte der Stadtrat zur Verhinderung von Brandkatastrophen die Errichtung der Seitenwände und Dächer aus Stein verordnet, 1665 wurde erst die Versteinerung der übrigen Giebel vorgeschrieben.

Der Liebfrauenplatz (**Onze-Lieve-Vrouweplein**) wird vom hohen Westwerk der **Basilika** mit den schmalen Rundtürmen beherrscht (Abb. S. 154). Die einstige Bischofskirche wurde an der Stelle eines römischen Heiligtums errichtet. Der heutige Bau stammt hauptsächlich aus dem 12. Jh. Sein Eingang führt durch die Merodekapelle mit dem wundertätigen Bild „Onze Lieve Vrouwe Sterre der Zee“ (Abb. S. 106, 2. v. u.). Über der romanischen Krypta im Osten erhebt sich ein doppelstöckiger Chor mit Säulengängen auf beiden Ebenen, ähnlich dem Chorumgang der Servatiuskirche. Die Kapitelle der unteren Reihe sind reich verziert mit Darstellungen des Alten Testaments. Links vom Chor führt der Weg durch den Kreuzgang in die Schatzkammer, wo in einer Vitrine auf dem Reliquiar mit der Nr. 71 der Name des Apostels Jakobus zu entdecken ist.

Jakobus-reliquiar, Schatzkammer Onze-Lieve-Vrouwekerk, Maastricht

Maastricht – Eijsden

ETAPPE **10**

14,5 km

14,5 km

Nach Überschreiten der Maas führt der Weg längs des neuen Stadtviertels Maastricht-Céramique mit dem futuristischen Bonnefantenmuseum und der Provinzverwaltung weiter durch die Auenlandschaft nach Eijsden. In und um das alte Städtchen wirft Südlimburg noch einmal all seine touristischen Reize in Form von Wassersportzentren, historischen Monumenten und Parkflächen in die Waagschale, bevor es seine Besucher am Grenzpfahl 43 auf belgisches Territorium entlässt.

Pilgerspuren ...

Mit dieser letzten Etappe wird der Anschluss zu der Route hergestellt, die die Belgische Jakobusgesellschaft „Les Amis de Saint Jacques de Compostelle" in ihrem *Topoguide du Chemin de Saint Jacques Via Mosana* als Maasweg bis Namur beschreibt. Ab der niederländisch-belgischen Grenze ist der Weg mit dem rot-weißen Zeichen ausgeschildert, das – ähnlich dem von uns verwendeten europäischen Symbol – das Pilgerzeichen der Jakobsmuschel als Vorlage hat.

Belgischer Weg der Jakobspilger

Hadelinus-Schrein, Visé

Links: Aquarell von Birgit Viegen, Maastricht

Auf halber Strecke nach Lüttich erreichen wir nach 15 km das lebhafte Maasstädtchen Visé. Die dortige Martinskirche hütet in ihrem rechten Seitenschiff die Büste und den Schrein des hl. Hadelin (617-690), ein Meisterwerk der maasländischen Goldschmiedekunst des 12. Jh. Die Reliefs der Seitenwände erzählen das Leben des Mönchs aus Aquitanien (Südwestfrankreich), der seinem Abt Remaklus, dem späteren Bischof von Maastricht, nach Gallien folgte und in Celles bei Dinant ein Kloster gründete. Aus der Kirche von Celles gelangte der Schrein mit seinen Gebeinen im 14. Jh. nach Visé, das auf diese Weise zum Zentrum einer Wallfahrt wurde, die ihren Höhepunkt zur Zeit des Markts zwischen Christi Auferstehung und Himmelfahrt hatte. Wer das Glück hat, einen Blick in die Sakristei werfen zu können, trifft dort – nach der Herberge in Maastricht (s. S. 173) – auf einen weiteren Vorboten der Lütticher Jakobusverehrung: die verkleinerte Kopie eines Jakobusbildes des Lütticher Malers Gérard Douffet (1594-1660) aus dem 17. Jh., das von der Lütticher Jakobusbruderschaft für die Kapelle des Hospitals in Auftrag gegeben wurde. Das Original des Ölgemäldes „Christus überträgt Jakobus den Schutz der Pilger" befindet sich in Schloss Schleißheim in Süddeutschland.

Wappen, Waldkapelle Wixhou

Unten: Jakobusreliquiar, St. Jacques, Lüttich

Die Fortsetzung des Weges führt auf die Höhen des Maastales, durch das alte Dorf Richelle mit seiner Kirche St. Firmin, vorbei am Schloss Argenteau und der neogotischen Waldkapelle von Wixhou, wo vier Jakobsmuscheln im Stifterwappen über der Eingangstür den Blick des Pilgers auf sich ziehen.

Hinter der belgischen Grenze endet unser Weg. Das nächste Etappenziel wird für viele sicherlich Lüttich sein. Von dort brach 1056, vor beinahe tausend Jahren, eine Gruppe von Mönchen des Jakobusklosters zum Grab des Heiligen im fernen Galicien auf, um Reliquien für ihre Kirche zu holen. Sie waren die ersten Jakobspilger des Maastals. Die Armreliquie, mit der sie zurückkehrten und die zum Patroziniumswechsel des Klosters von Jakobus d. J. zu Jakobus d. Ä. führte, kann in der herrlichen gotischen Jakobuskirche von Lüttich bewundert werden.

Wegbeschreibung und Hinweise

Wegstrecke zu Fuß und per Rad sind weitgehend identisch.

Schwierigkeitsgrad zu Fuß und per Rad: leicht, überwiegend auf kombinierten Wander-, Rad- und Wirtschaftswegen

14 km (zu Fuß)

14 km (per Rad)

Ausgangspunkt Maastricht: Vom östlichen Ende der St.-Servaasbrug aus folgen wir der gelbroten Markierung des Krijtlandpads. Über den Corverplein, der in den Stenenwal übergeht, stromaufwärts Richtung Eijsden und unter der Kennedybrug hindurch. Am Ende des Gouvernementspads rechts **(1)** und vorbei an stählernem Gittertor (aber nicht am zweiten Tor!). Unmittelbar dahinter links und schmalem Schotterweg folgen **(2)**. Nach ungefähr 750 m passieren wir ein zweites Gittertor und folgen dem Weg, der in einen Radweg mündet. Nach 300 m rechts, auf Höhe des Pieterplas zunächst rechts und sofort links in den Schotterweg, an dem junge Bäume stehen **(3)**. Bei der Abzweigung des Kobbeswegs geradeaus Richtung Eijsden. (**Abstecher** zu **(4)** und **(5)**: den Kobbesweg links und nach 50 m rechts Schaapbroekweg und Stationsstraat **(4)** auf Hogeweg, Kooiestraat **(5)**, Rijckholterweg, Sint Jozefstraat, Dorpsstraat, Catharinastraat wieder zum Jakobsweg). An Kasteel Oost rechts und nach ca. 500 m links **(6)** bis Eijsden **(7)**. Auf Vogelzang und Spouwenstraat bis Diepstraat, diese links und dann rechts in Graaf de Geloeslaan **(8)**. Weiter geradeaus **(9)** bis zum Grenzpfosten 43 **(10)**, wo der Weg in die wallonische Route „Via Mosana" mündet, die weiter nach Lüttich und Namur führt.

Laubengang, Schlosspark Eijsden

1 *Das Naturgebiet „De Kleine Weerd"*

Südlich des auf einer kleinen Insel liegenden Provinciehuis befindet sich der Rest einer ehemals großen Maasinsel, die nur ca. 12 ha umfassende Kleine Weerd. Sie gehört zu einem der ersten Naturentwicklungsgebiete, die in Limburg aufgrund einer Initiative des Weltnaturfonds (WWF), der „Stichting Ark" und der „Stichting Het Limburgs Landschap" angelegt wurden. Wie in den Naturgebieten Linnerweerd, De Rug und den ca. 5 km weiter südlich liegenden Eijsder Beemden sorgen auch hier frei laufende Koniks für eine extensive Grünlandnutzung und verhindern somit eine vollständige Bewaldung (s. S. 35). Auf der Kleine Weerd steht auch ein Denkmal für Jac. P. Thijsse. Dieser niederländische Naturforscher und -schützer (1865-1945) war der Gründer der Vereinigung „Natuurmonumenten" und Verfasser vieler der bekannten Verkade-Alben, in die die kleinen Bilder, die den Kuchen- und Zwiebackprodukten der Firma Verkade beilagen, eingeklebt werden konnten.

2 *Heugem*

Jakobus auf dem ehemaligen Apostelbalken, Heugem

Eines der Dörfer, die heute in die Stadt Maastricht eingemeindet sind, ist Heugem. Um die St. Michaëlkerk herum ist das alte Dorfbild noch erkennbar. Bereits im Jahre 1157 stand hier eine Kirche. Das heutige Gotteshaus besitzt einen Turm aus der Zeit um 1750 mit einem Eingangssims aus dem Jahre 1851 und einen neoromanischen Priesterchor aus dem Jahre 1905. Der bekannte Heerlener Architekt Frits Peutz (1896-1974) errichtete 1961 ein neues Langhaus, das in Anlehnung an die bestehenden Bauteile in „Specklagenbauweise" (Bauform mit sich abwechselnden Schichten aus roten Ziegeln und weißem Kalkstein) errichtet wurde. In der Kirche befindet sich ein Apostelbalken aus dem 15. Jh., der im 20. Jh. zu einer Kommunionbank, 1964 dann zu Hauptaltar und Lesepult umgearbeitet wurde.

Jakobus auf Apostelbalken

Zu den besonderen Zeugnissen mittelalterlicher Volksfrömmigkeit gehören die Apostelbalken. Architektonisch fiel den Querbalken in kleinen Kirchen die Aufgabe zu, Chor- und Längsschiff voneinander zu trennen. In der Fastenzeit konnte von ihnen das Fastentuch herabgehängt werden, das den geschmückten Chorraum den Augen der Gläubigen bis Ostern entzog. Vielfach war der Balken auch Träger einer Triumphkreuzgruppe mit Maria und Johannes. Solche Gruppen treffen wir zwar noch in vielen Kirchen des Rheinlands an, doch nur selten am ursprünglichen Standort, nämlich im nach ihnen benannten Triumphbogen. In Susteren (s. S. 148) wurde ein solcher Balken Ende des 19. Jh. für die Kalvarienberggruppe sogar neu eingebaut. Die Bezeichnung Apostelbalken bezieht sich auf die Gestaltungsform, den Holzbalken im Spätmittelalter mit Bildnissen der Apostel zu schmücken, häufig ergänzt durch eine Christusfigur, wie in Maaseik-Neeroeteren (Abb. rechts Mitte und unten). Die Figuren im Spanischen Haus von Maastricht standen früher auch auf einem Triumphbalken (Abb. S. 200). Folgende Gestaltung der Apostelbalken kommt jedoch nur im Rhein-Maas-Raum vor: Die Schauseite ist durch aneinander gereihte Nischen

mit Reliefbrustbildern der Apostel geschmückt. Die Apostel sind in der Regel an ihren Attributen eindeutig zu erkennen: Petrus am Schlüssel, Andreas am Andreaskreuz, Philippus am Buch, Paulus sowie Matthäus am Schwert, Jakobus d. J. am Walkerholz, Thomas am Winkelmaß, Bartholomäus am Messer, Johannes am Kelch, Simon an der Säge, Matthias am Beil und Jakobus d. Ä. natürlich als Pilger mit Muschel und Pilgerstab.

Von dem einstmals reichen Bestand dieser regionaltypischen Apostelbalken sind nur noch wenige Exemplare erhalten. An ihrem ursprünglichen Standort finden wir sie nur noch in den belgisch-limburgischen Orten Goé und Henri-Chapelle, sowie in Jülich-Barmen (Abb. rechts oben).

Zwei Exemplare haben in Museen überdauert, eins im Lütticher Musée d'Art Religieux et d'Art Mosan (Abb. links Mitte), das andere in der Schatzkammer der Servatiuskirche von Maastricht (s. S. 172). Sie sind ebenso ohne farbliche Fassung wie der Apostelbalken über dem Eingangsportal der Kirche in Maasmechelen-Eijsden südlich Maaseik, der wahrscheinlich durch die Vergrößerung der Kirche vom architektonischen zum dekorativen Element wechselte. In Heugem südlich Maastricht dient der in Abschnitte von ein bis zwei Apostelnischen zerlegte Balken heute teils als Altartisch, teils als Ambo und Wandschmuck. (s. S. 178)

Villapark
Kennedybrug
Seite 170
Knooppunt Europaplein
MECC
Randwyck
Provinciehuis
1
Kleine
Weerd
MAASTRICHT
Eyldergaard
De Torentjes
Schietbaan
St Pieter
2
Heugem
A2
E25
De Heeg
Slavante
MAAS
Jachthaven
St Rochuskapel
Lichtenberg
De Hoogenweerth
3
Comontfabr.
Maasveld
(Psych Ziekenhuis)
Molensingel
Zuiveringsinst
Kobbesweg
4
Kasteel
Oosterweg
De Oase
Strand Oost
Oosterdriessen
C
Gemeente
Seite 182
Kasteel Oost
Kasteel Rijckholt
0
0,5
1 km

3 *Sint Pietersberg*

Am anderen Ufer der Maas ist der Sint Pietersberg zu sehen. Seit 1926 baut der niederländische Zementhersteller ENCI (Eerste Nederlandse Cement Industrie) hier Mergel ab, der für die Zementproduktion verwendet wird. In der Grube befinden sich noch Löcher und Eingänge zu Stollen, aus denen bereits vor Jahrhunderten Mergel gefördert wurde, der als Baumaterial diente (s. S. 217). Das Gängesystem reicht bis nach Belgien und besitzt allein in den Niederlanden eine Länge von rund 200 km. Seit einigen Jahren hat sich hier ein Uhupärchen einquartiert.

Sint Pietersberg südlich Maastricht

Vor der Grube steht ein Komplex aus Fabrikgebäuden, deren Entwürfe u. a. von Frits Peutz angefertigt wurden, links daneben ein großer Abraumberg, der mittlerweile den Namen „D'n Observant" trägt. Inzwischen konnte die Natur hier fest Fuß fassen.

4 *Gronsveld*

Einen kleinen Abstecher wert sind die St. Martinuskerk und der Schlossgarten von Gronsveld. Das Gotteshaus umfasst Elemente aus vielen Epochen. Der Turm stammt vermutlich bereits aus dem 13. Jh. Beim großen Umbau zu Beginn des 18. Jh. bemühte man sich, so viele historische Elemente wie möglich zu erhalten. Ein Teil der Kirche war eingestürzt und wurde, dem damaligen Geschmack entsprechend, in barockem Stil wieder aufgebaut.

Ein weiterer schöner Aufenthaltsort ist der Garten von Schloss Gronsveld, das am Übergang vom Trichterberg zum Maastal liegt. Das Hauptgebäude entstand im 14. Jh. auf den Resten eines mittelalterlichen Schlossbaus aus dem 13./14. Jh. Von diesem alten Schloss sind noch die Ruinen einiger Ecktürme erhalten sowie der untere Teil von einem der Wohnflügel, der heute das Fundament des derzeitigen Hauptgebäudes darstellt. Um 1880 wurden an den Ecken des Gebäudes kleine Erkertürme angebracht. Die Orangerie wurde um 1880 zwischen dem Hauptgebäude und dem westlichen Eckturm des Ruinenkomplexes

Seite
180
Kasteel Oost
Sluis van Lanaye
(Sch.sl^n)
Oost-Maarland
Maasveld
6
De Bak
Trichterweg
Kloppenberg
weg
Fabr^n
Spoorstraat
Eijsderweiden
Jalma
MAAS
Lanaye
kanaal
Albert
Groenstraat
Breust
Poelveld
7
Boomkonsstraat
Eijsden
Kasteel
Eijsden
8
Hoog-Caestert
9
Laag-Caestert
Voer
Muggemolen
Caestert
beemden
De la Mergellelaan
Leentjesweg
Muggehof
Schansweg
Hof Navagne
Schans
10
A2
E25
Moelingen
(Mouland)
Berwinne
0
0,5
1 km

gebaut, an und auf den Resten der mittelalterlichen, durch Strebepfeiler gestützten Wehrmauer. Von dem Gartenzimmer aus hat man einen prächtigen Blick auf den Park und die Zufahrt zum Schloss.

Der Park des Schlosses ist öffentlich zugänglich, das Schloss leider nicht, aber vielleicht wird für den wandernden Pilger eine Ausnahme gemacht.

5 *Rijckholt*

Nicht weit entfernt von Gronsveld und von unserer Route liegt Schloss Rijckholt, Kasteelweg15, wo der hungrige Pilger im Kutscherhaus auch einkehren kann. Das Schloss ist von einem breiten Wassergraben umgeben und liegt in einem kleinen Park. der Turm wurde im 14. Jh. errichtet, 1489 zerstört, aber direkt wieder aufgebaut. An der Ostfassade des Turms schließt sich der zweigeschossige Hauptflügel aus dem 17./18. Jh. an. In der Vorderfront findet man das Allianzwappen der Familien De Bounam/De Moffarts. Der gesamte Komplex ist weiß gestrichen.

Über den Wassergraben führt ein Erddamm, auf dem man den Innenhof des Schlosses erreicht. An der Nordseite wird der Hof durch Brüstungen mit Eisengittern abgeschlossen. Die zwei Seitenflügel wurden Anfang des 18. Jh. von Jean-Baptiste de Bounam errichtet. Im linken Flügel befand sich die dem hl. Rombout gewidmete Kapelle, heute ist in der ersten Etage ein Konferenzraum untergebracht.

6 *Das Naturgebiet „Eijsder Beemden“*

Nachdem es zuvor dem Kiesabbau gedient hatte, wurde das ca. 61 ha große Gebiet südlich des Yachthafens in den 1970er Jahren neu gestaltet. Im natürlichen Überflutungsbereich der Maas entstand eine von Bäumen und Sträuchern gegliederte, parkartige Flusslandschaft mit Wasserflächen der renaturierten Kiesgruben, Auenwäldern und Weidengebüschen, Obstwiesen und Grünlandflächen. Neben den Koniks sind es hier zusätzlich die Galloways, eine anspruchslose,

Schwalbenschwanz

Wilde Möhre und Odermennig *(rechts)*

„winterharte" schottische Rinderrasse, die für die „Pflege" und Erhaltung der Strukturvielfalt des Areals sorgen. Seit 1994 verwaltet die „Stichting Het Limburgs Landschap" das Gebiet und nimmt sowenig Einfluss wie möglich auf die Entwicklung, damit sich die Natur frei entfalten kann: Bereits jetzt brüten hier schon über 40 Vogelarten, darunter Tafelenten und Haubentaucher. Darüber hinaus konnten über 370, zum Teil seltene Pflanzen nachgewiesen werden. Dieser Reichtum erklärt sich vor allem durch das Fehlen von Düngern, die normalerweise auf landwirtschaftlichen Flächen ausgebracht werden. Hierdurch „magern" die Böden aus und bringen eine enorme Fülle an Blütenpflanzen hervor, die wiederum zahlreiche Insekten und Schmetterlinge anziehen, wie zum Beispiel den prächtigen Schwalbenschwanz.

7 *Eijsden*

Eijsden

Eijsden ist die südlichste Gemeinde der Niederlande. Der an sich unscheinbar wirkende Bahnhof dieses Ortes besitzt historische Bedeutung: Hier setzte der deutsche Kaiser Wilhelm II. am 11. November 1918 seinen Fuß auf niederländischen Boden; er erwartete, in den Niederlanden Asyl zu erhalten. Es dauerte einige Stunden, bis die niederländische Königin Wilhelmina seiner Bitte entsprach. Bis zu seinem Tod 1941 blieb der ehemalige Kaiser in den Niederlanden. Das Haus in Doorn, in dem er wohnte, ist heute ein Museum.

An der Stelle, wo heute Eijsden liegt, war im frühen Mittelalter eine Furt an der Maas entstanden. Da Wasserwege wichtige Verkehrs- und Verbindungsadern waren, wurde an dieser Stelle eine Siedlung gegründet. Nach dem Bau des heutigen Schlosses im Jahre 1636 wuchs

Vom Hochstammbaum zum EUROPOM

Frühlingszeit, Blütezeit: Südlimburg war bekannt für die Hochstammobstgärten, die seine bäuerliche Kulturlandschaft prägten und die zur Blütezeit eine touristische Attraktion darstellten.

Das Kulturobst hatten die Römer schon vor 2000 Jahren ins Land zwischen Rhein und Maas gebracht. Der Apfel, den sie zum Abschluss des Mahls verzehrten, galt als Symbol der Vollkommenheit.

Im Hochmittelalter trugen vor allem die Zisterzienser durch Züchtung neuer Sorten zur Ausbreitung des Obstbaus bei. Typisch für die Limburger Region sind: die Apfelsorten Reymerstocker Kroonrenet, der Gronsvelder und der Eijsdener Klumpke sowie die Puther Dikke, eine Kirschsorte, oder die Schweikhuizer Ringelotte, eine Pflaumensorte.

Während beim traditionellen Anbau 75 Bäume pro ha wachsen, können im Plantagenbetrieb auf gleicher Fläche 4000 Stück gepflanzt werden. Neben dem Vorteil des geringeren Pflege- und Pflückaufwands trugen Rodungsprämien und Flurbereinigungen im Laufe der Zeit zur weitgehenden Umstellung auf den Plantagenanbau mit Busch- statt Hochstammbäumen bei.

Im Jahre 1987 ergab eine Untersuchung der „Stichting Instandhouding Kleine Landschapselementen" (Stiftung für die Instandhaltung von kleinen Landschaftselementen), dass die frühere Obstanbaufläche von 15.000 Hektar auf 1.900 Hektar geschrumpft war; 2003 waren es dann nur noch 800 ha. Von den einstmals Dutzenden von Sorten sind viele verschwunden.

Da die mit Hecken eingefassten und oft von Jungvieh beweideten Obstwiesen nicht nur typisch für die hiesige Landschaft sind, sondern auch zu den an Pflanzen und Tieren reichhaltigsten Biotopen zählen, hat sich 1996 eine deutsch-limburgische Initiative mit dem Namen EUROPOM gegründet, deren Ziel die Wiederbelebung der traditionellen Obstkultur im Dreiländergebiet ist. Dutzende von Freiwilligen tragen durch Pflege, Nachpflanzung und Neuanlage von Obstgärten dazu bei, das gemeinsame Kulturerbe zu erhalten. Allein in Limburg wurden seitdem 28.000 neue Bäume gepflanzt.

Auf der Basis der Erstellung eines Verzeichnisses lokaler Obstsorten wurden Mustergärten in allen drei Regionen angelegt (einer davon bei Melaten, s. S. 201), die die fachliche Beratung und Information unterstützen. Von der Anzucht bis zur Verarbeitung der Früchte zu Saft oder auch dem beliebten Stroop bzw. Kraut finden alle Aspekte der Obstwiesenkultur Berücksichtigung.

das Dorf, bis es einen regelrechten Stadtkern besaß. Einen Markt hatte Eijsden bereits seit langem, im 17. und 18. Jh. entstanden hier jedoch auch Industriebetriebe. Das Kupfer, das von diesen Fabriken verarbeitet wurde, lieferte man sogar aus Schweden an. Im 19. Jh. kam es in Eijsden zu weiteren Industrieansiedlungen; so wurde u. a. eine Fabrik für die Herstellung von Zinkweiß errichtet.

8 *Schloss Eijsden*

Schloss Eijsden

Bereits im Mittelalter befand sich hier ein von einem Wassergraben umgebener Komplex, der „Caestertburg“ oder „Kettelhof“ genannt wurde. 1636 ließ Arnold de la Magrelle, dessen Familie das Anwesen von 1596 bis 1721 besaß, das heutige Schloss errichten. Mit ihm schuf der Architekt Servais Charles eine Perle maasländischer Baukunst (s. S. 150) mit starken Lütticher Einflüssen. Die beiden im rechten Winkel angeordneten Flügel dieses Bauwerks sind durch einen Turm mit einer zwiebelförmigen Spitze verbunden. Das Gebäude liegt inmitten einer Parkanlage, die während des 18. Jh. in französischem Stil angelegt wurde, mit einem Eiskeller und einem später hinzugefügten, herrlichen Laubengang aus Hainbuche (Abb. S. 177). Während der Park für jeden geöffnet ist, kann das Schloss leider nicht besichtigt werden. Dies ist bedauerlich, denn sein Inneres gehört zu den verborgenen Kunstschätzen der Niederlande.

Brunnenschale Schloss Eijsden

9 *Die Mühlen von Eijsden*

Kornmühle, Eijsden/Laag-Caestert

Südlich von Eijsden stehen am Flüsschen Voer noch vier mittelalterliche Wassermühlen. Bei den ersten drei handelt es sich um Kornmühlen, die vierte ist eine aus dem Jahre 1317 stammende Sägemühle. Da die Voer ein großes Gefälle hat und das Wasser daher sehr schnell und mit Kraft fließt, standen in früherer Zeit zwischen St. Pietersvoeren und der Maas, auf einer Strecke von elf Kilometern, nicht weniger als dreizehn Mühlen an diesem Flüsschen.

Am Ortsende führt links ein Pfad zu der letzten Mühle vor der Maas. Diese Getreidemühle hat ein so genanntes Unterschlag-Wasserrad, d.h. das Fließgewässer treibt das Rad unterhalb der Achse an. Zwischen 1975 und 1980 wurde die verfallende Gesamtanlage von Grund auf restauriert. Parallel zum Graben ist eine Fischtreppe angelegt, über die die Fische zu ihren Laichplätzen im Oberlauf des Baches wandern können.

10 *Grenzpfahl 43*

Grenzpfahl

Wäre hier nicht der kegelförmige Pfahl mit dem belgischen Löwen auf der einen und dem niederländischen Löwen mit dem Schwert und den sieben Pfeilen auf der anderen Seite, wir würden wahrscheinlich erst dann, wenn unser nächstes „Goeiendag!“ von der Gegenseite mit einem „Bonjour“ erwidert würde, bemerken, dass die Landesgrenze zum wallonischen Belgien hinter uns liegt. Die nächsten 1800 km führen durch französischsprachiges Gebiet.

Auf dem noch etwa dreimonatigen, 2400 km weiten Weg bis zum galicischen Santiago de Compostela wird diese sprachliche weder die letzte noch die größte Herausforderung sein, die uns erwartet. Doch durch das menschliche Tempo können wir uns Schritt für Schritt auf das Neue einstellen und mit zunehmender Entfernung von der Heimat zu Peregrini – das heißt zu Fremden in der Fremde – wandeln.

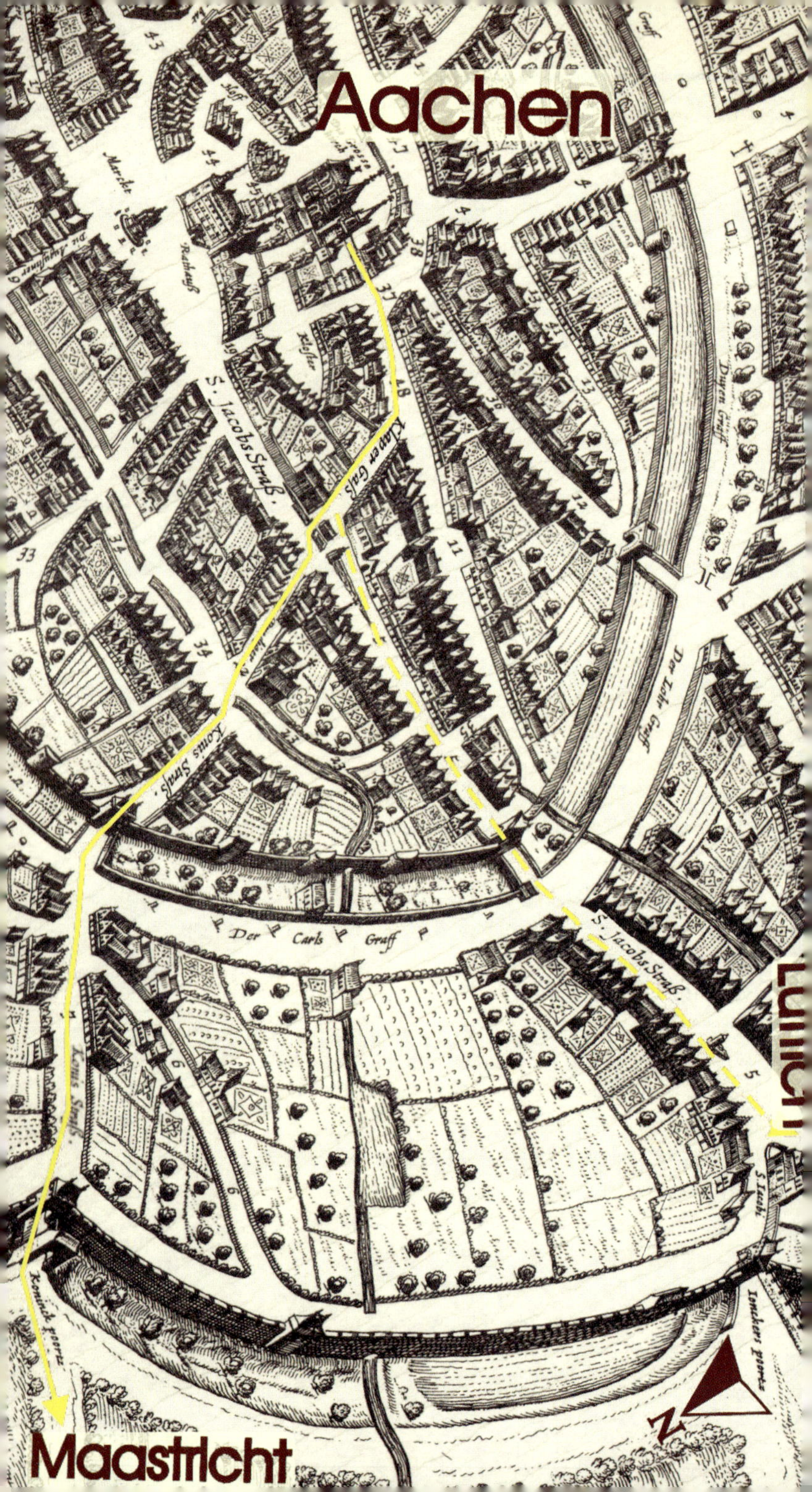
Aachen
Maastricht
S. Jacobs Straß
Der Carls Graff

Aachen – Gulpen

16 km

16 km

Links: Vogelschau auf Aachen, um 1625, mit eingezeichneter Pilgerstrecke

Von der Taufkapelle des Aachener Doms am Fischmarkt, deren Mauerwerk eine Jakobsmuschel ziert, führt der Weg in die Rennbahn. Zusammen mit den Pilgern, die den Weg direkt nach Belgien vorbei an St. Jakob gewählt haben, geht es bis St. Paul an der Jakobstraße. Hier, wo sich die Routen trennen, biegt der Maastrichter Weg als (Maas-)Trichtergasse nach Norden ab. Am Hochkreuz des Lindenplatzes vorbei führt er über die Königstraße bergauf in Richtung Königshügel, wo der Blick schon in das so genannte „Mergelland“ jenseits der Grenze schweift. Es ist die „grüne Lunge“ der ansonsten dicht besiedelten Provinz Limburg mit einer wenig niederländisch anmutenden Landschaft, die auf die Ausläufer der Ardennen zurückzuführen ist.

Pilgerspuren ...

Vom Zentrum der Stadt Aachen streben die Hauptverbindungen zu den wichtigen Städten an Rhein, Maas und Mosel strahlenförmig auseinander. Jedem dieser Straßenzüge entsprach ein Außentor der mittelalterlichen Stadtbefestigung. Der Weg der Jakobspilger, der in Band 1 der vorliegenden Buchreihe beschrieben wird, führte über die Jakobstraße und die Lütticher Straße Richtung Belgien. Für Pilger, die den Weg über Maastricht wählten, kamen sowohl die Vaalser Straße durch das Junkers- oder spätere Vaalser Tor in Betracht sowie die Königs- bzw. Maastrichter Straße durch das Aachener Königstor, die so genannte „Via Regia“, die am Maastrichter Königstor endete.

Der Weg von Aachen nach Maastricht war eine der bedeutendsten Verkehrsverbindungen des Mittelalters. Im ältesten Wegweiser, dem Itinerarium de Brugis von etwa 1380 (Brügger Itinerar), wird sie als „Via XXIII“ bezeichnet und ihr Charakter als Pilgerstraße besonders hervorgehoben.

Über die Menge der Menschen, die auf der Via Regia pilgerten, berichtet Philippe von Vigneulle aus Metz, der 1510 im Anschluss an die Verehrung des hl. Servatius in Maastricht zur Heiltumszeigung nach Aachen zog: „Unterwegs trafen wir so viele Leute, dass es ganz erstaunlich war. Als wir auf den Berg oberhalb Aachens kamen, schien es uns beim

Heiligtumsfahrt Aachen, um 1630

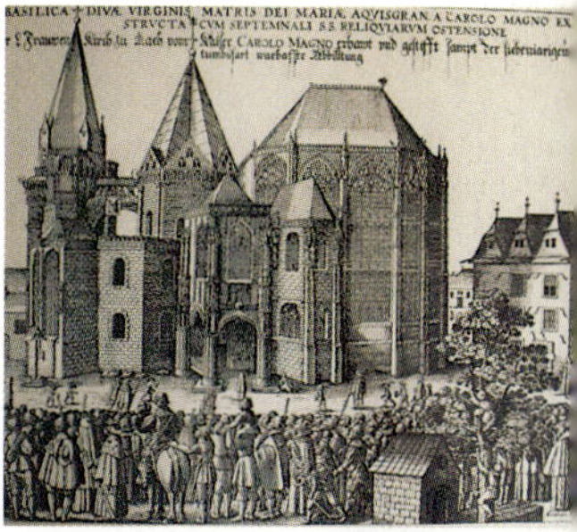

Niederschauen, als ob die ganze Kirche in hellen Flammen stände, wegen der vielen Lichter, die um die genannte Kirche standen."

Stele vor der Taufkapelle des Aachener Doms

Die alte Kaiserstadt, nicht nur wegen ihrer so genannten „Vier großen Heiligtümer" selbst einer der großen Wallfahrtsorte, zählte zu den Hauptsammelzentren für Pilger, die vom Norden und Osten auf dem Weg zum Jakobusgrab waren. Hier begann die von dem Pilger Hermann Künig von Vach (1495) so bezeichnete „Niederstraße", die über Brüssel und Paris nach Tours führte; ab Paris hieß sie „Via Turonensis", Tours-Straße.

Neben der Jakobkirche aus dem 12. Jh., die an der Jakobstraße nahe dem Jakobstor lag, gab es in Aachen eine Jakobusbruderschaft sowie das von dieser 1435 gegründete Hospiz „Klein St. Jakob", in dem die Santiagopilger betreut wurden. Durch den Sitz der Deutschen St. Jakobus-Gesellschaft nimmt Aachen auch heute eine wichtige Stellung im internationalen Netz der Stützpunkte für Jakobspilger ein. Die 1987 gegründete Gesellschaft mit mehr als 3000 Mitgliedern (Stand 2003) widmet sich der Erforschung und Dokumentation der historischen Jakobuswallfahrt sowie der Information und Beratung der heutigen Pilger. Über die Pflege des kulturellen Erbes am Weg hinaus beteiligt sie sich auch an der europäischen Zusammenarbeit der nationalen Gesellschaften.

Die so genannte alte Maastrichter Straße, oder Via Regia, verlief von Aachen über Lemiers, Vijlen, Parthey, Gulpen, Scheulder, Yseren, Bemelen und Scharn nach Maastricht. Schon auf der ältesten Karte des Aachener Reichs von 1569 ist diese Verbindung eingezeichnet. Während die schriftlichen Zeugnisse den Weg durch das Königstor aus der Stadt, vorbei am Galgenberg und der Leprosenstation Melaten, als den gebräuchlichsten ansehen, zeigen die Karten darüber hinaus einen „Alter Vaalser Weg". Diese Trasse verläuft links von der heutigen Vaalser Straße und wurde nach dem Ausbau der napoleonischen Straße noch lange als Schmugglerpfad genutzt. In Fortsetzung dieser historischen Verbindung zieht jeden Montag eine rüstige Pilgerschar von der Vaalser Kirche aus nach Holset, einem Ortsteil von Lemiers, um dort die hl. Genoveva von Paris zu verehren. 2 km nördlich unseres Weges nach Wittem liegt die Jakobuskirche Bocholtz. Ihr Patron ziert auch das Ortswappen, ebenso, wie sich zwei Jakobsmuscheln in dem Wappen der Gemeinde Simpelveld finden, zu der Bocholtz gehört. Der heutige Backsteinbau, 1869-73 errichtet, ersetzte ein baufälligen Gebäude aus dem Jahre 1697. Sein Architekt P. J. Cuypers ließ sich in seinem Entwurf stark von der mittelalterlichen Pfarrkirche in Nieuwstadt inspirieren (s. S. 148), mit deren Restaurierung er damals beauftragt war. Auf dem Vorplatz erwartet den Besucher eine moderne Jakobus-Steinplastik; im Kircheninneren findet er eine barocke Figur des Apostels, die wohl zum Inventar des Vorgängerbaus gehörte.

„Wappen von Bocholtz"

Jubeljahr – Heiliges Jahr

Das Alte Testament gebot für alle sieben Jahre ein Brachjahr (Exodus, 23,11; Buch Leviticus 25, 1-7; Buch Deuteronomium 15, 1-11). Es galt auch als allgemeines Erlassjahr, in dem Sklaven freigelassen und Schulden erlassen werden sollten. Nach sieben dieser so genannten Sabbatjahre wurde im 50. Jahr schließlich ein „Jobeljahr" begangen, ein Jahr des radikalen Neuanfangs (Leviticus 25). Das Wort „Yobel" stammt aus dem Hebräischen und bedeutet Widder. Mit dem Widderhorn wurde das geheiligte Jahr angeblasen. Dieses spirituelle Gedankengut übernahm 1300 das Christentum für das Jubiläumsjahr, das Heilige Jahr, welches mit der Möglichkeit eines Sündenerlasses den Gläubigen einen Neuanfang ermöglichen sollte.

Auch die Aachener Heiligtumsfahrt nahm die Zahl Sieben für den Turnus der Zeigung seiner Heiligtümer zum Vorbild: Seit 1349 werden die dortigen Reliquien alle sieben Jahre im siebten Monat des Jahres sieben Tage vor und sieben Tage nach dem Kirchweihfest des 17. Juli den Gläubigen gezeigt. Maastricht und Kornelimünster schlossen sich diesem Rhythmus der Heiligtumsfahrt an. Während der Zeigung stießen die Gläubigen in ein tönernes Jubelhorn in Form eines Widderhornes, das auch Achhorn genannt wurde.

Die erste geschichtlich bekannte Heilig-Jahr-Feier von Santiago de Compostela fand 1428 statt. Das dortige Jubeljahr wird immer dann gefeiert, wenn der 25. Juli, das Fest des hl. Jakobus – der Tag der Überführung seiner Gebeine nach Spanien – auf einen Sonntag fällt. Es beginnt mit der Öffnung der Heiligen Pforte der Kathedrale am 30. Dezember des Vorjahres (Abb. rechts) und endet mit der Schließung derselben ein Jahr später. Durch diesen auch „Puerta del Perdón" (Tor der Vergebung) genannten Eingang betreten traditionsgemäß die Pilger die Kirche, die in diesen Jahren eine Bußfahrt mit dem Ziel eines vollkommenen Ablasses nach Santiago unternehmen.

Die Heiligen Jahre von Santiago finden innerhalb eines 28-jährigen Zeitraums in regelmäßiger Wiederkehr im Abstand von 6, 11, 6 und 5 Jahren statt. Wenn also 1999 und 2004 jeweils „Año Jubilar Compostelano" sind, fallen die „Años Santos" der nächsten Periode auf 2010, 2021, 2027 und 2032.

Wegbeschreibung und Hinweise

16 km

16 km

Wegstrecke zu Fuß und per Rad sind identisch.

Schwierigkeitsgrad zu Fuß und per Rad: leicht bis mittel, auf Wirtschaftswegen und kombinierten Fuß- und Radwegen sowie verkehrsarmen Straßen

Ausgangspunkt Domhof Aachen (1): Über Rennbahn, rechts Klappergasse **(2)**, links Jakobstraße **(3)**, rechts Trichtergasse, Lindenplatz queren, Königstraße/Maastrichter Straße, halbrechts über den Hexenweg auf den Königshügel **(4)**, weiter über Melatener Straße, Worringer Weg **(5)**, Schneebergweg **(6)** bis Lemiers **(7)**, wo ein Steg über die Grenze am Senserbach führt, nach rechts über Oude Lemiers **(8)** zum Rijksweg, diesen überqueren und nach rechts folgen. Am Ortsende links Oude Trichterweg bergauf nach Vijlen **(9)**, am Ortsrand entlang, am Ende rechts und sofort in Feldweg nach links, an Einmündung Guilkoelerweg rechts bis zum Kloster **(11)** (rechts Abstecher über Capucijnenweg nach Wahlwiller **(12)**) geradeaus nach Partij, dort dem Partijer Weg nach rechts bis zum Rijksweg folgen, diesen queren und auf der Wittemer Allee bis Wittem **(13)**. Hinter dem Parkplatz links auf Fußweg zum Rijksweg, dort rechts diesem bis Gulpen folgen, nach der Brücke links durch Drehtore die Wiese überqueren und dem Oude Akerweg nach rechts bis zum Busbahnhof Gulpen **(14)** folgen, wo es nach links über den Rijksweg und dann rechts ab zum Markt geht.

Mühlengraben, Wittem

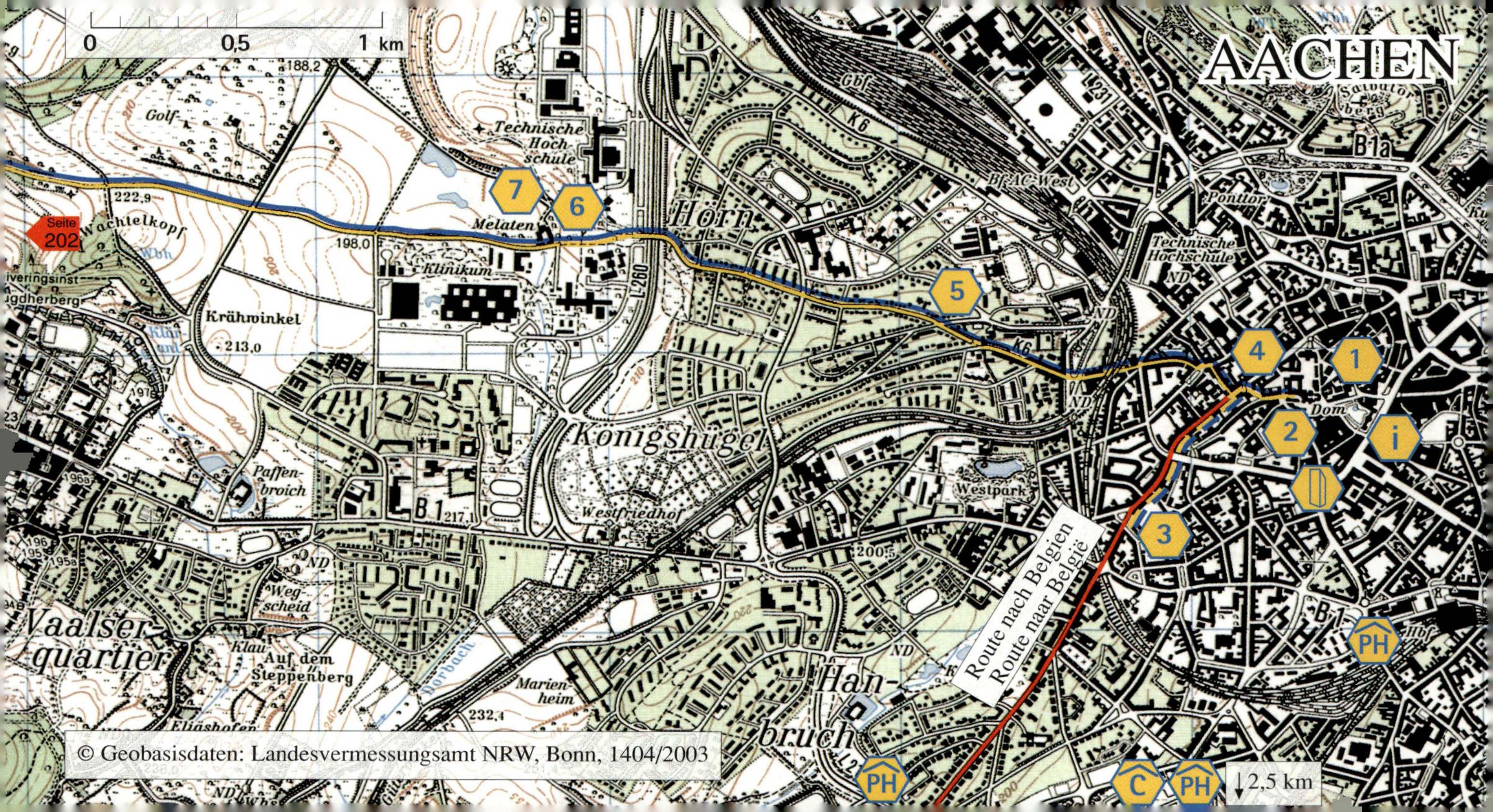
AACHEN
0
0,5
1 km
Seite 202
Golf
Technische Hochschule
Melaten
Wachtelkopf
Klinikum
Krähwinkel
Hörn
Königshügel
Westfriedhof
Westpark
Technische Hochschule
Ponttor
Salvatorberg
Dom
Paffenbroich
Wegscheid
Vaalserquartier
Auf dem Steppenberg
Marienheim
Hanbruch
Route nach Belgien
Route naar België
1
2
3
4
5
6
7
i
PH
C
2,5 km

1 *Aachener Dom*

Karl der Große mit der Aachener Pfalzkapelle, Lithographie, 19.Jh.

Die beste Möglichkeit, den baulichen Werdegang des Aachener Doms zu erfassen, ergibt sich bei einem Gang um die Baugruppe, wenn man das Ensemble von der Rathausterrasse aus betrachtet. Im Mittelpunkt der Anlage steht der karolingische Zentralbau aus dem Jahr 805 mit dem vorgelagerten Westwerk. Die barocke Haube von 1669 ist der Ersatz für ein 1656 verbranntes, achtseitiges Pyramidendach. Der ursprünglich kurze Ostchor wurde zum 600. Todestag Karls des Großen 1414 durch den gotischen Chor ersetzt.

Die Galerie zwischen dem Zentral- und dem Westbau dient seit dem 14. Jh. der öffentlichen Zeigung der „Vier großen Heiligtümer" Aachens: das Kleid der Muttergottes, die Windeln Jesu, das Enthauptungstuch Johannes des Täufers und das Lendentuch Christi. Seit 1349 werden diese großen Reliquien bis heute alle sieben Jahre, zuletzt im Jahr 2000, in der Woche des Kirchweihfestes (17. Juli) im Rahmen der Heiligtumsfahrt gezeigt.

Seit dem 19. Jh. bekrönt ein neogotischer Turm das Westwerk am Domhof, durch das man die altehrwürdige Marienkirche betritt.

Für die Jakobspilger ist besonders der Schrein mit den Gebeinen Karls des Großen im Hochchor des Doms von Interesse, auf dem das Leben des fränkischen Herrschers als christlicher Streiter und Pilger geschildert wird. Die Flachreliefs beschreiben die „Gesti beati Caroli in Hispania", die Taten des seligen Karls in Spanien, die die Heiligsprechung des Kaisers 1165 begründen sollten. Als Grundlage diente der „Pseudo-Turpin", eine legendäre Darstellung nicht-historischer Taten, die Karl der Große zur Befreiung des Jakobusgrabes in Galicien angeblich vollbracht habe.

Die Reihe der Apostel im Chor (1430), in der sich auch ein sehr eleganter Jakobus befindet, schließt nicht wie andernorts (z. B. Köln, Freiburg) mit Maria und Jesus ab, sondern mit der Gottesmutter und Karl dem Großen, dem „Herrscher von Gottes Gnaden". Den Beinamen „der Große" erwarb Karl sicher nicht nur, weil er ein Großreich errichtete, sondern auch, weil er der Begründer einer kulturellen Gemeinsamkeit in Schrift, Sprache, Recht und Religion war. Dies brachte ihm auch die Bezeichnung „Vater Europas" ein. Auf die Verehrung Karls des Großen sowie die Mariens bezieht sich ein Großteil der Kirchenausstattung.

Unsere Liebe Frau von Aachen mit Pilgern, Lithographie, 19.Jh.

In der Gemeinschaft der Heiligen auf den Chorfenstern, die Walther Benner nach dem letzten Krieg schuf, entdecken wir u. a. Brigitta von Schweden (1303-1373), die, nachdem sie mit ihrem Mann nach Santiago de Compostela gepilgert war, auch die Reliquien in Aachen und Köln besuchte. Eine leicht zu übersehende Darstellung des Menschen als „Homo viator" auf der Pilgerschaft zum jenseitigen Ziel schmückt die Grabplatte des Weihbischofs Dr. Hünermann in der Allerheiligenkapelle jenseits der Nikolauskapelle.

Die Aachener Domschatzkammer birgt einen der bedeutendsten Kirchenschätze Europas. Dies verdankt sie dem Umstand, dass die Marienkirche über Jahrhunderte (936-1531) Krönungskirche der deutschen Könige war. Im Erdgeschoss finden sich im Hildesheimer Schnitzaltar der Gregormesse (um 1525) und auf dem Apostel-Altarvorsatz bemerkenswerte Jakobusdarstellungen.

Jakobus auf der Gregormesse, Domschatzkammer Aachen

2 *Wie die Klappergasse zu ihrem Namen kam*

Steinrelief in der Klappergasse, Aachen

Auf der linken Seite der Klappergasse ist über der Klostertür ein Steinrelief aus Maastrichter Mergel (s. S. 217) eingelassen, eine Schenkung der Stadt Maastricht. Es verweist auf eine alte Aachener Sage, die die enge Beziehung zwischen den beiden Bischofsstädten widerspiegelt:

Kaiser Karl hatte in seiner Pfalz zu Aachen soeben mit dem Bau der Marienkapelle begonnen, da musste er in den Krieg gegen die Sachsen ziehen. Als er nach langer Zeit zurückkehrte, hatten seine Bauleute das Werk vollendet. Er schenkte alles, was darinnen noch fehlte, und sandte derweil schon Boten aus. Die sollten den Papst und 365 Bischöfe zur Einweihung laden – genau so viele, wie ein Jahr Tage zählt. Am Abend vor dem Festtag waren jedoch erst 363 eingetroffen, was dem Kaiser großen Kummer bereitete.

In dieser Nacht stieg ein Engel in die Gruft der Stiftskirche St. Servatius in Maastricht nieder, wo die Bischöfe Monulph und Gondulph begraben waren. Kaiser Karl hatte sie eingeladen, ohne zu wissen, dass beide schon gestorben waren. „Monulph und Gondulph, steht auf und zieht nach Aachen! Dort soll das Münster eingeweiht werden. Macht euch auf, Gott will es." Sogleich standen die beiden Bischöfe auf und zogen in dem Ornat davon, mit dem sie im Grab gelegen hatten. Wie sie so dahin eilten und daran dachten, was sie erwartete, fing ihr Totengebein freudig zu zittern an, und als sie endlich nach Aachen in die Jakobstraße gelangten, wurde aus dem Zittern ein solches Scheppern und Klappern, dass viele Leute davon aus dem Schlafe schreckten. Die Bischöfe fanden das Tor des Gotteshauses unverschlossen und nahmen ihre Plätze ein. So waren, als die Feier begann, alle Geladenen zusammen. Kaum war die Kapelle geweiht, da kehrten die beiden in ihre Gruft nach Maastricht zurück. Ein Teil der Jakobstraße wurde seitdem Klappergasse genannt.

3 *St. Jakob, Aachen*

Siegel der Pfarre St. Jakob, Aachen

Am höchsten Punkt der historischen Stadt liegt am alten Weg nach Lüttich der Jakobsplatz. Auf ihm entstand im 12. Jh. die Jakobuskirche. Als im 19. Jh. der Anstieg der Bevölkerung eine größere Kirche erforderlich machte, wurde sie durch einen Neubau auf der gegenüberliegenden Straßenseite ersetzt. Er ist von dem Kölner Architekten Heinrich

Wiethase im Stil der rheinischen Romanik entworfen worden. Obwohl nach dem Krieg starke Umbauten vorgenommen wurden, ist von Wiethases Innenausstattung noch Mobiliar erhalten geblieben: die Flügel des Hochaltars mit zwei Szenen aus dem Leben des Apostels Jakobus, die heute im östlichen Querhaus hängen, sowie die Kanzel mit der Aussendung der Jünger. Auch die zwei Jakobusfiguren am Eingang und im rechten Seitenschiff wurden im 19. Jh. angefertigt. Eins der Fenster, die Heinrich Junker kurz nach dem Zweiten Weltkrieg aus Industrieglas schuf, zeigt den Kirchenpatron, ein anderes den Nebenpatron Gerlach, der jeden Samstag von Houthem nach Aachen wallfahrte (s. S. 220). Mit den Jakobsmuscheln im jüngsten Fenster gedenkt die Aachener Künstlerin Irene Rottweiler-Hugot aller Menschen, die sich von hier aus auf den Weg nach Santiago de Compostela machten oder mit dem Pilgerzeichen geschmückt zurückkehrten.

St. Jakob, Aachen

Im östlichen Querhaus entdecken wir den Quirinusaltar aus der früheren Kapelle von Melaten, die auf unserem heutigen Weg liegt; der vermeintliche Jakobus auf ihm ist wahrscheinlich der Pilgerheilige Jodokus, der einer der zwölf Patrone der Kapelle war.

4 Die Dominikanerkirche St. Paul, Aachen

In Aachen befand sich bereits seit mehr als hundert Jahren ein Dominikanerkloster, als 1400 die Kirche zu Ehren St. Peter und Paul an der Jakobstraße errichtet wurde. Der Vorliebe des Ordens entsprechend, entstand ein großer Hallenbau ohne Querschiff, dessen Chor die gleiche Breite besaß wie das dreischiffige Langhaus. In seiner Mitte stand die Predigtkanzel. Nach den Vorschriften der Ordensregel erhielt die Kirche keinen Turm, sondern lediglich einen Dachreiter. Im Zweiten Weltkrieg brannte das Gotteshaus bis auf die Außenmauern aus. Beim Wiederaufbau ersetzte der Architekt Peter Salm die Säulen im Inneren durch Stahlstützen, die ein Zeltdach tragen.

Altarreliquie des hl. Willibrord, St. Paul, Aachen

Den Willibrordus-Altar erhielt die Pfarre anlässlich der Wiedererrichtung der Kirche als Geschenk des St. Willibrordus-Vereins im luxemburgischen Echternach, wo der große Missionar der Nieder- und der

Rheinlande 739 beigesetzt wurde. Sein Kopfreliquiar allerdings war laut Überlieferung des berühmten Codex Aureus Epternasensis bereits vor 1498 in den Besitz der Aachener Dominikanerkirche gelangt. Ein Ausdruck der Verbundenheit mit den Luxemburgern ist die alljährlich stattfindende, viertägige Wallfahrt, die eine Abordnung der Aachener St. Pauls-Pfarre zur Echternacher Springprozession unternimmt.

Den Kreuzweg in Form eines Wandfrieses unter der Orgelempore schuf 1955 der Aachener Künstler Peter Hodiamont.

5 *Via Regia*

Die Via Regia ist als Mosaik und Malerei am Hause Aachen, Alte Maastrichter Straße 60 wiedergegeben. Auf dieser Straße von Maastricht nach Aachen zogen im Mittelalter viele weltliche sowie kirchliche Machthaber in die Stadt und gingen die Vertreter der Stadt und des Reiches dem neuen König entgegen. „Der Weg erlebte Armut und Reichtum, Pest, Aussatz und Cholera, Jubel der Massen und kriegerische Fehden, er führte den reichsten Mann der Christenheit, Richard von Convallis (1257), und den mächtigsten Mann der Christenheit, Karl V. (1520), in die Stadt Aachen", erzählt der Künstler des Wandfrieses, Peter Hodiamont (*1925). Der Absolvent der Düsseldorfer Malakademie und eines Theologiestudiums in Köln, dem die kulturellen Verbindungen über die Grenzen hinweg besonders am Herzen liegen, hat zahlreiche, vorwiegend religiöse Kunstwerke im Dreiländereck geschaffen (s. a. S. 203).

Die Via Regia verfestigte im Mittelalter eine Verbindung zwischen Aachen und der Maas, die schon zur Römerzeit von den Thermen am Fischmarkt über den Königshügel nach Maastricht führte. Sie setzte

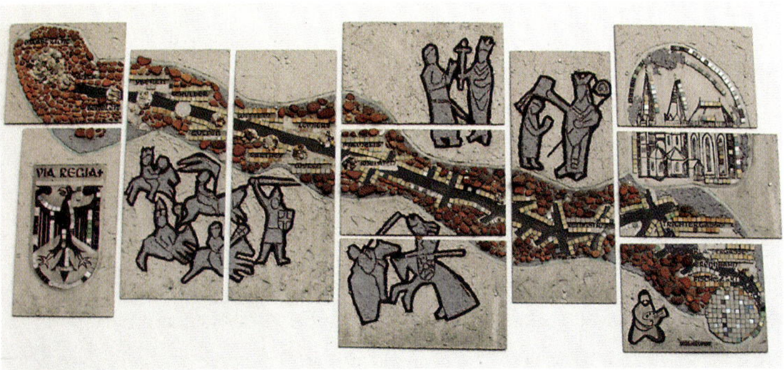

„Via Regia" von Peter Hodiamond

sozusagen den von Osten nach Aachen führenden Königsweg, die Heerstraße Karls des Großen, fort. Als im 10. Jh. sächsische Herrscher zu Königen und Kaisern wurden, belebte sich die Verbindung von Brandenburg über Magdeburg, Goslar und Hildesheim bis Essen und Aachen als Via Regia, die die Orte der Königswahl – Worms, Mainz und Frankfurt – mit dem Ort der Krönung, der Pfalzkapelle Karls des Großen, verband. Obwohl ihr die Nutzung durch die Könige den Namen gab, war sie ebenso bedeutend als Handels- und Pilgerstraße.

6 *Das Pestkraut*

Golddistel

Auf den warmen Kreideböden nordwestlich von Aachen ist die Golddistel (Carlina vulgaris) stark verbreitet. Sie hat wesentlich kleinere Blüten als die bekannte Silberdistel, und ihre Hüllblättchen sind nicht weiß, sondern goldgelb glänzend. Ihr reiches Vorkommen hat wahrscheinlich zusammen mit dem Umstand, dass in dem Hofgut Melaten im Mittelalter die Pestkranken untergebracht waren, zur Entstehung der folgenden Sage geführt:

Kaiser Karls Heer hatte aus Spanien die Pest eingeschleppt. Die Menschen starben dahin, wie bei der Ernte die Halme fallen. Die Ärzte konnten ihnen nicht helfen; alle Tränklein und Pulver versagten. In ihrer Not riefen das Volk und der Kaiser den Himmel an.

Da träumte Karl eines Nachts, ein Engel spreche zu ihm: ‚Reite hinaus vor die Stadt und schieße einen Pfeil in die Luft. Wo er hinfällt, wird er ein Kräutlein durchbohren, das heilt die Pest.' Anderen Morgens ritt Karl vor das Königstor. Er nahm einen Pfeil, segnete ihn und schoss ihn dann in die Luft. Aber wie von einer überirdischen Kraft gelenkt, kehrte der Pfeil gleich zurück und bohrte sich in die Erde. Karl fand ihn in einem Kräutlein stecken, das war einer Distel ähnlich und hatte eine goldgelbe Blume. Es wuchs sehr zahlreich. Das Volk nannte es Eberwurz. Das Kraut wurde nun überall gesammelt und ausgepresst, und den Saft tranken die Kranken. Da geschah, was der Engel vorausgesagt hatte: Die Pest war bald erloschen. Das Kräutlein wurde seitdem Karlsdistel oder Carlina genannt.

(Paul Weitershagen: Sagen und Legenden aus dem Aachener Land, 1965)

Mitten auf dem Feld, an der Stelle, wo der Pfeil niedergefallen war, ließ der Kaiser aus Dankbarkeit eine Kapelle und ein Krankenhaus bauen, das in Zukunft alle von ansteckenden Krankheiten Befallenen aufnahm. Diese Örtlichkeit ist unter dem Namen Melaten bekannt.

Die Kalebasse

Zu dem breitkrämpigen Hut, der Tasche und dem Wanderstab als allgemeine Pilgerattribute sowie der Jakobsmuschel, die speziell den aus Santiago de Compostela kommenden Pilger schon seit dem 12. Jh. kennzeichnen, tritt gegen Ende des Mittelalters die Kalebasse, die Trinkflasche des Pilgers. Vielfach ist sie mit einer Kordel zwischen den beiden Knäufen des Wanderstabes oder am Gürtel festgebunden. Hergestellt wird dieses Vorratsgefäß aus der Frucht des Flaschenkürbisses (Lagenaria vulgaris). Als „cucurbitas" erscheint dieser Kürbis bereits um 795 in der Pflanzliste des Capitulare de villis (s. S. 202) ebenso wie im Hortulus, dem Kräuterbuch der 23 Nutzpflanzen des idealen Gartens, das Walafrid Strabo, der Abt von Reichenau, 840 verfasste. Letzterer beschließt ein Gedicht über die Kalebasse mit den Worten: „Dieser Krug, verpichst du ihn wohl mit Pechleim, bewahret lange dir frisch die Gaben des spendenden Bacchus Lyaeus."

Der Flaschenkürbis, eine der ältesten Kulturpflanzen der Welt, ist die einzige Kürbisart, die schon vor der Entdeckung Amerikas in Europa kultiviert wurde. Das liegt sicherlich daran, dass diese feste, wasserundurchlässige und dabei sehr leichte Frucht schwimmfähig ist und ihre Samen lange keimfähig sind, wodurch sie sich ohne menschliche Hilfe über die Meere hinweg verbreiten konnte. Dieselben Eigenschaften ließen sie dann auch zur idealen Trinkflasche des Jakobspilgers werden – eine Verwendung, die selbst im Norden Europas so bekannt war, dass im Niederländischen die ganze Pflanze nach ihr „pelgrimsfles" benannt wurde. Im Aachener Karlsgarten können wir die am Boden kriechende, krautige Pflanze mit den verzweigten, hochkletternden Sprossranken bewundern. Im Unterschied zu den gelbfarbenen der Gattung Cucurbita öffnen sich ihre weißen, eingeschlechtlichen Blüten erst abends. Aus den weiblichen Blüten entwickeln sich bis zum Herbst die 10 – 100 cm langen und bis zu 1 kg schweren dickbauchigen, langhalsigen Früchte, die im frühen Stadium auch essbar sind.

Um aus ihnen die Pilgerflasche herzustellen, müssen die Früchte zunächst getrocknet werden. Damit sie dabei nicht zu schimmeln beginnen, sollte man die äußere dünne Haut sorgfältig abkratzen und für ausreichend Wärme sowie gute Durchlüftung sorgen. Anschließend füllt man durch den geöffneten „Flaschenhals" Sand in den Hohlraum und schüttelt den Kürbis, so können die Reste des Fruchtfleischs und die Kerne gelöst und entfernt werden.

7 *Das mittelalterliche Leprosarium Melaten und der Karlsgarten*

Aachener Klinikum und Melaten

Im Schatten des hochmodernen Klinikums liegt Gut Melaten. Die Hochschulklinik links der alten Via Regia setzt die Jahrhunderte alte Tradition der Krankenversorgung fort, die mit dem Leprosarium Melaten im 9. Jh. begann. Der Name leitet sich von „mal'ladre", die Krankheit des Lazarus, ab und bezeichnet eine Station zur Unterbringung der Aussätzigen. Die Lepra war durch die römischen Truppen nach Mitteleuropa gelangt. Wer an dieser entstellenden Krankheit litt, musste die Stadt verlassen und hier in der Isolation leben. Die Lage der Einrichtung an einer Kreuzung der viel benutzten Königstraße war mit Bedacht gewählt, denn ihre Insassen waren neben Spenden aus der Aachener Bürgerschaft auch auf die Almosen der Passierenden angewiesen. Die große Zahl der vorüberziehenden Pilger, die sich den christlichen Tugenden besonders verpflichtet fühlten, war ein gewisser Garant für milde Gaben. Die Aussätzigen – die „aus" der Gemeinschaft der Stadt „Gesetzten" – waren verpflichtet, grellfarbene Kleider und einen Stock mit Glöckchen zu tragen, um Passanten vor Ansteckung zu warnen. Der Gutshof, der heute von der Aachener Hochschule genutzt wird, trug zum Unterhalt und zur religiösen Betreuung der Kranken bei. Zu ihm gehörte auch eine dem hl. Quirinus geweihte Kapelle. In der Kapelle und auf einem Friedhof dahinter wurden die Verstorbenen bestattet, unter ihnen auch einige Hingerichtete vom nahen Galgenberg. Der bis an den Oberboden anstehende Limburger Kalkmergel trug zur Desinfektion der Leichen bei und konservierte die Gebeine bis zu den Ausgrabungen im 20. Jh.

Ehemalige Kapelle, Melaten

Jenseits des Hofguts Melaten lädt der Karlsgarten zu einem lohnenden Besuch ein. In ihm präsentiert der „Freundeskreis Botanischer Garten" das Pflanzenspektrum des „Capitulare de Villis" (CV) in moderner Form.

„Karl der Große reiste wie seine Vorfahren ständig mit großem Tross von Pfalz zu Pfalz. Er hat so im Laufe seines Lebens (zu Pferd) eine Wegstrecke zurückgelegt, die ungefähr einer dreifachen Umrundung der Erde entspricht. Er benötigte hierzu ein Netz gut organisierter Stützpunkte. Das waren die Pfalzen, Klöster und Hofgüter. Das CV regelt Verwaltung und Bewirtschaftung der Hofgüter und sichert das königliche Einkommen. Hauptbeweggrund war, jederzeit zuverlässig mit Lieferungen aus den königlichen Domänen für den Unterhalt des Hofes oder das Heer rechnen zu können. Im letzten Kapitel der Verordnung sind Pflanzen aufgelistet, die auf jedem Hofgut verfügbar sein sollten. ‚Gelesen' wird der Pflanzgarten wie die Pflanzenliste des 70. Kapitels des ‚Capitulare', die Kräuter und Stauden fortlaufend von Nummer 1 bis 73 und dann weiter in der Reihenfolge der genannten Obst- und Fruchtgehölze. In ihrer Bedeutung kommen die Kräuter des CV einer Apotheke des Mittelalters gleich." (Zitiert nach: www.biozac.de)

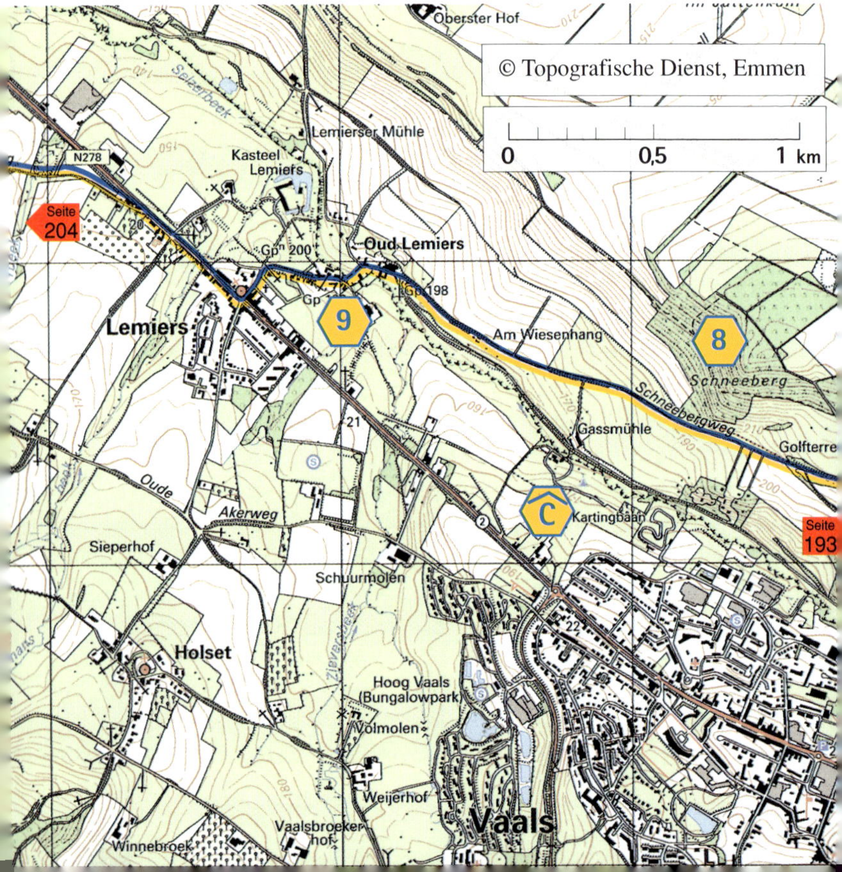

8 *Schneeberg*

Blick auf den Schneeberg, Aachen

Der alte Maastrichter Weg führt parallel zum Senserbach, der die Landesgrenze bildet, über einen Ausläufer des limburgischen Kreidemergellandes. Sein Name Schneeberg geht auf den weißlich-hellen Kalkboden zurück. Da dieser sich sehr schnell erwärmt, haben sich nach der letzten Eiszeit Pflanzen auf ihm angesiedelt, deren ursprüngliche Heimat der Mittelmeerraum und Südosteuropa sind. In der geschützten, südexponierten Lage konnten sie sich an diesem Standort über Jahrtausende halten. Erst die Aufgabe der extensiven Beweidung in den letzten Jahrzehnten hat zu einer Bedrohung dieser faszinierenden Pflanzenwelt geführt.

Kurz vor dem Grenzort Lemiers fallen zwei bauliche Anlagen ins Auge, die auf sehr unterschiedliche Weise auf den Zweiten Weltkrieg zurückgehen: Auf der rechten Seite sind es die am Hang erhaltenen Panzersperren, die einen Teil des „Westwalls“ bildeten. Dieses in der friedlichen Umgebung fremd wirkende Sperrbauwerk wurde als Mahnmal gegen Diktatur und Unmenschlichkeit unter Denkmalschutz gestellt. In weiten Teilen übernimmt der Westwall – besonders dort, wo er als Höckerlinie verläuft – heute die Aufgabe eines Biotopverbundes.

Zur Linken führt ein Weg zu einer Marienkapelle. Sie resultiert aus dem Versprechen eines Anwohners, hier der Gottesmutter eine Verehrungsstätte zu errichten, wenn er den Zweiten Weltkrieg überleben würde. Die Eingangstür ist wiederum ein Werk Peter Hodiamonts (s. S. 198).

9 *Der Grenzort Lemiers*

Der alte Ort Lemiers erstreckt sich zu beiden Seiten des Senserbaches. Einstmals Grenze zwischen dem Herzogenrather Land und dem Aachener Reich, markierte dieser hier seit 1661 – seit das Territorium Vaals-Lemiers-Vijlen zu den Niederlanden gehört – die alte Reichsgrenze. Und auch heute noch verläuft die Staatsgrenze in der Mitte des Baches. Auf deutscher Seite ist das Bild der grünen Talaue von den Mergelhofanlagen mit ihren weißen Schlämmen geprägt. Mitten im Dorf ermöglicht ein Steg das Überqueren des Bachs und somit der Grenze. In der alten Siedlung auf niederländischer Seite liegt das St.-Catharinakerkje aus dem 11. Jh., eine der ältesten Saalkirchen der Niederlande (Abb.S. 11). Wie bei diesem Kirchentyp üblich, besitzt sie keine Seitenschiffe. An der Stelle, wo der Chor in das Kirchenschiff übergeht, befindet sich an der Außenmauer seit ungefähr zwei Jahrhunderten ein Grenzstein

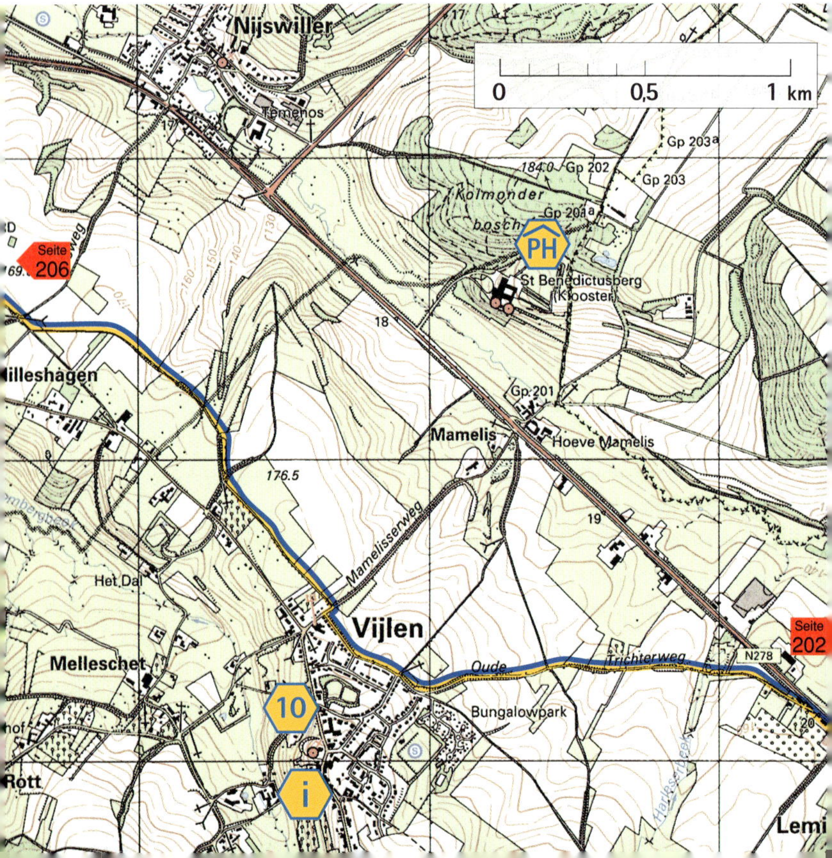

mit dem Adler der freien Stadt Aachen. Das Gotteshaus ist durch die expressionistischen Wandmalereien von Hans Truyen bekannt geworden.

Oud-Lemiers

In unmittelbarer Nähe der Kirche liegt, umgeben von Teichen und einem Wassergraben, das Kasteel Lemiers. Dieses Bauwerk wurde 1219 erstmals erwähnt. Der Kern des Schlosses besteht aus den Überresten eines Wohnturms aus dem 12. und 13. Jh., auf denen später ein Wohnhaus errichtet wurde. Die restaurierte Heren- oder Tiendschuur (Herren- oder Zehntscheune) ist heute bewohnt.

10 *Vijlen und St. Benedictusberg*

Der Turm der neogotischen St.-Martinuskerk von Vijlen ist dank seiner erhöhten Lage weithin sichtbar. Im frühen Mittelalter war der Ort einer der sechs „Rotten“ , das heißt eines der Dörfer, deren Einwohner das Nutzungsrecht des Vijlener Waldes besaßen, der eine Schenkung Arnold von Gemmenichs an die Zisterzienserinnenabtei Burtscheid war.

Vom nördlichen Ortsrand aus fällt der Blick auf die Abtei St. Benedictusberg am gegenüberliegenden, bewaldeten Hang. Der mittelalterlich anmutende Bau mit den zwei Rundtürmen geht auf Entwürfe von Dominikus Böhm und Martin Weber aus dem Jahr 1912 zurück. Böhm schuf hier während seiner Tätigkeit als Leiter der Abteilung Kirchliche Kunst an der Kölner Werkschule eines seiner Frühwerke. Erst 1962 wurde der Komplex durch den Bau der Klosterkirche abgeschlossen, die der Mönch und Architekt Dom Johannes van der Laan schuf. Nach seinen Entwürfen fertigen die hiesigen Benediktiner entsprechend ihrer Ordensregel „ora et labora“ Paramente. Dem Gebot der Gastfreundschaft folgend, werden nach Absprache auch (ausschließlich männliche) Besucher im Gästequartier der Abtei aufgenommen.

Blick auf die Abtei St. Benedictusberg

Seite 212
Gracht Burggraaf
't Berghöfke
Gulpen
Kasteel
Cartils
Wittemer allee
Piettenbergweg
Klooster
Kasteel
Wittem
Gulperberg
De Bek
Sinselbeek
Zwarte Brugweg
Karsstraat
Kruisberg
De Hofkamer
Wahlwiller
Partij
Klooster
Gulperberg
Berghem
Landsraderweg
Hommerich
Gülkoeler weg
Klooster
Heuvelzicht
Biesveld
Biesweg
Bergweg
Gerardushoeve
Dunnen bosch
Gemeente Gulpen-Wittem
Hilleshagen
Herenhof
N278
0 0,5 1 km
Seite 204

11 Kloster der Steyler Missionsschwestern

Kurz vor Wahlwiller führt der Weg am Arnold-Janssen-Kloster vorbei, einer Niederlassung der Steyler Missionsschwestern (s. S. 98). In dem Orden, der 1889 in Steijl von Arnold Janssen und den Schwestern Hendrina Steenmanns (1852-1903) aus Issum am Niederrhein und Helena Stollenwerk (1852-1900) aus Rollesbroich in der Eifel gegründet wurde, sind heute 3700 Mitglieder in 38 Ländern tätig. In dem hiesigen Kloster, das die Missionsschwestern 1980 von den Clarissen übernommen haben, unterhalten sie ein Exerzitienhaus, das auch angemeldete Pilger beherbergt.

12 Wahlwiller

Ein Abstecher zur romanischen Kirche von Wahlwiller ist besonders lohnenswert. Die modernen Wandgemälde und der Kreuzweg wurden 1947 von dem Künstler Aad de Haas (1920-1972) geschaffen und lösten damals sehr kontroverse Stellungnahmen aus. Der Visionär de Haas fügte den üblichen 14 Stationen des Kreuzwegs zwei weitere hinzu, sodass am Beginn der Verrat durch Judas und nicht die Verurteilung Christi, und am Ende nicht die Grablegung, sondern die Auferstehung steht.

„Auferstehung“ (Aad de Haas) St. Cunibert, Wahlwiller

Jenseits des Dorfes, auf den Hängen des Senserbachtals, wurde 1971 ein Weinberg angelegt. Die Wiederaufnahme der Limburger Weinbautradition (s. S. 164) ist heute so erfolgreich, dass inzwischen alljährlich im September ein Weinfest stattfindet und auf Anfrage thematische Führungen für Besucher durchgeführt werden (s. Anhang).

13 Wittem

Die älteste Information über Wittem, das bis 1700 ausschließlich aus der Burg bestand, datiert aus dem Jahr 1125, als die Witwe des Herzogs von Falkenburg den Besitz im Göhltal der Lütticher Abtei St. Jacques vermachte. Bis zur napoleonischen Zeit war es eine freie Reichsherrlichkeit, d. h. ein selbstständiges Hoheitsgebiet innerhalb des Deutschen Reiches.

Klosterkirche Wittem

Im Jahre 1722 wurde Graf Ferdinand von Plettenberg aus Westfalen Besitzer des Schlosses. Er erteilte dem Hauptmeister des westfälischen Barocks, Johann Conrad Schlaun, den Auftrag, bei diesem Bauwerk eine Schlosskapelle mit Kloster zu errichten. Am 16. Mai 1733, dem Festtag von Johannes Nepomuk, wurde die Kirche eingesegnet. Die Seelsorge übernahmen Kapuzinerpatres aus Köln. Sechzig Jahre später, während der Herrschaft der französischen Revolutionstruppen, wurde der Orden vertrieben. Das Kloster verfiel.

Als die Redemptoristen einen neuen Standort für ihr Studienhaus suchten, übernahmen sie 1836 das verwaiste Wittemer Kloster, das auf diese Weise zum ersten Redemptoristenkloster der Niederlande wurde. Aufgrund der großen Zahl der Bewohner – aus 18 Nationen – beschloss der damalige Rektor und spätere Kardinal van Rossum, das alte Gebäude grundlegend umbauen zu lassen. Auf diese Weise erhielt das Kloster 1892 sein neogotisches Erscheinungsbild und die Schlaunsche Kirche ihr heutiges neoklassizistisches Aussehen. Die sehenswerte Bibliothek, die mit ihren Treppen und Galerien an Bilder von M. C. Escher erinnert, ist im Rahmen von Konzerten und Ausstellungen zugänglich.

Seit 1843 zog ein Marienbild hier viele Wallfahrer aus Deutschland an. Dieses Bild wurde später durch eine Ikone ersetzt, auf der „Onze Lieve Vrouwe van Altijd Durende Bijstand“ (Unsere liebe Frau der immerwährenden Hilfe) zu sehen ist. Auch heute noch ist die ihr geweihte runde Kapelle neben der Klosterkirche ein viel besuchter Gebetsort.

Wittem hat insbesondere durch die Verehrung des hl. Gerhard Majella Bedeutung erlangt. Er war einer der ersten Anhänger des hl. Alfonso di Liguori, des Gründers des Redemptoristenordens, und widmete sich mit größter Hingabe den Armen. Schon bald nach dem Tod des Klosterbruders aus der Gegend von Neapel wurde er von der Bevölkerung wie ein Heiliger verehrt. Nach seiner Seligsprechung 1904 berichteten die Redemptoristen überall von ihrem Mitbruder aus Süditalien. So erlangte Gerhard Majella auch unter den niederländischen Katholiken große Beliebtheit. Jährlich besuchen ungefähr 200.000 Menschen die Kirche.

Im Kloster hat auch die „Stichting Pelgrimswegen & Foetpaden" ihren Sitz. Sie organisiert Gruppenwanderungen zu traditionellen Wallfahrtsstätten des Dreiländerecks Aachen-Lüttich-Maastricht und veröffentlicht informative Wegbegleiter für individuelle Touren, die im Buchladen des Klosters erworben werden können. Die Gemeinschaft der Redemptoristen nimmt sowohl Gäste, die für einige Tage an ihrem spirituellen Leben teilhaben wollen, als auch Pilger auf ihrem Weg zu ferneren Orten nach Rücksprache mit dem zuständigen Gastpater auf.

Zeichen der „Stichting Pelgrimswegen & Foetpaden"

14 *Gulpen*

Der Ort Gulpen entwickelte sich bereits im frühen Mittelalter in der strategisch wichtigen Talenge, am Zusammenfluss von Gulp und Geul, wo sich zuvor eine karolingische Palisadenburg befunden hatte. Die Bevölkerung lebte hauptsächlich vom Viehhandel und dem Gerberhandwerk. Ein Zeugnis aus mittelalterlicher Zeit ist der Alte Turm (Oude Toren) auf dem Friedhof, ein Überrest der Petrus- en Hubertuskerk, die größtenteils nach dem Bau der Kirche im Tal 1924 abgerissen wurde. Da im Gulpener Land viele Niederländer aus dem Norden ihre Ferien verbringen, wurde 1966 in Nachbarschaft zur katholischen Kirche ein großes protestantisches Gotteshaus aus Mergel gebaut.

Am Eingang des Gulptals ließ der Graf von Neuburg 1712 eine Papiermühle errichten, die 1853 zur Kornmühle umfunktioniert wurde. Während draußen das größte Wasserrad der Niederlande mit dem Durchmesser von 7,14 m zu bewundern ist, kann man im Inneren der Mühle das Mahlwerk besichtigen, das sich über zwei Etagen erstreckt. Hier wird das Mehl gemahlen, das in dem angrenzenden Gasthaus zu Pfannkuchen verarbeitet wird.

Pannekoekenmolen, Gulpen

17 IN SINT GILIS HOSPITAAL 62
37

ETAPPE

12

Gulpen – Maastricht

V 12 Gulpen – Meerssen

Diese Etappe verläuft weiter auf dem historischen Pilgerweg Aachen-Maastricht über die Hochebene des Limburger Hügellands. Der örtliche Kalkstein – der Mergel – bestimmt hier nicht nur die seltene Vegetation, wie wir ihr am Bemelerberg begegnen, sondern auch das Erscheinungsbild der alten Dörfer mit ihren aus Mergelblöcken errichteten Höfen, Kirchen, Brunnen und Mauern.

Links: Ehemaliges Hospital St. Gilles in Maastricht-Wijk

Hinter dem Dorf Scheulder muss man sich entscheiden, ob man den direkten Weg nach Maastricht nimmt oder in einem Bogen über die Wallfahrtsorte Houthem und Meerssen zur Maas geht. Diese als V 12 beschriebene Variante ist zwar länger, führt den Wanderer aber durch das landschaftlich besonders reizvolle Tal der Geul.

Wegbeschreibung und Hinweise

16,5 km (zu Fuß)

16,5 km (Rad)

Schwierigkeitsgrad: mittel, einige Steigungen, überwiegend auf kombinierten Fuß- und Radwegen, Wirtschaftswegen und verkehrsarmen Straßen

Ausgangspunkt Markt von Gulpen: Dorpstraat bergauf, links Beverbergstraat, am Ende der Bebauung Heeselsweg halbrechts, bei Einmündung am Waldrand (Wijlre Gerichtsweg) links und nach 150 m rechts, bei Wegkreuz Bildjesweg geradeaus, links, nächste rechts, ab Scheulderdorpstraat, dieser bis zur Gabelung hinter dem Dorf **(1)** folgen (Etappe V 12 nach Meerssen rechts, s. S. 221); dort linken Weg (Heerstraat) bis zur Mühle **(2)** einschlagen und über Gasthuis **(3)** bis zum Ortsanfang von Bemelen **(4)**; rechts am Fuß des Bemelerbergs **(5)** entlang, am Ende des Weges links bis zur Straße; dort rechts über Bemelerweg, Scharnerweg **(6)** und die Hoogbrugstraat nach Maastricht Wijk **(7/8)**, kurz vor der Maas rechts über die Rechtstraat, (Abstecher St. Martin **(9)** geradeaus) links die Brugstraat zur Servaasbrug in Maastricht (weiter s. Etappe 10, S. 177).

Weg bei Wolfshuis

Sehenswürdigkeiten entlang der Strecke

1 *Scheulder*

Das Dorf Scheulder verdankt seinen Namen einem Gasthaus, in dem bedürftige Fremde „schuilen“, d. h. Zuflucht finden konnten. Aus der dazugehörigen ehemaligen Kapelle von 1631 stammt die Barbarastatue des Jan von Steffesweert, die 1850 in die neu gebaute Barbarakerk übertragen wurde. Entlang der Dorfstraße, der ehemaligen römischen Heerstraße, stehen verschiedene große Bauernhöfe, die wie die Kirche aus hiesigem Mergel erbaut sind.

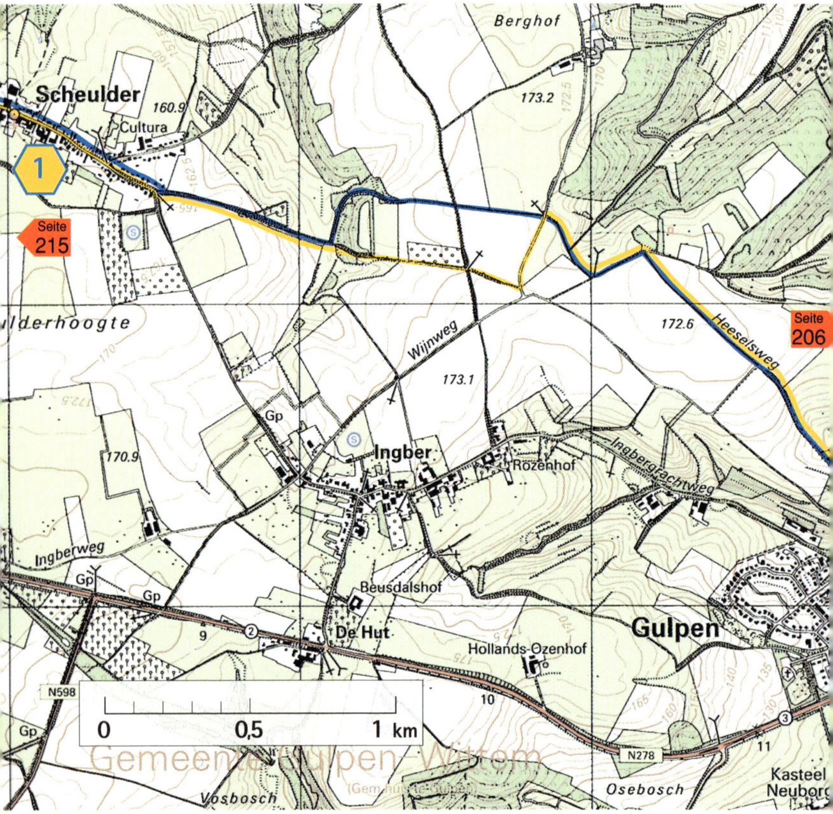

2 *Van Tienhovenmolen, Wolfshuis*

Van Tienhovenmolen und Mordkreuz

Auf dem höchsten Punkt der windoffenen Hochebene von Margraten steht seit 1855 eine Kornmühle. Sie ist landesweit die einzige aus Mergelstein erbaute. Der obere Teil in Backstein wurde nach einem Brand im Jahre 1923 aufgesetzt, um die Mühlenflügel und die Kappe einer Amsterdamer Mühle auf dem Rumpf zu befestigen. Seit 1939 ist die Anlage stillgelegt, das Mahlwerk wurde 1956 ausgebaut. Da sie das erste Denkmal war, das die „Stichting het Limburgs Landschap" übernahm und restaurierte, ist sie nach dem Gründer der Stiftung benannt worden. Mit dem Einbau eines neuen Mahlwerks war die Wiederherstellung der Mühle 2001 abgeschlossen.

In den Sockel der Mühle ist ein Steinkreuz eingelassen, das früher beim nahen Gasthaus (s. u.) stand. Dieses wahrscheinlich älteste Wegkreuz der Niederlande berichtet in gotischen Lettern vom Todschlag des Gastwirts Claes Goltsunt am 24. Juni 1417, dem Festtag Johannes des Täufers.

Neben der Mühle befindet sich ein von Hub Kleijnen aus hiesigem Mergelstein gefertigter „Stein des Anstoßes". Mit ihm geben die Bewohner der Umgebung ihrer Sorge über die Folgen des Mergelabbaus Ausdruck, der 1 km südlich von hier schon die ganze Ortschaft t'Rooth verschlungen hat.

3 *Gasthuis*

Nach Gulpen und Scheulder war Gasthuis der dritte Ort in Folge, in dem die Pilger in so genannten Gasthäusern übernachten konnten. Dieses bereits 1350 erwähnte St. Servatius-Gasthuis gehörte zum Maastrichter Servatiusstift. Der Pfarrarchivar Habet schrieb 1864 nieder: „Alte Leute berichten, dass der Bauer, der beim Gasthaus wohnte, die Verpflichtung hatte, armen Fremden Essen zu geben. Auch hatte er da-

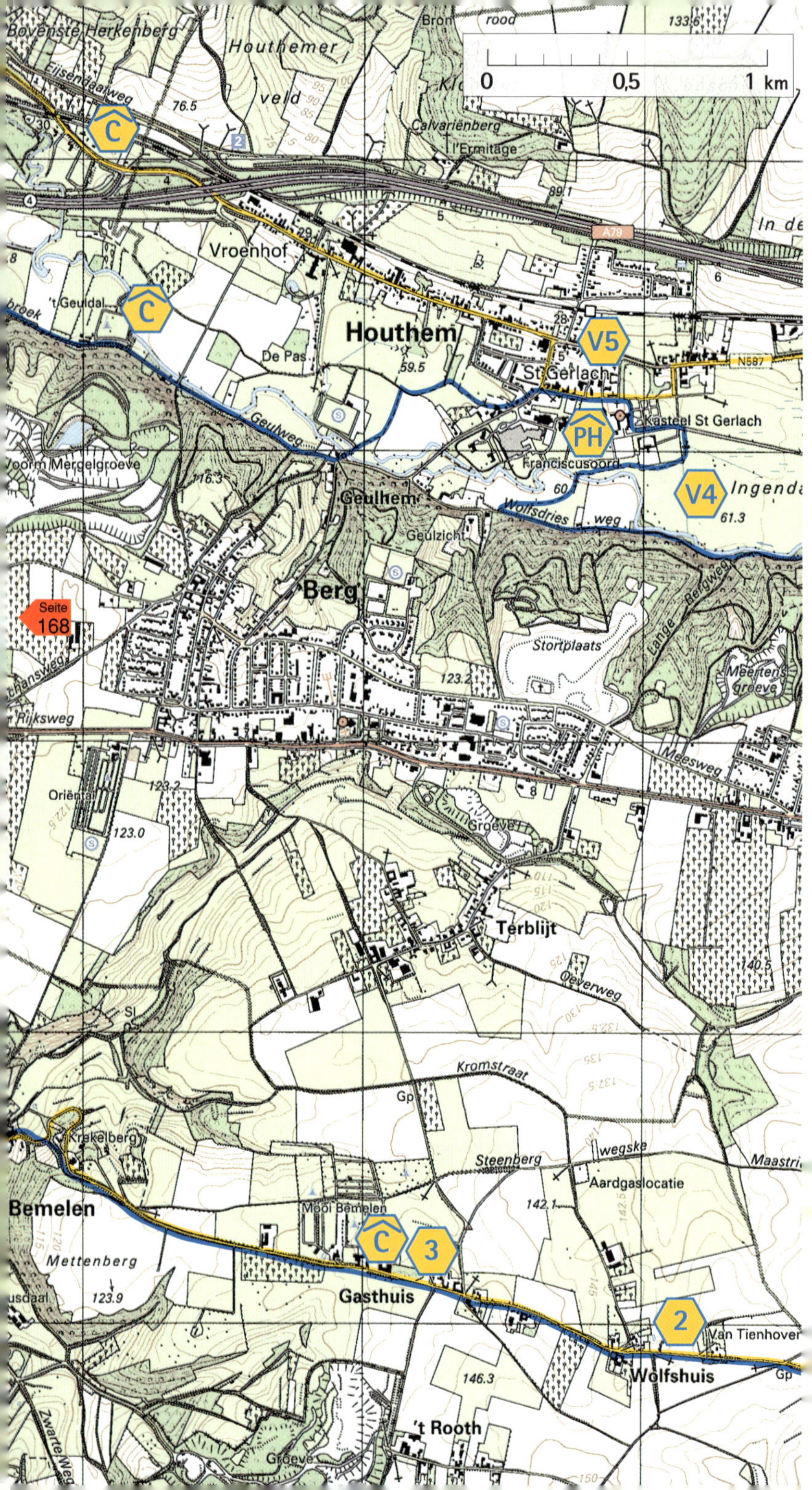

0
0,5
1 km
Bovenste Herkenberg
Houthemer
veld
Eijsendaalweg
Calvariënberg
l'Ermitage
A79
Vroenhof
't Geuldal
Houthem
De Pas
St Gerlach
V5
N587
Kasteel St Gerlach
PH
Franciscusoord
V4
Ingenda
Geulweg
Voorm Mergelgroeve
Geulhem
Geulzicht
Wolfsdries
weg
Berg
Seite
168
Stortplaats
Lange Bergweg
Meertens groeve
Rijksweg
Meesweg
Oriëntal
Groeve
Terblijt
Oeverweg
Kromstraat
Steenberg
wegske
Aardgaslocatie
Maastri
Krakelberg
Bemelen
Mettenberg
Mooi Bemelen
3
Gasthuis
2
Van Tienhoven
Wolfshuis
't Rooth
Groeve
Zwarte Weg

Stoepert
Strabeek
Broekhem
Valkenier
Plenkert
Bierbouwerij
Valkenburg
Polferbosch
Cauberg
Kasteel Oost
Neerhem
Wilhelmina toren
Mijnmuseum
Klooster
N590
Vilt
Houthemerheideweg
Daalhemerweg
Wildhof
Sibbergrubbe
Biebosch
Maastrichterweg
Huize Sibbe
Sibbe
IJzeren
Heerstraat
Lammerdie
Scheulder
Groot-Welsden
V1
V2
V3
Seite 212
104.8
64.2
124.3
133.7
147.0
154.1
154.9
160.9
157.5
156.4
146.0
152.7
159.0
153.8
0 0,5 1 km

Brunnen in Gasthuis

für zu sorgen, dass ein Krug frischen Wassers beim Brunnen für die Passanten bereit stand." Der so genannte Gasthuishoeve, auf den sich diese Verpflichtung bezog, stand in der Wiese hinter dem Brunnen und brannte 1825 ab. Gegenüber liegt am Rand eines gepflegten englischen Gartens ein aus Backstein errichtetes Herrenhaus aus dem 18. Jh. Bemerkenswert ist es deshalb, weil Ziegelsteine in dieser Gegend erst im 18. Jh. in Mode kamen – im Unterschied zu den übrigen Niederlanden, wo sie schon seit dem 16. Jh. als Baumaterial üblich waren. Hier hingegen verwendete man für Steinbauten normalerweise noch lange den örtlichen Mergel.

4 *Bemelen*

Der Ortsname weist schon durch den Bestandteil „mal, mael, mel", den auch die Ortschaften Malberg, Eymael und Limmel, die im Kreis um Maastricht liegen, enthalten, auf eine Grenze hin, die sich hier einst befand. So soll im Mittelalter auch in Bemelen ein Zoll von den Nutzern der Aachen-Maastrichter Straße erhoben worden sein.

Damals stand auf dem Bemelerberg – wie auch bei Melaten vor den Aachener Toren – der Galgen, der dem Ankömmling die strenge Ahndung von Verbrechen vor Augen führte. Im Ortszentrum mit dem alten Brunnen erhebt sich die Laurentiuskerk, deren ursprünglicher Bau 1845 durch eine neoklassizistische Saalkirche ersetzt wurde.

Bemelerberg

5 *Bemelerberg*

Der Bemelerberg am Rande des Margraten-Plateaus, das hier zur Mittelterrasse der Maas abfällt, gehört zu einem der besonderen Naturgebiete der Niederlande. Er besteht größtenteils aus steilen, grasbedeckten Hängen, einzelnen Hochstammobstwiesen und Hangwäldern. Dort, wo der Mergel direkt an die Oberfläche stößt, haben sich unter dem Einfluss der Schafbeweidung Kalkmagerrasen gebildet, die durch ihren Reichtum an Pflanzen, Schmetterlingen und Insekten den hohen botanischen und faunistischen Wert des Bemelerbergs betonen. Charakteristische bzw. seltene Pflanzen sind u. a. die Weiße Waldhyazinthe, die Golddistel, das Zittergras und das Affen-Knabenkraut. In der unter dem Berg gelegenen Koelebosgrube überwintern Hunderte von Fledermäusen acht verschiedener Arten.

Echtes Labkraut und Perlmutterfalter

Mergel

Unter den lehm- und lößhaltigen Böden Südlimburgs liegt eine mächtige Schicht Kalkstein, der hier Mergel heißt. Diese Schicht ist in der Oberen Kreidezeit vor ca. 67-65 Millionen Jahren entstanden, als die Region von einem flachen, tropischen Meer überspült war, in dem zahllose Pflanzen und Tiere lebten. Durch ihr Absterben und Absetzen bildete sich eine 30-110 m dicke Kalksteinschicht.

Schon die Römer nutzten das relativ weiche Gestein, das sie im Tagebau gewannen, als Baumaterial und für die Bildhauerei. Im 13. Jh. begann der untertägige Mergelabbau, durch den weitläufige Labyrinthe in der Nähe von Maastricht, Valkenburg und Sibbe entstanden. Bei Sibbe dient eines dieser alten Gängesysteme heute als Abenteuergelände, bei Cadier en Keer beherbergt es ein Weinmuseum (s. S. 164, 234) und anderenorts dienen sie der Champignonzucht.

Der Mergel liegt in unterschiedlichen Qualitäten vor. Die härteste Sorte ist der Kunrader Stein, nach der Lagerstätte Kunrade benannt, der bis Bocholtz reicht. In Maastricht und Umgebung kommt die weichere, gelbfarbene, krümelige Tuffstein-Kreide – auch Maastrichter Kreide genannt – vor, die mit 98% Kalkgehalt von bemerkenswerter Reinheit ist. Sie eignet sich ebenfalls als Baumaterial, besser aber noch für die Bildhauerei. Auch in Sibbe und Valkenburg liegen Gruben mit Gestein dieser Qualität. Die besonders harten Oberlagen der Kalksteinvorkommen, Tauwsteen genannt, werden gern für Fenster- und Türrahmen genommen. Wie alle Sedimentgesteine muss der Mergel so verbaut werden, wie das Gestein von Natur aus geschichtet ist. Andernfalls können durch Druck leicht Risse und andere Schäden auftreten. Mergel, der sich nicht als Baumaterial eignet, ist ein guter Dünger für die Felder. Zu häufige Verwendung laugt den Boden allerdings aus, man bezeichnet ihn dann als „ausgemergelt".

Der Weg führt vor Bemelen nahe an der Groeve 't Rooth vorbei, die am Rand des Plateaus von Margraten liegt. Jeden Samstag bietet sich hier die Gelegenheit, unter Anleitung von Fachleuten auf diesem „Fossilienfriedhof" nach Muscheln, Schneckenhäusern und Seeigeln zu suchen.

6 Scharn

Der Maastrichter Vorort Scharn wurde in den 1950er Jahren der Stadt eingemeindet. Vorher gehörte er zur Gemeinde Heer, die in den dreißiger Jahren des vergangenen Jahrhunderts Frans Dingemans den Auftrag erteilt hatte, einen neuen Ortsteil zu gründen, der eine eigene Pfarrgemeinde bilden sollte. Das städtebauliche Konzept ist noch gut zu erkennen: Im Zentrum steht die St. Antonius van Paduakerk, von der alle Wege strahlenförmig ausgehen. Die Gebäude an der Südseite der Kirche stammen hauptsächlich aus der Zeit nach 1945.

Vogelschau auf Maastricht, um 1625

7 Die Maastrichter Vorstadt Wijk

Der Name Wijk vom lateinischen vicus = Vorstadt bezeugt die Existenz dieser Siedlung bereits zur Römerzeit. Straßennamen wie „Wilhelminasingel" (Wilhelmina-Ringwall), „Stenenwal" (Steinwall) und „Duitse Poort" (Deutsches Tor) sowie der Grundriss der Stadt weisen noch auf die mittelalterlichen Befestigungsanlagen hin. Im 19. Jh. wurde Wijk ans Eisenbahnnetz angeschlossen und erhielt durch den Bau des Bahnhofs und luxuriöser Wohnhäuser ein neues Gesicht. Nachdem der Festungsstatus von Maastricht aufgehoben worden war, zerstörten die Einwohner mit großer Begeisterung die Mauern und Festungswerke, mit Ausnahme des südwestlichen Eckturms der Stadtmauer, den „Maaspunttoren". Auch die „Waterpoort", das Wassertor, das früher der Durchgang zum Schiffskai an der Maas gewesen war, wurde 1890 abgerissen, auf Veranlassung des niederländischen Königs Wilhelm III. im Jahre 1897 jedoch wieder aufgebaut.

Giebelsteine Maastricht-Wijk

8 Das Wijker Pilgerhospital St. Gilles

Der Weg durch die alten Straßen von Wijk führt an vielen schmucken Bürgerhäusern des 17. und 18. Jh. vorbei, deren bebilderte Giebelsteine auf die Namen verweisen, die die Häuser in früherer Zeit trugen; Hausnummern wurden erst im 19. Jh. mit den Franzosen eingeführt. In der Hoogbrugstraat fällt ein lang gestrecktes, rotfarbenes Gebäude besonders auf (Abb. S. 210). Sein Anstrich weist es als ehemaligen Besitz des Servatiusstiftes aus, dessen Liegenschaften alle durch die rote Farbe aus gebranntem, eisenhaltigen Mergel gekennzeichnet sind. Diese bot zugleich einen Schutz gegen Witterungseinflüsse. Bereits 1286 wird an dieser Stelle das St. Gilles-Hospital erwähnt, das auf eine Gründung der Maastrichter Bischöfe Monulphus und Gondulphus zurückgeht. St. Gilles (Ägidius) ist eine wichtige Station am südfranzösischen Jakobsweg, der seinen Anfang in Arles nimmt. Das heutige Gebäude wurde 1759-62 errichtet und befindet sich seit 1976 in Privatbesitz. Der Giebelstein zeigt den Patron Ägidius zusammen mit der Hirschkuh, die ihn während seines Einsiedlerdaseins genährt haben soll. Als der Westgotenkönig Wamba bei der Jagd anstelle der Hirschkuh Ägidius mit seinem Pfeil traf, wollte er dies durch eine Klosterstiftung wieder gutmachen. Bis zu seinem Tod stand Ägidius der 680 gegründeten Abtei St. Gilles als Abt vor.

9 *Der Schwarze Christus von Wijk*

Wijk war seit jeher ein gesonderter Teil der Stadt Maastricht. Bereits im 9. Jh. besaß der Ort eine eigene Pfarrkirche, die St. Martinuskerk, die 1858 von einer neogotischen Kirche mit einem steinernen Gewölbe abgelöst wurde. Dem Architekten Cuypers war damit die erste Konstruktion dieser Art in den Niederlanden gelungen, seit man die Kenntnisse über diese Bauweise nach dem Mittelalter verloren hatte.

St. Martinus von Wijk ist neben St. Servatius und der Liebfrauenbasilika das dritte Maastrichter Wallfahrtsziel. Hier wird ein gotischer Corpus Christi verehrt, der um 1300 aus einem einzigen Nussbaumstamm entstand. Am Anfang der Kreuzverehrung steht folgende Legende:

Im 13. Jh. kehrte ein Edelmann von einer Pilgerfahrt nach Palästina zu seiner Familie im belgischen Riemst zurück. Für jeden hatte er ein Geschenk mitgebracht; seine jüngste und zurückgebliebene Tochter Anna erhielt allerdings nur eine Nuss. Anna pflanzte sie im Garten ein, und aus der Nuss wuchs ein Baum. Eines Tages schlug ein Blitz in diesen Baum ein, und zwischen den Überresten kam ein Kreuz mit dem Leib Christi zum Vorschein. Nach diesem Ereignis beschloss Anna, in das Wittevrouwenklooster von Maastricht einzutreten. Das Christusbildnis nahm sie mit sich, und bereits kurze Zeit später kamen Wallfahrer nach Maastricht, um den wunderbaren Corpus Christi zu sehen.

Andachtsbildchen des Schwarzen Christus, St. Martin, Wijk

Gulpen – Meerssen

Pilgerspuren ...

Der Pilgerweg Aachen-Houthem-Maastricht verläuft auf den Spuren des Südlimburger Heiligen Gerlach, der von 1120 bis 1164 oder 1165 lebte. Dieser Adlige, der sich einen Ruf als Krieger und Genussmensch erworben hatte, änderte nach dem plötzlichen Tod seiner jungen Frau sein Leben grundlegend. Zunächst pilgerte er nach Jerusalem und Rom. Anschließend zog er sich als Einsiedler nach Houthem zurück, wo er in einer hohlen Eiche lebte, sich von Wasser und Brot ernährte und nur barfuß lief. Samstags ging er nach Aachen, um in der Liebfrauenkirche, dem Dom, die Messe zu hören. An den anderen Wochentagen wallfahrte er zur St. Servaaskerk von Maastricht. Doch die Mönche von Meerssen, denen seine bescheidene Lebensführung wahrscheinlich zu weit ging, beklagten sich beim Bischof Norbert von Lüttich über ihn. Der ließ daraufhin die Eiche, unter der Gerlach angeblich Geld versteckte, fällen. Als sich jedoch herausstellte, dass der Eremit kein Geld besaß, erkannte Norbert, dass er falsch gehandelt hatte. Er ließ aus dem Holz des Baums eine Kapelle und ein kleines Haus erbauen, in dem der Einsiedler fortan unter dem Schutz des Abts von Rolduc lebte. Schon bald nach seinem Tod wurde um 1165 über seinem Grab eine kleine Kirche errichtet. Der Ort entwickelte sich schnell zu einem viel besuchten Wallfahrtsziel, an dem sich nach Fürsprache Gerlachs laut Überlieferung viele Wunder ereigneten. Nach einer Überschwemmung wurde das Grab dorthin verlegt, wo es sich noch heute befindet. 1201 wurde am neuen Standort ein Doppelkloster des Prämonstratenserordens errichtet.

Obwohl die Wallfahrt zum hl. Gerlach ihre größte Blütezeit im 18. Jh. erlebte, suchen auch heute noch viele Menschen das Grab und den Gerlachbrunnen auf, bei dem einst seine Klause stand. Der Vita (Lebensbeschreibung) des Heiligen zufolge hatte sich das Wasser dieses Brunnens kurz vor Gerlachs Tod dreimal in Wein gewandelt. Der hl. Gerlach wird insbesondere als Patron des Viehs verehrt, aber auch von den Kranken angerufen. Bis heute lebendig ist der Brauch, den geriebenen Mergel, der sich unter dem Grab des Heiligen befindet, an Kranke weiterzugeben oder ins Viehfutter zu mischen.

Wegbeschreibung und Hinweise

16,5 km

16,5 km

(Karten s. S. 215, 214, 168)
Schwierigkeitsgrad zu Fuß und per Rad: mittel, einige Steigungen, überwiegend auf getrennten, zum Teil auf kombinierten Fuß- und. Radwegen, Wirtschaftswegen und verkehrsarmen Straßen
Ausgangspunkt Markt Gulpen: Wie Etappe 12 bis zur Weggabelung hinter Scheulder, dort rechts über Ijzeren **(V1)** nach Sibbe **(V2)**, im Dorf rechts Gatsenstraat, rechts der Dorpstraat, dann links die Bergstraat und Sibbegrubbe bis zum Valkenburgerweg und diesem nach links über Valkenburg und Houthem bis Meerssen folgen, links Dorpstraat, beim Kreisverkehr geradeaus Vijlerweg/Sibbeweg und in Vilt nach 100 m Geulgracht an Gabelung Fußweg halblinks **(V3)** bis ins Geultal **(V4)**, dem Fußpfad nach links bachabwärts folgen; im Rechtsbogen die Geul überqueren nach Sankt Gerlach **(V5)**. Von dort talabwärts zum Geulweg zurück, an dessen Ende A 79 unterqueren und über den Geuldalweg und Tussen de Bruggen zur Basilika von Meerssen (weiter s. Etappe 9, S. 167).

St. Gerlach im Geuldal

V1 *Brunnenhäuschen Ijzeren*

Wie in der Stadt Roermond (s. S. 123) gab es früher auch auf dem Land Brunnengemeinschaften, deren Mitglieder das alleinige Schöpfrecht an einem Brunnen besaßen. Mancherorts findet sich noch der Anschlag: „Aan niet ingezetenen is het VERBODEN van deze waterput gebruik te maken. Art. 181 Alg. Pol. Ver." Das Grundwasser wurde aus Kalksteinschichten gefördert. Die Brunnen versorgten die Anwohner mit sauerstoffreichem, eisenarmen und zudem wohlschmeckendem Trinkwasser. Selbst als im 20. Jh. immer mehr Anlieger an die örtliche Wasserleitung angeschlossen wurden, blieb das Brunnenwasser im Sommer wegen seiner niedrigen Temperatur nach wie vor begehrt – besonders zur Herstellung von Butter. Die Südlimburger Brunnen, denen wir in fast jedem Ort begegnen, sind Ziehbrunnen, deren quadratischer Unterbau aus Mergelsteinen errichtet ist. Darauf steht eine verkleidete hölzerne Rahmenkonstruktion mit eiserner Seilwinde (s. a. S. 216). Im feuchten Klima des halbschattigen Brunnenschachts wachsen aus den Mauerritzen oft seltene Farne wie z. B die Hirschzunge.

V2 *Sibbe*

Sibberhuis

Unter dem Dorf Sibbe wird bis heute Mergel abgebaut. Der Ort entstand im Mittelalter, als Bewohner von Oud-Valkenburg im Göhltal den Boden auf der Höhe urbar machten. Der älteste Hof aus dem 14. Jh. in der Dorpstraat ist das „Sibberhuis". Das heutige Anwesen wurde im 16./17. Jh. aus Mergel im Wechsel mit Ziegelsteinen, in so genannten „Specklagen", errichtet.

V3 *Bergse Heide*

Das Gebiet um die Bergse Heide zwischen Houthem, Vilt und Berg, durch das unser Weg führt, ist ein Altsiedelland, in dem bereits in der jüngeren Steinzeit (4500-1800 v. Ch.) Bauern ansässig waren. Hiervon zeugen heute noch einige Grabhügel. Die Urbarmachung begann an den Rändern der Hochebene: Auf den geringer geneigten südexponierten Flächen wurden die Wälder gerodet und Felder angelegt, da diese Lage wegen der besseren Erwärmung des Bodens und ihrer geringeren Hanglage für die ackerbauliche Nutzung besonders geeignet war. Das Vieh trieb man in die verbliebenen Wälder auf den steilen, nordexponierten Hängen. Im Mittelalter begann die planmäßige Nutzung der Wälder im so genannten Mittelwaldbetrieb, einer Zwischenform aus Niederwald und Hochwald: Dabei wird der Baumbestand im Rhythmus von 10-15 Jahren abschnittsweise abgeholzt und als Brennholz (Holzkohle) genutzt, einzelne Bäume werden aber stehen gelassen bzw. wieder herangezogen, um für das nötige Bauholz zu sorgen.

Während der Mergel in der Römerzeit im Tagebau abgebaut wurde, erfolgte der Abbau am Ende des Mittelalters unterirdisch, wovon heute noch Gruben und Stollen wie die Vilter- und die Klostergrube oder der Barakkenberg zeugen.

Ihren Namen hat die Bergse Heide durch die intensive Schafsbeweidung, die auch heute noch zur Erhaltung der artenreichen Kalkmagerrasen praktiziert wird.

V4 *Das Geuldal*

Das ca. 58 km lange Flüsschen Geul (dt.: Göhl, franz.: Gueule) entspringt im belgischen Raeren und schlängelt sich in Süd-Ost – Nord-West-Richtung durch das Aachen-Limburger Hügelland, das so genannte Heuvelland, bevor es nördlich von Maastricht in die Maas mündet. Dank ihrer reichlichen Wasserführung und der relativ schnellen Strömung – sie überwindet insgesamt etwa 250 Höhenmeter – trieb die Geul von alters her viele Wassermühlen an. Auch heute noch kann sie vor allem bei Hochwasser zu einem reißenden Flusslauf werden, der trotz wasserbaulicher Maßnahmen ganze Uferabschnitte unterspült und abträgt.

Auf ihrem Weg durch Belgien lagen früher Blei- und Zinkgruben mit umliegenden Halden. Bei Überschwemmungen nimmt der Fluss dort bis heute zinkhaltige Bodenteilchen auf, die teilweise auf niederländischem Gebiet abgelagert werden und hier die bunten Zinkveilchen- oder Galmeifluren mit den auffälligen Gelben Veilchen und rosa blühenden Grasnelken entstehen lassen.

Im Geuldal zwischen Valkenburg und Meerssen befinden sich ökologisch wertvolle Gebiete im Besitz der „Stichting Het Limburgs Land-

Geuldal

Kuckucks-lichtnelke, Blutweiderich und Mädesüß

schap" wie zum Beispiel das Ingendael. Hier kann sich die Geul wieder zu einem wildromantischen Flusslauf mit breiten Kiesbänken, Mäandern und verschiedenen Uferformen wie Prall- und Gleitufer entwickeln. Zusammen mit den Hangwäldern an der Südseite des Geuldals und den darin liegenden Mergelgruben (Meertensgroeve und Curfsgroeve) sowie dem Meerssenerbroek, einem ehemaligen Bruchwaldgebiet, das sich seit geraumer Zeit wieder natürlich entwickeln darf, weist diese Landschaft eine außerordentliche Vielfalt an Lebensräumen und einen besonderen Reichtum an Pflanzen und Tieren auf.

Für botanisch Interessierte besonders erwähnenswert sind: die Buchen-Eichenwälder am Plateaurand mit Vielblütigem Weißwurz, Immergrün, Schattenblümchen und Wald-Hainsimse, die verschiedenen Kalkbuchenwälder wie der Perlgras-Buchenwald und der Bärlauch-Buchenwald, die orchideenreichen Eichen-Hainbuchenwälder (Mittelwald) mit Stattlichem Knabenkraut, Fliegenragwurz, Berg-Waldhyazinthe und Mandelblättriger Wolfsmilch, die Kalkmagerrasen mit Helm- und Purpur-Knabenkraut, Vogelnestwurz, Deutschem Enzian und Zittergras sowie die feuchten Auewiesen mit Mädesüß, Kuckuckslichtnelke und Blutweiderich.

V5 *St. Gerlach*

Die Kirche von Houthem-St. Gerlach gehört zum Landgut St. Gerlach, einem der bedeutendsten Kulturdenkmäler der Niederlande. Das Gut entstand dort, wo der hl. Gerlach im 12. Jh. gelebt hat (s. S. 220). Nachdem das Grab des Heiligen an seinen heutigen Standort verlegt worden war, errichtete man eine Kirche und ein Doppelkloster, das 1232 in ein Damenstift umgewandelt wurde. Nach einem großen Brand 1655

wurden Stift, Kirche und Probstei Anfang des 18. Jh. neu aufgebaut (Abb. S. 221). Als die Damen im Zuge der französischen Herrschaft das Stift verlassen mussten, nahmen sie die Reliquien und das Grabmal mit nach Roermond, ihrem neuen Aufenthaltsort. Die Kirche und das Kloster dienten fortan als Pferdestall und Lazarett. Erst im Jahre 1841 kehrten die Reliquien zurück. Die Verehrung des hl. Gerlach in Houthem hatte in der Zwischenzeit – dank des in der Nähe der Kirche und des Klosters gelegenen Gerlachbrunnens – nie wirklich aufgehört, und in der Folgezeit erlebte die hiesige Wallfahrt eine neue Blüte. Die Kirche war mittlerweile zur Pfarrkirche geworden, die übrigen Bauten Eigentum von Martin Jean Schoenmaeckers, der aus ihnen Wohngebäude machte.

1995 wurde mit einer umfangreichen Restaurierung des gesamten Komplexes begonnen, wobei einige der Gebäude seitdem die exquisite Hotel-Restauration „Hotel Chateau" beherbergen. Außerdem baute man die nicht mehr vorhandenen Scheunen wieder auf, errichtete eine neue Kapelle und ein Pfarrhaus und legte auch den barocken Garten nach historischem Vorbild wieder an.

Neben der Kirche entstand ein Refugio, eine Pilgerherberge mit sechs Schlafplätzen.

Moderner und historischer Gerlach-Brunnen

Die Kirche ist ein hohes, klassizistisches Gotteshaus mit reichhaltigen Malereien im deutschen Rokokostil. Sie wurden im 18. Jh. von dem süddeutschen Künstler Johann Adam Schöpf geschaffen, der seit 1747 Hofmaler bei Kurfürst Clemens-August in Bonn war. Die Wandfresken erzählen das Leben des hl. Gerlach. Auf ihnen ist der Rom- und Jerusalempilger mehrfach durch die Jakobsmuschel gekennzeichnet, die zu dieser Zeit Symbol für jegliche Pilgerfahrt war, nicht nur der nach Santiago. Im Zentrum des Sakralraums steht das marmorne Grabmal des Heiligen, unter dem der gemahlene Mergel zur Mitnahme für die Wallfahrer liegt.

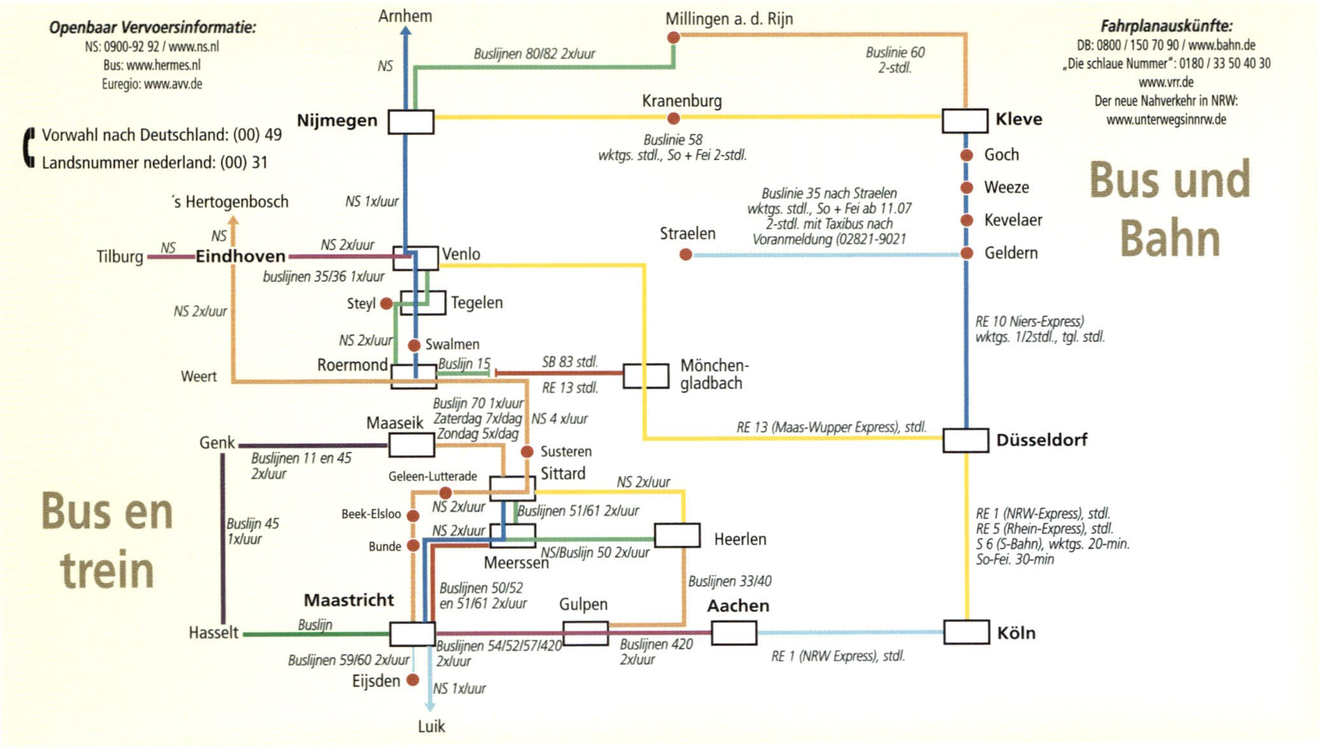
Openbaar Vervoersinformatie:
NS: 0900-92 92 / www.ns.nl
Bus: www.hermes.nl
Euregio: www.avv.de
Vorwahl nach Deutschland: (00) 49
Landsnummer nederland: (00) 31
Fahrplanauskünfte:
DB: 0800 / 150 70 90 / www.bahn.de
„Die schlaue Nummer": 0180 / 33 50 40 30
www.vrr.de
Der neue Nahverkehr in NRW:
www.unterwegsinnrw.de
Bus und Bahn
Bus en trein
Arnhem
NS
Buslijnen 80/82 2x/uur
Millingen a. d. Rijn
Buslinie 60 2-stdl.
Nijmegen
Kranenburg
Kleve
Buslinie 58 wktgs. stdl., So + Fei 2-stdl.
Goch
Weeze
Kevelaer
Geldern
Buslinie 35 nach Straelen wktgs. stdl., So + Fei ab 11.07 2-stdl. mit Taxibus nach Voranmeldung (02821-9021
Straelen
´s Hertogenbosch
NS 1x/uur
NS
Tilburg
NS
Eindhoven
NS 2x/uur
Venlo
buslijnen 35/36 1x/uur
Steyl
Tegelen
NS 2x/uur
NS 2x/uur
Swalmen
Roermond
Buslijn 15
SB 83 stdl.
RE 13 stdl.
Mönchen-gladbach
Weert
RE 10 Niers-Express) wktgs. 1/2stdl., tgl. stdl.
Buslijn 70 1x/uur Zaterdag 7x/dag Zondag 5x/dag
NS 4 x/uur
Maaseik
RE 13 (Maas-Wupper Express), stdl.
Düsseldorf
Genk
Buslijnen 11 en 45 2x/uur
Susteren
Geleen-Lutterade
Sittard
NS 2x/uur
NS 2x/uur
Buslijnen 51/61 2x/uur
Beek-Elsloo
Buslijn 45 1x/uur
NS 2x/uur
Heerlen
Bunde
NS/Buslijn 50 2x/uur
Meerssen
RE 1 (NRW-Express), stdl.
RE 5 (Rhein-Express), stdl.
S 6 (S-Bahn), wktgs. 20-min.
So-Fei. 30-min
Buslijnen 33/40
Maastricht
Buslijnen 50/52 en 51/61 2x/uur
Gulpen
Aachen
Hasselt
Buslijn
Köln
Buslijnen 54/52/57/420 2x/uur
Buslijnen 420 2x/uur
RE 1 (NRW Express), stdl.
Buslijnen 59/60 2x/uur
Eijsden
NS 1x/uur
Luik

Wege der Jakobspilger im Rheinland:
Landschaftsverband Rheinland / Umweltamt - Kulturlandschaftspflege
50663 Köln/Tel.: 0049(0)221-809-3780 / www.jakobspilger.lvr.de

Jakobusgesellschaften

Deutschland: Deutsche St. Jakobus-Gesellschaft e.V.:
Tel.: 0049(0)241/4790-127 / Mo-Fr 9-12 Uhr / www.ultreia.business.t-online.de

St. Jakobusbruderschaft Düsseldorf e.V. : Rathausstr. 29 / D 42659 Solingen
Tel./Fax : 0049(0)212/815747 / www.jakobusbruderschaft.de
Westfalen: Freundeskreis der Jakobuspilger Paderborn / Am Niesenteich 9 / D-33100 Paderborn / Tel.: 0049(0)5251-4625 oder 407700
http://stud.upb.de/~r00326

Niederlande: Nederlands Genootschap van Sint Jacob: Lange Nieuwstraat 9a / 3512 PA Utrecht / Tel.: 0031(0)30-2315391 (Mo 13-16, 2. Sa. d. M. 11-15 Uhr)/ www.santiago.nl
Belgien: Vlaams Genootschap van Santiago de Compostela, zaterdag van 10 tot 16 uur Paters Dominicanen, Ravenstraat 98, 3000 Leuven
Tel.: 0032(0)16-470972 (antwoordapparaat) / www.compostelagenootschap.be
Association des Amis de Saint Jacques de Compostelle / Chemin des Ajoncs, 2 B 5100 Wepion / Tel./Fax : 0032-81-461258 / www.st-jacques.ws
Spanien: www.caminosantiago.org

Der Pilgerausweis „Credencial" ist vor allem für die Übernachtung in den spanischen Pilgerherbergen (refugios), aber auch zum Nachweis im Pilgerbüro von Santiago über die zurückgelegte Strecke notwendig. Fußpilger erhalten dort bei mindestens 100 km, Radpilger bei 200 km zurückgelegter Strecke die „Compostela".
Beantragung des offiziellen spanischen Pilgerpasses („Credencial"):
Niederlande: Nederlands Genootschap van Sint Jacob (siehe oben)
Deutschland: Deutsche St. Jakobusgesellschaft (siehe oben); Freundeskreis der Jakobuspilger Paderborn (siehe oben); Santiago-Freunde Köln / Robert Recht / Wilensteinweg 13 / 50739 Köln / Tel.: 0221-1701423

Weitere Adressen und Auskünfte

Internationale Internet-Seite zum Jakobsweg: www.xacobeo.es
Umfangreiche Link-Sammlung im Internet: www.ultreia.ch/links.html
www.ultreia.business.t-online.de/jakobuspilger/aachen.htm
Informationen zum Weg (Spanisch): www.mundicamino.com
Spezialist für Literatur zum Jakobsweg:
Manfred Zentgraf / Tel.: 0049(0)9381-4492 Mo-Fr 8-12 Uhr
www.jakobspilgerwege.de
Führer für die Fortsetzung des Wegs: „Via Mosana":
Aix-la-Chapelle/Maastricht-Namur (Assoc. Amis St-Jacques) 12,50 EUR über:
Léon et Marie-Madeleine GILSON / Chemin de Champlon 32 / 6900 Marche en Famenne / Tel./Fax : 0032(0)84–312353 / E-Mail: leon.gilson@skynet.be

Touristik-Information

NiederRhein: Tel.: 0049(0)2824-923592 / www.niederrhein-touristik.de
Aachen: Tel.: 0049(0)241-1802901 / www.aachen-tourist.de
Südlimburg: Tel.: 0031(0)43-6098518 / www.vvvzuidlimburg.nl
Mittellimburg: www.vvvweert.nl
Kirchen: www.bisdom-roermond.nl / www.kirche-im-bistum-aachen.de / www.bistummuenster.de

Die Angaben zu den Unterkünften beziehen sich bei größeren Orten und Städten mit gutem Angebot nur auf Pilger- und Jugendherbergen, sodass weitere Unterkünfte über die Touristeninformation – telefonisch oder via Internet – eingeholt werden können. Bei Pilgerherbergen ist meist eine telefonische Voranmeldung notwendig.

Etappe 1: Millingen aan de Rijn – Kranenburg

Touristeninformation:
Kranenburg: Klever Straße 4 / 47559 Kranenburg / Tel.: 0049(0)2826-7914
www.kranenburg.de

Unterkünfte:
Jugendgästehaus Mehrer Mühle (nur Selbstversorger-Gruppen)/ Wibbeltstr.16
47559 Kranenburg-Mehr (6 km von Kranenburg) / Tel.: 0049(0)2821-20269
JH Kleve-Materborn / St. Annaberg 2 / 47533 Kleve / Tel.: 0049(0)2821-23671
www.djh.de / Gruppen ab 12 Pers.: Haus der Jugend Wolfsberg e.V.
Wolfsbergstr. 10 / 47559 Kranenburg / Tel.: 0049(0)2826-279

Hinweise / Öffnungszeiten zu Besonderheiten:
Pilgerspuren:
Martinskirche, Kranenburg-Mehr / tagsüber geöffnet
Tel.: Frau Kamps: 0049(0)2821-27125
Wallfahrt Kranenburg / www.kranenburger-seite.de/wallf.htm
1(4,9) Naturinformatiecentrum Millingen / Rijndijk 6 / Tel.: 0031(0)481-434182
Di 14-17 Uhr, Mi-So 12-17 Uhr
2 Hl. Antonius von Padua, Millingen / Messen: Sa 19 Uhr, So 10.30 / Mo u. Mi 19 Uhr / Tel.: 0031(0)481-431218
5 St. Laurentius, Kekerdom / Secretariat: Schoolstraat 15
6579 AN Kekerdom / Tel.: 0031(0)481-432167 / Messe: So 9 Uhr
7 St. Martin, Zyfflich / tagsüber geschlossen / Anm. Familie Hartmann / Zum Querdamm 55 / Tel.: 0049(0)2826-689 / Messen: Di, Mi 8.30, So 10.30 Uhr
8 Via Romana / Infos in Touristeninformation Kranenburg
10 St. Johannes Baptist, Wyler / Kirchen tagsüber geöffnet
Küster van de Ven: 0049(0)2826-1408
11 St. Peter und Paul, Kranenburg / tagsüber geöffnet außer Mittag (12-14 Uhr)
Tel.: 0049(0)2826-226
Ev. Kirche Kranenburg / Mühlenstraße 2 / Gottesdienst So 9.30
Tel.: 0049(0)2826-227
Museum Katharinenhof / Mühlenstraße 9 / 47559 Kranenburg
Tel.: 0049(0)2826-623 / Öffnungszeiten Di-So 14-17 und So 11-12 Uhr
Gruppenführungen nach Voranmeldung / www.museumkatharinenhof.de

Besucherzentrum De Gelderse Poort Kranenburg / Bahnhofstraße 15
47559 Kranenburg / Tel.: 0049(0)2826-92094/92009
Mo-Fr 10-16 Sa, So 10-18 Uhr / www.besucherzentrum-kranenburg.de
www.nabu-naturschutzstation.de

Etappe 2 : Kranenburg – Goch

Touristeninformation:
Goch: Kultourbühne / Markt 15 / 47574 Goch / Tel.: 0049(0)2823-320-202
www.goch.de / www.kultourbuehne-goch.de

Unterkünfte:
Campingplatz „Im Erlengrund“ / Am Gocher Berg 108 / 47574 Goch
Tel.: 0049(0)203-776412 oder 0172-2737252
www.campingplatz-erlengrund.de

Hinweise / Öffnungszeiten zu Besonderheiten:
1 Besucherzentrum De Gelderse Poort siehe E1 Kranenburg
5 Gut Graefenthal / Besuch im Einvernehmen mit Pächtern vor Ort
8 St. Maria Magdalena, Goch / Mo-Sa 9-12 u. 15-17, So 9-12 Uhr
Museum Goch / Kastellstraße 9 / 47574 Goch / Tel.: 0049(0)2823-970812
Di-Fr 10-17, Sa/So 11-17 Uhr / www.museum-goch.de

Etappe 3: Goch – Weeze – Kevelaer

Touristeninformation:
Weeze: Kultur- und Verkehrsamt / Cyriakusplatz 13-14 / 47652 Weeze
Tel.: 0049(0)2837-910116 / www.weeze.de
Kevelaer, Verkehrsbüro: Peter-Plümpe-Platz 12 / 47623 Kevelaer
Tel.: 0049(0)2832-122151 bis 156 / www.kevelaer.de

Unterkunft:
Jugendherberge Kevelaer / Am Michelsweg 11 / 47626 Kevelaer
Tel.: 0049(0)2832-8267 / www.djh.de/jugendherbergen/kevelaer

Pilgerherbergen:
Priesterhaus / Kapellenplatz 35 / 47612 Kevelaer / Tel.: 0049(0)2832-93380
www.wallfahrt-kevelaer.de
Exerzitien- und Tagungshaus der Clemensschwestern / Sonnenstraße 35
47623 Kevelaer / Tel.: 0049(0)2832-922340

Hinweise / Öffnungszeiten zu Besonderheiten:
1 Arnold-Janssen-Kirche, Goch / Voßheider Straße 92 / tagsüber geöffnet,
Führung nach Anmeldung bei Pater Dan / Tel.: 0049(0)2823-9282332
6 St. Cyriakus, Weeze / von der Glastür aus einsehbar
Schlüssel beim Pfarrbüro erhältlich / Tel.: 0049(0)2837-2069
7 Schlosskapelle Schloss Wissen, Weeze / Besichtigung bzw. Teilnahme
an 14-tägiger Messe / Tel.: 02837- 913121 / www.schloss-wissen.de
8 Kevelaer-Kerzenkapelle, Gnadenkapelle, Basilika und Antoniuskirche
ganztägig geöffnet / Wallfahrtsleitung / Kapellenplatz 35 / 47623 Kevelaer
Tel.: 0049 (0)2832-93380 / www.wallfahrt-kevelaer.de
Niederrheinisches Museum für Volkskunde und Kulturgeschichte e.V.,

47623 Kevelaer / Hauptstraße 18 / Di-So 10-17 Uhr
/ Tel.: 0049(0)2832-95410 / www.kevelaer.de/museum

Etappe 4: Kevelaer – Walbeck – Straelen

Touristeninformation:
Straelen: Verkehrsverein / Rathausstraße 1 / 47638 Straelen
Tel.: 0049(0)2834-702 222 / www.straelen.de

Hinweise / Öffnungszeiten zu Besonderheiten:

1 St. Quirinus, Twisteden / tagsüber geöffnet / Tel.: 0049(0)2832-2722
Geschichtshaus, Twisteden / Kuhstraße 14 / 47624 Kevelaer
Tel.: 0049(0)2832-3709 / So 14-16.30 Uhr und nach tel. Vereinbarung
0049(0)2832-799777

3 St. Rochuskapelle, Lüllingen / Schlüssel bei Herrn Luyven, Thusenweg 3
Tel.: 0049(0)2832-3866

7 Steprather Mühle, Walbeck / Öffnungszeiten ab 10. März: Mi-Fr 14-18 Uhr,
Sa u. So 10-18 Uhr, Führungen nach Vereinbarung / Tel.: 0049(0)2831-98558

8 St. Nikolaus, Walbeck / bis Turmtüre geöffnet
Luziakapelle: Schlüssel im Pfarrhaus / Tel.: 0049(0)2831-5667

12 St. Peter und Paul, Straelen / werktags von Turmkapelle aus einsehbar,
Schlüssel beim Pfarrbüro / Tel.: 0049(0)2834-933516

Etappe 5: Straelen – Venlo – Steijl

Touristeninformation:
VVV Venlo: Koninginneplein 2 / 5911 KK Venlo / Tel.: 0031(0)77-3543800
Mo-Fr 9.30 bis 18.00, Sa 9.30-17 Uhr / www.venlo.nl / www.vvvenlo.nl
Tegelen : Wilhelminaplein, Sa 14-18 Uhr

Unterkünfte:
Pilgerherberge: Steyler Missionsschwestern / Zustersstraat 20 / 5935 BX Steyl
Tel.: 0031(0)77-3764200
Camping Onderste Molen (3 km südlich vom Zentrum) / Onderste Molenweg 96
5912 TW Venlo / Tel.: 0031(0)77-3511361

Hinweise / Öffnungszeiten zu Besonderheiten:

5 Kapelle von Genooy / Kerzenkapelle tagsüber geöffnet
Messen: Sa 17, So 8.30 Uhr / bei gutem Wetter Messen im Prozessionspark
im Mai um 8.30, 10 und 11 Uhr Tel.: 0031(0)77-3513308

6 St.-Martinuskerk, Venlo / tgl. 9-12 u. 14-16 Uhr / Tel.: 0031(0)77-3512439

7 Tegelen: Keramikmuseum Tiendschuur / Kasteellaan 8 / 5932 AG Tegelen
Tel: 0031(0)77-3260213 / Di-So 14-17 Uhr / Gruppen nach Anmeldung
www.tiendschuur.net
Passionsspiele: www.passiespelen.nl

8 Steijl: Missionsmuseum Steijl / St. Michaëlstr. 7 / 5935 BL Steijl
Tel.: 0031(0)77-3261499 / Di-So 13 (März-Okt. 10)-17.00 Uhr / www.steyler.de
St.-Michaëlskerk / Unterkirche tagsüber geöffnet
Heilig-Hartkerk Seitenkapelle mit Grab von Helena Stollenwerk
tagsüber geöffnet / Messen Fr. 18.30, Sa 19 Uhr / www.rktegelen.nl

Botanischer Garten „Jochum-Hof" / Maashoek 2b / Ostern - 31. Okt.
Di-So 11-17 Uhr / Gruppen nach Absprache: Tel.: 0031(0)77-326 6550

Stichwort Spargel

www.walbeck.net / www.asperge.nl / www.spargelseiten.de
De Locht / Heimat und Nationalmuseum für Spargel- und Champignonzucht
Koppertweg 5 / 5962 AL Horst-Melderslo / Tel.: 0031(0)77-3987320
oder 3980780 / Okt. - Apr. So-Di u. Do 14-17 Uhr,
Mai - Sept. tägl. 11.00 bis 17.00 Uhr/ www.delocht.nl

Etappe 6: Steijl – Roermond

Touristeninformation:
VVV Roermond: Kraanpoort 1 / 6041 EG Roermond / Tel.: 0900-2025588
Mo-Fr 9.30-18 (Nov.-Apr. -17) Sa 9.30 -16 Uhr

Unterkünfte:
Pilgerherberge: Schlüssel für das Refugio St. Christoffel: Theaterhotel Oranjerie,
Klosterwandplein 12, JA Roermond. / Tel.: 0031(0)475-391491
Camping De Eekhoorn / Maalbeekerweg 25 / 5951 NS Belfeld
Tel.: 0031(0)77-4751763
Camping Op Genaenhof / Schroefstraat 9 / 6071 PB Asselt
Tel.: 0031(0)475-501455
Camping Hatenboer / Hatenboer 51 / 6041 TN Roermond
Tel.: 0031(0)475-336727

Hinweise / Öffnungszeiten zu Besonderheiten:
Pilgerspuren:

Kapel van Onze Lieve Vrouw in Het Zand, Roermond Kapellenlaan
geöffnet 10-18 Uhr / Messen Mo-Fr 8, Sa 9 u. 18.30, So 9 u. 11.30 Uhr
Tel.: 0031(0)475-315461 / www.redemptoristen.nl

1 Botanischer Garten „De Jochum-Hof", siehe E 5 Steijl
6 St.-Dionysiuskerk/Rozenkerkje / Messen Sa 18, So 8.15 u. 10 Uhr
Heimatmuseum Asselt / Mai-Sept. So 14-17 Uhr und nach Absprache
mit Pastor, Tel.: 0031(0)475–501501
7 Caroluskapel Roermond / Apr.-Okt. Sa 14-17 Uhr
Kathedrale van St. Christoffel / Apr.-Okt. 14-17 Nov.-März nur Sa 14-17 Uhr
Messen: So 12.15 / Hohe Feiertage 10.30 Uhr
Onze Lieve Vrouwe Munsterkerk, Roermond / Apr.-Okt. täglich 14-17
Nov.-März Sa 14-16 Uhr / Messen: Mo-Fr 9 u. 18.30, Sa 9, So 9.30 u. 11 Uhr
Tel.: 0900-2025588 (VVV) / www.bisdom-roermond.net/kathedraal

Etappe 7: Roermond – Maaseik

Touristeninformation:
VVV Thorn: Wijngaard 14 / 6017 AG Thorn / Tel.: 0031(0)475-562761
www.thorn.nl
VVV/ DVT Maaseik: Stadhuis / Markt 1 / 3680 Maaseik
Tel.: 0032(0)89-819290 / www.maaseik.be

Unterkünfte:
Camping-Park Vijverbroek / Kessenicherweg 20 / 6017 AA Thorn
Tel.: 0031(0)475-561914
Camping De Leeuwerik / Leeuwerikstraat 80 / 3680 Maaseik (Aldeneik)
Tel.: 0032(0)89-564333
Camping Leeuwerikhof / Leeuwerikstraat 72 / 3680 Maaseik (Aldeneik)
Tel.: 0032(0)89-564360

Hinweise / Öffnungszeiten zu Besonderheiten:
Pilgerspuren:
St. Lambertus Maaseik-Neeroeteren / tagsüber offen, Messen Mo u. Mi 8.00, Sa 18.30, So 8.30 u. 10.30 Uhr / Tel.: 0032(0)89868540
St. Jacobuskerk Hunsel / Tel.: 0031(0)475-565096
St.-Antoniuskerk Hunsel-Ell / Tel.: 0031(0)495-551215
4 St.-Medarduskerk, Wessem / Messen Do Abend, Sa Abend, So Morgen
5 Thorn: Stiftskirche und Museum Apr. - Okt. Mo-Fr 10-17, Sa 10-16 Uhr, Nov.-März Sa/So 12-16 Uhr / 0031(0)475-567600
Museum „Het Land van Thorn“ / Wijngaard 14 / Apr.-Okt. 10-16.30 Nov.-März Di-So 11-16 Uhr / Tel.: 0031(0)475-562761
8 Aldeneik / Kontakt Betty Konings-Knippenberg / Tel.: 0032(0)89-563111 Messe Sa 19 Uhr / Mai-Sept. 14-tägig So Führungen zwischen 15 u.17.30 nach tel. Absprache / Gidsenbond Maaseik: 0032(0)89-561425/565084
9 Maaseik: Kruisherenkerk/St. Jacopskercke / Bosstraat / Mai-Sept 14-tägig So Führungen zwischen 15 u.17.30 nach tel. Absprache / Gidsenbond Maaseik 0032(0)89-561425/565084 / Messen Mo-Sa 8, Sa 18, So 8, 10.30 Uhr
St.-Catharinakerk und -schatz / Kerkplein / 3680 Maaseik
Tel.: 0032(0)89-564595 / Info: DVT Maaseik / Mai-Juni und Sept. Di - So 13-17, Juli-Aug. täglich 13-17, Okt.-März Sa/So 13 -17 Uhr, Führungen möglich
Messen Di, Do, Fr 18.30, Sa 17.45, So 10.45 Uhr

Etappe 8: Maaseik – Sittard

Touristeninformation:
VVV Susteren: Dieterderweg 53 / 6114 JK Susteren / 0031(0)46-4494615
Mo-Fr Apr.-Okt. 9-16.30, Nov.-März 10-16, Sa nur Juli/Aug. 11-14 Uhr
VVV Sittard: Kritzraedthuis / Rosmolenstraat 2 / 6131 HX Sittard / Tel.: 0900-9798
www.sittard-geleen.nl / www.zuidlimburg.nl

Unterkünfte:
Camping Hommelhof / Hommelweg 2 / 6114 RR Susteren / Tel.: 0031(0)46-4497270
Camping Terweyerhof / Broekstraat 8 / 6133 BM Sittard / Tel.: 0031(0)46-4512502

Hinweise / Öffnungszeiten zu Besonderheiten:
3 St. Jacobus Roosteren / Messen Sa, Mi 19 Uhr, So 10 Uhr, Mo, Di, Do, Fr 9 Uhr Tel.: 0031(0)46-4491016/4481016
4 St.-Amelberga, Susteren und Schatzkammer Salvatorplein 2 / Ostern-Sept. Di u. So 14-17 Uhr Gruppen nach Absprache, Tel.: 0031(0)46-4491271 oder 4492089 / Messen Sa 17.45, So 11, Di-Do 19 Uhr
5 St.-Janskerk, Nieuwstadt / Messen Mi, Fr, Sa 19.00, So 9.30 Uhr Tel.: 0031(0)46-4853863

6 St. Nikolaus Millen / Messe So 9 Uhr / 1. So i. Monat 14-17 Uhr
Tel.: 0049(0)2456-3103 / www.millen.de

7 Sittard: St.-Petruskerk, Michielskerk und Mai-Sept. Di-Sa 14 - 16 Uhr
Basilika außer Mo 8-12 und 14- 16 Uhr / Messen wochentags 8.30,
Do u. So 10.30 / Marienpark nach Absprache Tel.: 0031(0)46-515141/517005/
4515141 www.sittardgeleen.nl / www.rk-kerken-sittard.nl/basiliek.htm

Etappe 9: Sittard – Meerssen – Maastricht

Touristeninformation:
VVV Meerssen: Bunderstraat 122 / 6231 EM Meerssen
Tel.: 0900-9798 oder 0031(0)43-3642546
VVV Maastricht: Het Dinghuis / Kleine Staat 1 / 6211 ED Maastricht
Tel.: 0031(0)43-3252121 / www.vvvmaastricht.nl / www.zuidlimburg.nl

Unterkünfte:
Camping Mareveld / Mareweg 23 / 6333 BR Schimmert
Tel.: 0031(0)45-4041269
Camping Meerssen / Houthemerweg 95 / 6231 KT Meerssen
Tel.: 0031(0)43-3654743
NJHC-herberg City Hostel „De Dousberg" / Dousbergweg 4 / 6216 GC Maastricht
Tel.: 0031(0)43-3466777 / www.dousberg.nl
Camping De Dousberg (3 km östlich vom Zentrum) / Dousbergweg 102,
6216 GC Maastricht / Tel.: 0031(0)43-3432171 / www.dousberg.nl

Hinweise / Öffnungszeiten zu Besonderheiten:

1 Munstergeleen: Pater Karel Hoeve geöffnet 9-18 Uhr

2 Plinthos / www.plinthos.nl / www.degraven.nl

4 Dionysios-Odiliakerk, Sweikhuizen / Messe So 10 Uhr
Tel.: 0031(0)46-4431250

5 Laurentiuskerk, Spaubeek / Messe Sa 19, So 8 u. 10.45
Tel.: 0031(0)46-4431250

6 Sint-Hubertuskerk Genhout / Tel.: 0031(0)464-371361

9 Basiliek van het H. Sacrament Meerssen / 9-18 Uhr, Messe So 9.15
Sakramentsprozession 2. So nach Pfingsten /
Tel.: 0031(0)43-3648178/3642546 / www.basiliekmeerssen.nl

10 Maastricht www.maastricht.nl
Kirchen Maastricht: members.lycos.nl/maaskerken
Sint-Servaasbasiliek: www.sintservas.nl / Zugang Vrijthof 10-17 Uhr
(Juli-August -18 Uhr) Pfarrbüro Tel.: 0031(0)43-3212082/3210490,
Schatzkammer: Keizer Karelplein / 10.00 (So und zur Winterzeit 12.30)-17.00
(Juli-August -18 Uhr) Mai-Oktober kostenlose Führungen um 13 u. 15 Uhr,
Führungen VVV: 0031(0)43-3217878
Museum Spaans Gouvernement / nur mit Führung Mi-So 13-17 Uhr,
Tel.: 0031(0)43 3211327 / www.museumspaansgouvernement.nl
Onze Lieve Vrouwe basiliek / tagsüber geöffnet
Führungen: Dhr. Jan Leenders, Wycker Grachtstraat 22 D 2,
6221 CW Maastricht, Tel./Fax 0031(0)43-3253135-3251851
www.sterre-der-zee.nl

Schatzkammer: Ostern bis Mitte Sept. werktags 10.30-17, So 12.30-17 Uhr, im Winter nur So 12.30-17, Tel.: 0031(0)43-3251851

Stichwort Heiliges Jahr

Heiligtumsfahrt Maastricht: 1-11 Juli 2004 www.heiligdomsvaart.nl
Heiligtumsfahrt Aachen: www.nrw2000.de/mittelalter/aachen.htm
Heiliges Jahr 2004 Santiago: www.compostela2004.org

Stichwort Weinbau

Wijngaard De Apostelhoeve / Susserweg 201 / 6213 NE Maastricht
Tel.: 0031(0)43-3432264 / www.apostelhoeve.nl
Wijnkelder Caves Cadier / Rijksweg 9-11 / 6267 AC Cadier en Keer
Tel.: 0031(0)43-4071206 / www.cavescadier.nl
Wijngoed Wahlwiller siehe Etappe 11, Punkt 12

Etappe 10: Maastricht – Eijsden

Touristeninformation:
VVV Inhouse locatie Eijsden: Cramignonstraat 1 / 6245 CP Eijsden
Tel.: 0900-9798
Syndicat d'initiative et bureau du tourisme / Rue des Beguines, 7 / 4600 Visé
0032(0)4-3748555 / www.vise.be
Office du Tourisme de Liège / Féronstrée, 92 / 4000 Liège / Tel.: 0032(0)4 2219221
www.liege.be
Maison du Tourisme du Pays de Liège / Place Saint-Lambert, 35 / 4000 Liège
Tel. : 0032(0)4-2379292

Unterkünfte:
Camping de Oosterdriessen / Oosterweg 1 / 6245 LC Oost-Maarland (Eijsden)
Tel.: 0031(0)43-4093215
Jugendherberge Georges Simenon / Rue Georges Simenon, 2
4020 Liège (Lüttich) / Tel.: 0032(0)4-3445689 / www.laj.be

Hinweise / Öffnungszeiten zu Besonderheiten:

2 Heugem Sint-Michaëlkerk / Messen: Di, Do, Fr, Sa: 19, So 10 Uhr
Tel.: 0031(0)43-3613177

4 Kasteel Gronsveld (ca. 2 km Abstecher) / Schlossgarten tagsüber geöffnet
Martinuskerk / Tel.: 0031(0)43-4081294

5 Kasteel Rijckholt (Abstecher 1,5 km) / Kasteelweg 15
6247 EA Gronsveld / Tel.: 0031(0)43-4082615

8 Kasteel Eijsden / Park tagsüber geöffnet

Etappe 11: Aachen – Gulpen

Touristeninformation:
Aachen: Elisenbrunnen / Friedrich-Wilhelm-Platz / 52062 Aachen
Tel.: 0049(0)241-1802960 / www.aachen.de
VVV Südlimburg: www.zuidlimburg.nl
Tel.: 0031(0)900-9798 (EUR 1,- pro Gespräch) / Tel.: 0031(0)43-6098518
VVV Vaals: Maastrichterlaan 73a / 6291 EL Vaals

VVV Vijlen: (lunchcafé A gen Kirk) Vijlenberg 15 / Vijlen
VVV Gulpen: Dorpsstraat 27 / 6271 BK Gulpen / www.gulpen-wittem.nl

Unterkünfte:
Euregionales Jugendgästehaus / Maria-Theresia-Allee 260 / 52074 Aachen
Tel.: 0049(0)241-711010/ www.jugendherberge.de/jh/aachen
Camping Gastmolen De Hoeven / Lemierserberg 23 / 6291 NM Vaals,
Tel.: 0031(0)43-3065755 (geschl. vom 1.11.-Ostern)
Boerderijcamping Ransdalerveld / Vakantiewoning Rood Cartils
6271 BJ Gulpen-Wittem (Cartils) / Tel.: 0031(0)43-4591474
Camping Gulperberg Panorama / Panoramaweg / Berghem 1 / 6271 NP Gulpen,
Tel.: 0031(0)43-4502330 / www.gulperberg.nl

Pilgerherbergen:
Kloster der Schwestern der Heiligen Elisabeth / Preusweg 2
52074 Aachen / Tel.: 0049(0)241-73041
August-Pieper-Haus / Leonardstr. 18-20 / 52064 Aachen
Tel.: 0049(0)241-47996-0
Jugendwerk für internationale Zusammenarbeit e.V. im Haus Eich
Eupener Straße 138 / 52066 Aachen / Tel.: 0049(0)241/6092-112
(Frau Schefter) / www.jugendwerk-aachen.de
Abdij St-Benedictusberg (nur Herren) / 6295 NA Vaals
Tel.: 0031(0)43-306 13 53 / www.monasteria.org
Missiesusters Arnold Janssen Klooster / Capucijnenweg 9
6286 BA Wahlwiller / Tel: 0031(0)43-4511841 bei Schwester Hildegonde
Klooster Wittem, Wittemerallee 32, 6282 AB Wittem
Tel.: 0031(0)43-4501741, www.redemptoristen.nl

Hinweise / Öffnungszeiten zu Besonderheiten:
1 Aachener Dom, geöffnet 7-19 Uhr, Führungen Mo 11, 12 Uhr, Di-Fr 11, 12, (13), 14.30, 15.30, (16.30, 17.30), Sa-So 13, 14, 15, 16 (17 Uhr), Gruppen: Tel 0049(0)241-47709127, Schatzkammer, Eingang Klostergasse: täglich 10-18, Mo -13, Do -21 Uhr / www.aachendom.de
3 St. Jakob, Aachen: Vorraum offen von 8-18 Uhr, Besuch vor und nach den Messen Mo, Di, Mi, Fr 8.15, Sa 18, So 10 u. 11.30 Uhr, Tel. Pfarrbüro: 0049(0)241-86303 / www.sankt-jakob-aachen.de
4 St. Paul, Aachen Einsicht von 9-19 Uhr vom Rosenkranzportal aus möglich. Führung nach Vereinbarung / Messen Mo 9.30, Sa 17, So 10.15 Uhr, Pfarramt Tel. 0049(0)241-30418
7 Karlsgarten Melaten: tagsüber geöffnet, www.biozac.de
9 Katharinakapelle Lemiers / Besichtigung nach Voranmeldung Tel.: 0031(0)43-3063333
12 St. Cunibertuskerk Wahlwiller / 10-17 Uhr, Führungen nach Absprache Tel.: 0031(0)43-4512060 (Herr Ploemen)
Wijngoed Wahlwiller: www.wijngoedwahlwiller.nl / Führungen von April-Oktober, Tel.: 0031 (0)43-4512241 (Wim Hendriks)
13 Hotel-Restaurant Kasteel Wittem, Wittemer Allee 3, 6286 AA Wittem, Tel.: 0031(0)43-4501208 / www.kasteelwittem.nl
Kloster Wittem, Wittemer Allee 32 / 6286 AB Wittem

Tel.: 0031(0)43-4501741,
Führungen: Juli-August Di nach der Vesper um 19 Uhr
Stichting Pelgrimswegen & Voetpaden / Wittemer Allee 32,
6286 AB Wittem / Tel.: 0031(0)45-5463563 / www.redemptoristen.nl

14 Watermolen Gulpen / Molenweg 2a / 6271 JN Gulpen / Besichtigungen 11-17 Uhr / Tel.: 0031(0)43-4503963 / www.depannekoekenmolen.nl

Etappe 12: Gulpen – Maastricht

Touristeninformation:
VVV Maastricht: Kleine Staat 1 / 6211 ED Maastricht / Tel.: 0031(0)43-3252121
www.vvvmaastricht.nl

Unterkünfte:
Camping Mooi Bemelen / Gasthuis 3 / 6268 NN Bemelen
Tel.: 0031(0)43-4071321 / www.mooibemelen.nl
Camping De Dousberg / Dousbergweg 102 / 6216 GC Maastricht
Tel.: 0031(0)43-3432171 (ca. 3,5 km westlich vom Zentrum) / Maastricht siehe E9

Hinweise / Öffnungszeiten zu Besonderheiten:
Pilgerspuren:

1 Sint-Barbarakerk Scheulder Messe So 10 Uhr

2 Van Tienhovenmolen Wolfshuis / Besichtigung: jeder 2. und 4. Samstag d. M. von 11-17 Uhr / www.limburgslandschap.nl/b_gebieden/index.htm

4 Sint-Laurentiuskerk Bemelen / Tel.: 0031(0)43-4071306

7 Sint-Martin Maastricht-Wijk: Messen Di-Fr 19, So 9 u. 11 Uhr / Tel.: 0031(0)43-3253483 / www.members.lycos.nl/maaskerken

Etappe 12 V: Gulpen – Meerssen

Touristeninformation:
VVV Valkenburg: Zuid Limburg, Walramplein 6, 6300 AV Valkenburg aan de Geul,
Tel.: 0900-9798
VVV Meerssen: Bunderstraat 122 / 6231 EM Meerssen
Tel.: 0031(0)43-3661661 / www.vvvzuidlimburg.nl

Unterkünfte:
Camping de Linde / Klein Linde 2 / 6301 AN Valkenburg-Sibbe
Tel.: 0031(0)43-6012866
Camping Cauberg / Rijksweg 171 / 6325 AD Berg en Terblijt
Tel.: 0031(0)43-6012344
Camping `t Geuldal / Gemeentebroek 13 / 6231 RV Meerssen
Tel.: 0031(0)43-6040437
Camping aan Geul en Bos / Houthemerweg 90 / 6231 KW Meerssen
Tel.: 0031(0)6-54604580
Camping Meerssen / Houthemerweg 95 / 6231 KT Meerssen
Tel.: 0031(0)43-3654743
Pilgerherberge: Schlüssel für die Refugio Houthem (6 Schlafplätze) bei einem Mitarbeiter von Herrn Camille Oostwegel, Hotel Chateau St. Gerlach
Tel.: 0031(0)43-608888

Hinweise / Öffnungszeiten zu Besonderheiten:

V5 St. Gerlach, Houthem / Kirche 10-18 (Winter -16 Uhr) geöffnet
Messen Di, Do 9, Sa 19, So 9.30 Uhr
Chateau Sint Gerlach Hotel Restaurant, Bistrot / Joseph Corneli Allée 1
6301 KK Valkenburg / Tel. 0031(0)43-6088888 / www.neercanne.com
Park tagsüber geöffnet

Stichwort Mergel
Groeve 't Rooth Apr.-Okt. 9-15.30, Nov.-März 9-12 Uhr zugänglich

Bildnachweis

Flinspach, Karlheinz, Köln (Landschaftsverband Rheinland): 6, 14, 16, 18, 19, 23, 26, 35, 37 u., 39, 40 u., 41, 43, 50, 51, 52, 56 o., 57, 60, 61, 63, 65, 69, 71, 72, 73, 74, 75 o., 80, 81, 82 u., 84, 85, 87, 88, 89 u., 92, 93, 94, 95, 100, 101, 102, 103 o., 105 M., 108, 123, 125 o., 129, 133 o., 135 o., 160 o., 161 M. u. U., 163 u., 177, 183, 184 o., 186 u., 199, 217 o., 224
George, Werner: 56 u.
Heimat- und Verkehrsverein Uedem: 67
Hendriks, Jac
Hernandez A. („El Correo Gallego"): 191 u.
Heusch-Altenstein, Annette, Köln (Landschaftsverband Rheinland): 8, 10, 11 u., 12, 20, 22, 24 o. + M., 28, 29 o., 30, 32, 40 o., 42, 46, 53, 62, 64, 66, 75 u., 78, 82 o., 89 o., 90 u., 98, 103 u., 105 r. + li., 106 (von o. nach u.: St.-Servaaskerk Maastricht; St. Servatius-Schatzkammer Maastricht, Onze Lieve Vrouwbasiliek Maastricht, Dom Aachen), 107, 109, 110 u., 113, 114, 115, 117, 119, 120, 124 (o.: Museum der Liebfrauenkirche Maastricht, zweites von o.: Wegkreuz bei Scheulder, ganz u.: Loretokapelle Thorn) 125 u., 126, 127, 128, 135 u., 136, 137, 139, 141, 142, 145, 147, 148, 149, 150 o. (Maaseik), 150 M. + u. (Maastricht-Wijk), 151 o., 155, 157, 159, 160 u., 161 o., 163 o., 164, 167, 171 M., 172, 173, 175, 176, 178, 179, 184 u. , 185, 187, 190, 192, 195 u., 196, 197, 198, 200, 201, 203, 205, 207, 209 u., 210, 211, 213, 216, 217, 218 M., 222, 225
Kentgens, Thom
Kruck, Johannes: 29 u.
Landesvermessungsamt NRW, Bonn: 55, 96
Möller, Dieter: 17, 33
Museum Goch: 59 (Privatbesitz)
Niederrheinisches Museum für Volkskunde und Kulturgeschichte, Kevelaer: 76-77
Privatbesitz: 174, 188 (Vogelschau Aachen von Braun und Hogenberg, um 1625,), 189 (A. Hogenberg, um 1630), 194 + 195 o. (Lith. von Cazin & Mathieu), 218 o., 219
Rutten, Paul
Stadtarchiv Goch: 44
Stadtarchiv Straelen: 90 o.
van Anken, Majonka
v. d. Linden, Theo

Für die Bereitstellung von Fotomaterial danken wir auch: **Servais Smeets,** dem **Archivdienst der Provinz Limburg** sowie den **Gemeinden Maaseik, Maastricht** und **Sittard-Geelen**
Das Gemälde auf Seite 37, „Niederrheinische Landschaft", stammt von Johann Peter Heek (1934-94) und befindet sich im Museum Katharinenhof in Kranenburg.

Die Abbildungen auf Seite 49 wurden entnommen: Landschaftsverband Rheinland (Hrsg.): Wallfahrt im Rheinland. Volkskundliche Untersuchungen Bd. 14. Rheinland-Verlag 1981

Die Abbildungen auf Seite 13 o. und 166 wurden entnommen: „Hemelse Trektochten. Broederschappen in Maastricht 1400-1850." Stichting Historische Reeks 1990

BACHEM *freizeit*

Pilgerweg

Jakobswege

WEGE DER JAKOBSPILGER IM RHEINLAND

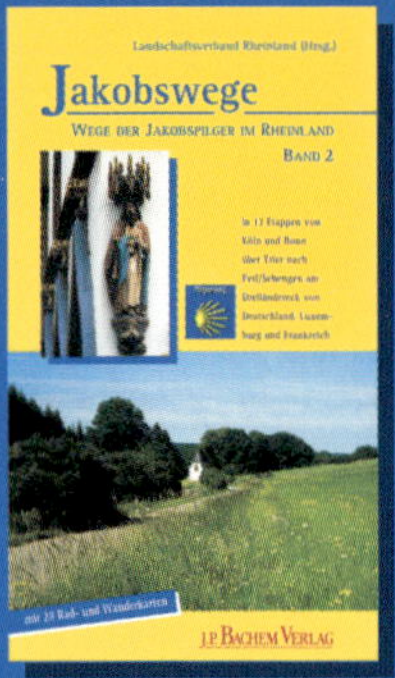

Band 1

Von Wuppertal-Beyenburg nach Aachen und Belgien
176 Seiten, mit zahlreichen Abbildungen und 25 Rad- und Wanderkarten

ISBN 3-7616-1465-9

Band 2

Von Köln nach Trier
255 Seiten, mit zahlreichen Abbildungen und 28 Rad- und Wanderkarten
aktualisierte 2. Auflage

ISBN 3-7616-1600-7

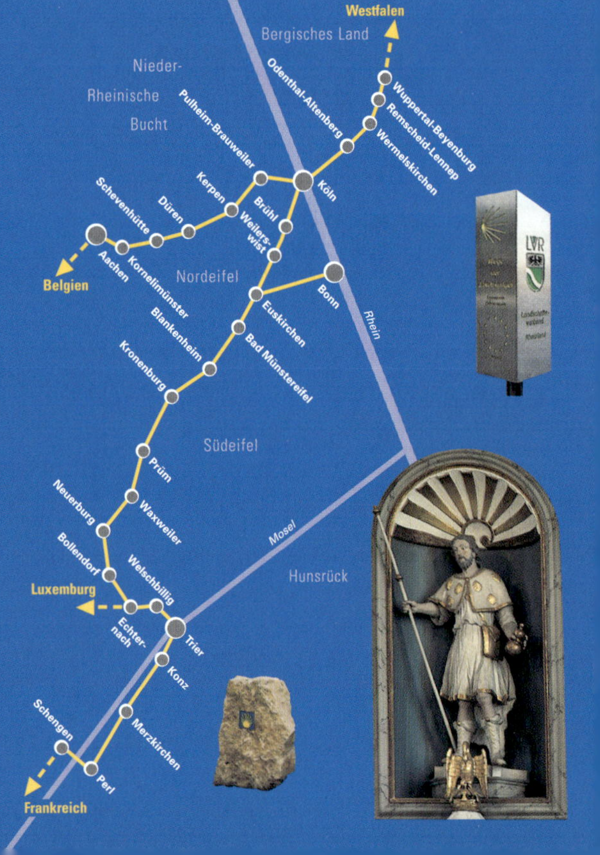